He, du
Glückliche!

Monika Stenzel, geboren in Halle/Saale. Abschluss an der Hochschule für Schauspielkunst „Ernst Busch". 1981 stellte sie einen Antrag auf Ausreise und verließ 1984 mit ihrer Familie die DDR. Seitdem lebt sie in Berlin und arbeitete als freie Schauspielerin an verschiedenen Theatern der Republik. 2012 begann sie zu schreiben. „He, du Glückliche!" ist ihre erste Veröffentlichung.

Ulrike Jackwerth, geboren in Wiener Neustadt/Österreich. Schauspielstudium an der Universität für Musik und darstellende Kunst „Mozarteum" in Salzburg. Seit 1984 lebt sie in Berlin, arbeitet als Schauspielerin und Regisseurin an zahlreichen Theatern im deutschsprachigen Raum und seit 2014 auch als Dozentin und Coach für Schauspiel.

1987 begegneten sie sich bei einer gemeinsamen Produktion und arbeiteten seitdem mehrfach erfolgreich zusammen.

Monika Stenzel
Ulrike Jackwerth

He, du
Glückliche!

29 Lebensgeschichten

mitteldeutscher verlag

Mitgift

He, du glückliches Mädchen!
Gewachsen bist du wie eine Kerze
und wohlgebaut wie eine Kirche.
He, schwarzhaarige Braut,
was bringst du mit von deinem Vater?

Ich bringe meine beiden Augen,
Augen wie zwei Zwetschgen.

He, schwarzhaarige Braut,
was bringst du mit von deiner Mutter?

Schwarze Augen und helle Wangen,
helle Wangen und zusammengewachsene Brauen.
Und ich bringe noch einen Sack Mitgift:
Ein zerrissenes Betttuch,
eine alte Steppdecke
und ein Nachthemd von Flicken.

© Rade Uhlik/Branko Radičević: Zigeunerlieder, Nachdichtung aus dem Serbischen von Hansegon Voigt (Reclams Universal-Bibliothek, Band 294), Verlag Philipp Reclam jun., 2. Auflage, Leipzig 1970

Aus diesem Gedichtband stammt auch der Titel für Maxie Wanders Buch „Guten Morgen, du Schöne".

Vorwort

Vierzig Jahre? Ist es schon so lange her, seit Maxie Wanders Buch „Guten Morgen, du Schöne" erschien, oder erst so kurz? Viel, sehr viel ist geschehen in den vierzig Jahren seit der Veröffentlichung dieser unerhört persönlichen Dokumentation von Gesprächen mit neunzehn Frauen aus der DDR: über ihr Berufs- und Liebesleben, über ihre Rolle in Familie und Gesellschaft, ihre Realitäten und Träume. Doch obwohl so viel passiert ist und das System, von dem die Rede war, nicht mehr existiert, sind die Stimmen der zu Wort kommenden Frauen nach wie vor so eindringlich und stark, dass sie einem beim Lesen noch immer nahekommen. Dass sie bleiben. Dass sie gehört und verstanden werden, weit über die räumlichen und zeitlichen Grenzen der DDR hinaus.

Vierzig Jahre später haben sich Monika Stenzel und Ulrike Jackwerth für ihr Buch „He, du Glückliche!" auf die Spuren von Maxie Wander begeben. Zusammen haben sie Frauen aus der ehemaligen DDR befragt sowie deren Töchter und Enkelinnen. Die Leitfrage ihrer Gespräche war die naheliegende: Was ist geblieben von der Frauenrolle im Sozialismus, dem Selbstverständnis und der Selbstständigkeit der vielen werktätigen Mütter, einer anders verstandenen Emanzipation? Wie sind diese Frauen umgegangen mit Wende und Systemwechsel? Wie hat sich ihr Leben und Träumen verändert? Und gibt es noch immer etwas Verbindendes, Gemeinsames zwischen diesen Frauen und Einzelschicksalen in all ihrer Unterschiedlichkeit und Individualität?

Als Monika Stenzel mir in einer frühen Phase von diesem Projekt erzählte und ich die ersten transkribierten, in einen Erzählfluss gebrachten Geschichten lesen durfte, war meine größte Frage: Warum ist noch keiner auf diese Idee gekommen? Warum hat es ganze vierzig Jahre gedauert (so lange, nicht so kurz!), bis sich zwei mutige Frauen aufgemacht haben, um noch einmal zuzuhören und vor dem Hintergrund von Maxie Wanders Frauenselbstporträts nach Prägungen und Mustern zu fragen – und nach den Möglichkeiten, daraus auszubrechen oder aufzubrechen.

Doch vielleicht ist es auch gut, dass es so lange gedauert hat von Maxie Wander bis zu diesem Buch. Vierzig Jahre, zwei Generationen später – das ist ein großer zeitlicher Abstand, und er umfasst mehr als fünfundzwanzig Jahre neue Systemerfahrung westlicher Art. Diese zeitliche Distanz öffnet nicht nur einen weiten Raum für Lebenserzählungen und Reflexionen, sondern gibt auch den Blick frei auf Generationenverläufe: auf das, was weitergegeben wird von Großmüttern zu Müttern, Töchtern, Enkelinnen, auf das, was sich verwandelt oder auch verloren geht. In all diesen Frauen, auch wenn sie nach der Wende geboren sind, scheint die Frage nach dem Erbe des verschwundenen Systems lebendig zu sein. Und das ist das eigentlich Bestechende dieser Geschichten: Monika Stenzel und Ulrike Jackwerth haben kein soziologisches Experiment verfolgt, keine Versuchsanordnung durchexerziert und auch keine These beweisen wollen. Sie haben Fragen gestellt, sich eingelassen auf ihr Gegenüber, gut zugehört und einfühlsam nacherzählt. Ihre Fragestellung ist nur deshalb immer wieder spürbar, weil sie die erzählenden Frauen selbst begleitet und in ihnen immer wieder nach Antworten sucht. Ihre Lebensgeschichten sind geprägt von der Geschichtlichkeit, die sich in jeder einzelnen Stimme auf besondere Weise niederschlägt. Es gibt Ähnlichkeiten, es gibt Unterschiede und dazwischen das Leben.

Man kann kaum anders, als diese Geschichten mit der Haltung der Autorinnen zu lesen: mit Empathie und Offenheit. Es sind Erzählungen, die Bekanntschaften gleichen, Begegnungen, die einen streifen und manchmal auch ins Herz treffen. Doch es geht nicht nur um Nähe. Dadurch, dass es sich um mehrere Generationen und große Zeiträume handelt, gibt es zugleich einen Weit- und Überblick, eine Vogelperspektive darauf, wie Muster sich bilden und verändern, wie das Leben so spielt. Und wie viel Kraft, Mut und Tapferkeit dazu gehört, diese Lebenswege mit ihren Brüchen und Umbrüchen zu gehen. Es ist gut, dass es vierzig Jahre gedauert hat bis zu diesem Buch. Doch es hätte keinen Tag später erscheinen dürfen.

John von Düffel

Hilde | 77

Eine gute Freundin hat mal von mir gesagt, ich würde nichts glauben, was man nicht messen oder wiegen kann.

Eine gute Freundin hat mal von mir gesagt, ich würde nichts glauben, was man nicht messen oder wiegen kann. Da hat sie recht, ich bin Realistin, habe einen kühlen Verstand. Von wegen himmelhoch jauchzend – zu Tode betrübt, so was gibt's bei mir nicht. Und ich bin unnachgiebig und nicht sehr geduldig – ehrlich gesagt, möchte ich mich nicht zum Feind haben.

Ich bin ein Kriegskind, in Dresden geboren. Das Erste, woran ich mich erinnere, ist die Bombennacht im Februar 45 – ich war sechs. Meine Mutter riss mich aus dem Schlaf, und ich fand mich in einem Keller wieder. Ich hatte nur einen Schlüpfer, ein Nachthemd, Stiefelchen und einen Wintermantel an. Wir wurden in nasse Decken gewickelt, das weiß ich auch noch. So startete ich in ein völlig neues Leben.

Wir hatten alles, aber auch alles verloren. Mein Vater war Arzt, er wurde gleich zu Beginn des Krieges eingezogen. Durch seinen Beruf kannte er viele Menschen. Das half uns in der Not, und wir kamen in der Nähe von Dresden bei einem seiner Patienten unter, zusammen mit vierzig anderen Menschen, die unser Schicksal teilten. Irgendjemand dort schenkte mir ein hellblaues gehäkeltes Pullöverchen – ich erinnere mich genau – mit Perlmuttknöpfen. Ich war unendlich glücklich, denn ich besaß ja nur die Klamotten, die ich am Leibe trug. In dieser Zeit zogen wir von einem Ort zum anderen – meine Mutter, meine ältere Schwester und ich. Wir wohnten in winzigen möblierten Zimmern und gingen manchen Abend hungrig ins Bett. Bis einigermaßen

Beständigkeit einkehrte, dauerte es. Ich weiß, dass ich erst in der 5. Klasse sowohl den Beginn als auch das Ende eines Schuljahres an einer Schule absolvierte. Ich war ein ewiges Wechselkind, aber ich glaube, es hat mir nicht geschadet.

Ich stamme aus sehr bürgerlichen Verhältnissen. Wir wohnten in der besten Gegend Dresdens – Weißer Hirsch. Das sagt dir sicher was. Meine Mutter war bis dahin die „Gattin" meines Vaters. Nun musste sie in einer Fabrik arbeiten und hatte Freude dran. Sie war stolz und hat uns drei gut über die schwere Zeit gebracht. Mein Vater kam erst 47 aus der Gefangenschaft zurück. Wir zogen nach Hoyerswerda, und mein Vater eröffnete dort eine neue Praxis. Und dann ging die Ehe meiner Eltern krachen.

Mein Vater blieb, und wir gingen zurück nach Dresden. Da habe ich dann auch Abitur gemacht. Schon in der 9. Klasse verliebte ich mich zum ersten Mal; in einen Hans. Und dieser Hans und seine spätere Frau Rike gehören bis heute zu meinen besten Freunden, seit mehr als fünfzig Jahren. Ist doch wunderbar, wenn man das sagen oder besser leben kann. Auf dem Weißen Hirsch gab's das berühmt-berüchtigte Parkhotel, da fanden alle möglichen Feten und Schulfeste statt. Bei einem Fasching meiner Schule lernte ich meinen späteren Mann kennen. Er war aus Berlin und studierte Architektur in Dresden. Ich war in der 11. Klasse und verkleidet als Max, meine Freundin als Moritz, also genau das richtige Kostüm, um den Mann seines Lebens kennenzulernen. Ich wollte nicht mit ihm tanzen, weil er kein Kostüm trug, glaube ich. Aber er nahm meine Hand und zog mich auf die Tanzfläche. Berliner tanzen gut, und er konnte Rock'n'Roll und all die anderen Sachen. Was soll ich sagen, eine Woche später saßen wir auf einer Bank und haben uns geschworen zu heiraten. Verrückt! Und wir haben es getan. Vor nicht langer Zeit war unser fünfzigster Hochzeitstag, und wir begingen ihn nicht, wir zelebrierten ihn – drei Tage in einem schicken Hotel, mit Weißwein auf der Terrasse und Champagner im Bett.

Und jetzt ist er tot. Einfach weg. Hat mich verlassen, jedenfalls fühle ich mich verlassen, zurückgelassen. Er fehlt mir jeden Tag. Er war mein Freund, wir konnten uns so gut leiden, konnten uns so gut unterhalten. Ich will Kurt wiederhaben. Ist Quatsch, das geht natürlich nicht, aber der Gedanke kommt mir oft. Natürlich haben wir uns auch gezankt wie die Kesselflicker, aber nie ums Geld, und politisch waren wir sowieso einer Meinung. Ich könnte, ehrlich gesagt, gar nicht mit Leuten zusammen sein, die politisch anders ticken. Mit Genossen waren wir nie befreundet! Das war so seit ich denken kann.

Ehrlich gesagt, empfand ich den typischen DDR-Bürger als unangenehm. Dieses Duckmäusertum, dieses Angepasste, Schissige, ohne Courage! Wir sind zum Beispiel immer in die Wahlkabine gegangen und haben dort unser Kreuz gemacht. Die meisten nahmen den Wahlzettel entgegen, machten ihr Kreuz vor den Augen der Genossen und steckten ihn in die Wahlurne. Sie hatten Angst, einen Vermerk in ihrer Kaderakte zu bekommen. Und immer dieses Argument: „Denk an die Menschen in Nicaragua, denen geht es viel schlechter als uns hier!" Ich verglich mich aber nicht mit Nicaragua, ich verglich mich mit der Schweiz, mit Österreich, mit Westdeutschland! Da gibt's diesen Witz: „Warum gab's in der DDR keinen Aal? – Weil keiner danach gefragt hat." Es war für jedermann spürbar, dass die DDR nicht der bessere Staat war. Der Anfang – das war Stalinismus pur! Es gab keine Idee. Die Sowjetunion dirigierte den Staat. Und dann die Plattmachung der SPD, zum Kotzen. Die mussten sich mit den ungeliebten Kommunisten zusammentun.

Für eine ganz kurze Zeit war ich Pionier mit Leib und Seele, meine Eltern ließen mich gewähren. Ich fand das toll, dieses blaue Halstuch, die gemeinsamen Spiele, Fahnenappell und all das. Das ging vielleicht ein Dreivierteljahr. An dem Gymnasium, auf das ich später ging, hatte eine Klasse samt Lehrer Flugblätter mit durchaus demokratischem Inhalt verteilt. Die ganze Klasse wurde verhaftet und verurteilt, und der Lehrer bekam zwölf Jahre Zuchthaus mit der Begründung: Er hätte es verhindern müssen! Der Lehrer war Patient meines Vaters, deshalb erfuhren wir davon. Ab sofort war ich kein Pionier mehr.

Natürlich gab's auch ein paar Sachen, die besser liefen als in der BRD. Zum Beispiel wurde mit den Nazis wirklich aufgeräumt – der Paragraph 175 wurde viel früher abgeschafft, und Frauen konnten ganz allein entscheiden, ob sie abtreiben wollten. Sie mussten nicht den Mann, den Arzt, das Amt oder den Papst fragen. Und nicht zu vergessen: Der grüne Pfeil!

Ich hätte gern Jura und Publizistik studiert. Aber wie soll ein Jurist in einer Diktatur Recht sprechen? Es schien mir unmöglich. Dieser Oststaat reduzierte alle Träume, die man haben konnte. Da war guter Rat teuer.

Über einen Freund erfuhr ich von einer freien Stelle an der Uni, ich ging hin und bekam sie. In dieser Abteilung wurde die Zuverlässigkeit elektronischer Bauelemente geprüft. Ja, so was gibt's, auch wenn es komisch klingt. War kein schlechter Job, wir waren so 'ne Art menschlicher Computer. Wir rechneten und fertigten Statistiken an. Es war ein angenehmes Arbeiten. Alle waren jung, Politik wurde ausgeklammert, man mochte sich. Das lag nicht zuletzt am Chef. Er war ein kluger Kopf und wusste, was er tat. Ein kluger Kopf ist immer ein kluger Kopf, behaupte ich. So. Da hab ich gearbeitet, bis ich nach Berlin zog zu meinem Mann. Im Juni

61 haben wir geheiratet. Im Juni! Bedenke, im August kam die Mauer.

Wir wohnten in der Ruppiner Straße – die kreuzt die Bernauer – und so mussten wir mit ansehen, wie der Bau vonstattenging. Es war grauenhaft, wir waren wie gelähmt. Wir hatten das Gefühl, das Leben geht zu Ende – alles Suchen, Trachten, Hoffen war begraben. Auf die Idee, abzuhauen, sind wir in dem Moment gar nicht gekommen. Noch waren die meisten unserer Freunde hier, und der Gedanke, nie mehr zurückzukönnen, schien uns zu dem Zeitpunkt unerträglich.

Eins aber beschlossen wir: Keine Kinder in dieses Land zu setzen!

Über Empfehlung, ich hatte da immer Glück, bekam ich eine Stelle am Institut für angewandte Mathematik. Da ging es wieder um Statistiken. Aber mein Arbeitsfeld hatte sich erweitert, ich betreute und organisierte Tagungen, besorgte Literatur aus der Staatsbibliothek – das war meistens Westliteratur und die gab's nur dort. Ich habe gern dort gearbeitet. Mein Mann als Architekt hatte größere Probleme. Architekt in der DDR – das war ein trauriges Los. Er durfte entweder Intershops oder Raststätten entwerfen. Was sollten wir machen? Wir mussten ja von was leben. Und wir wollten es auch so gut wie möglich unter diesen Umständen. Noch – wie gesagt noch – waren fast alle unsere Freunde da. Aber so nach und nach verschwand der eine oder andere ab in den Westen. Bei den meisten klappte es, aber einige wurden auch geschnappt: Versuchte Republikflucht – Knast.

Wir wohnten damals in einer Einzimmerwohnung, Klo halbe Treppe tiefer, benutzt von drei weiteren Parteien. Man gewöhnte sich an die Zonenumstände. Wir machten das Beste draus und haben jede Zeit in unserem gemeinsamen Leben nach Herzenslust genutzt, nichts verschenkt, Glück gesammelt. Im Sommer fuhren wir in den Urlaub nach

Hiddensee. Da musste man sich ins Zeug legen, um seinen Anspruch auf das Zimmer nicht zu verwirken – Geschenke mitbringen – Weihnachtspäckchen schicken. Einen Sommer konnten wir nicht fahren, ich war erkrankt, und unser Quartier war für immer weg. Die Ostsee war und ist für mich das Größte. Ich könnte kreischen vor Glück, wenn ich sie nur von Weitem sehe. Und dann werfe ich mich sofort in den Sand, diesen feinen weißen Sand. Und wenn ich wieder abfahren muss, heule ich jedes Mal. Ja. So bin ich auch. Wir haben übrigens kirchlich geheiratet, obwohl wir nicht in der Kirche waren. Wir sahen es als kleinen Widerstand gegen den Staat. Und außerdem ist es ja auch schön, wenn so die Glocken läuten – die Atmosphäre eben.

Meine Schwester war Lehrerin in Dresden und nie in der Partei. Ihr Argument: Dann müsste ich ja aus der Kirche austreten, und das kann ich vor meinem Gott nicht verantworten.

1984 haben wir dann doch einen Antrag auf Ausreise gestellt. Das war das Jahr, in dem viele auf einmal gehen durften. Da gab's so 'ne Mauschelei: Strauß hatte der DDR einen Kredit gewährt, und im Gegenzug durften, glaube ich, zwanzigtausend Leute ausreisen. Letzteres hab ich erst später erfahren. Aber uns wollte man nicht rauslassen. Ich kann das nur so beschreiben: Du stehst an einer Bushaltestelle und wartest auf den Bus, aber wann er kommt und ob er kommt, weißt du nicht. Wir haben diese Zeit genutzt und fuhren mit unserem Trabi durch die DDR, sahen uns alles Wichtige und Schöne an. Man wusste ja nicht, ob man da wieder hinkäme.

1988 wurde unser Antrag genehmigt. Innerhalb von achtundvierzig Stunden mussten wir das Land verlassen haben und vorher einen sogenannten Laufzettel abarbeiten. Das schien fast unmöglich, denn man wurde auch da schikaniert.

Hatte man den einen Punkt erledigt und kam zur nächsten Stelle, hieß es zum Beispiel: „Nein, Sie sind jetzt Ausländer und müssen eine Treppe höher." Wir mussten zu Banken, von denen wir bis dahin nicht mal wussten, dass es sie gab. Wir hatten kein Telefon, aber wir mussten uns beim Fernmeldeamt abmelden. Es waren zwei Wahnsinnstage. Alle unsere Freunde, die noch da waren, halfen. Wir waren ein wenig schlampig, hatten nichts vorbereitet. Du musstest doch jeden Gegenstand, jede Tasse, jedes Buch, also jeden Scheiß auflisten. Irgendwie haben wir das hingekriegt. Das Wichtigste aber war: Wie kriegen wir unseren Kater Leopold mit rüber? Für ihn brauchten wir ein Gesundheitszeugnis und eine Ausreisegenehmigung! Mein Mann wurde in dem Zusammenhang gefragt, wie viel denn die Katze wiege. Er war so überrumpelt, dass er was von fünfundzwanzig Kilo stammelte. 'ne Katze und fünfundzwanzig Kilo! Wir waren total durch den Wind. Ich sag dir: Ich war grün vor Angst in diesen Tagen. Schließlich waren wir schon fünfzig. Wir tauschten praktisch neu gegen alt. Jedenfalls hat dann ein befreundeter Tierarzt aus der Nachbarschaft alle Papiere für Leopold besorgt, und so sind wir am 30. Dezember 88 mit zwei Koffern und einem Kater durch den Tränentunnel nach Westberlin.

Unsere alten Freunde aus der Schulzeit, nämlich meine erste Liebe Hans und seine Frau, lebten schon länger dort und stellten uns ihr Haus zur Verfügung. Sie selbst waren zu der Zeit im Urlaub. Als wir dort ankamen, empfing uns ihre Tochter. Sie hatte das Haus über und über mit brennenden Kerzen geschmückt, und da hab ich erst mal losgeheult. Die Anspannung fiel von mir ab. Wie? Ich weiß nicht, wie hundert Steine meinetwegen.

Ja, natürlich kam Marienfelde – Aufnahmelager. Zum Glück mussten wir dort nicht wohnen, denn unsere Freunde hatten schon eine möblierte Wohnung für uns besorgt. Aber wann, und ob unser Haushalt nachkommen würde, das wussten wir nicht. Über das Arbeitsamt bekam ich einen Job in der Stadtbücherei in Charlottenburg; der Leiter dort stammte aus Meißen. Glück braucht der Mensch! Später wechselte ich in die Bibliothek eines Oberstufenzentrums für Recht und Wirtschaft. Da gefiel es mir sehr, das Publikum war toll, und ich habe da gerne gearbeitet, bis zur Rente.

Für meinen Mann war es viel schwieriger, einen Job zu finden. In der ersten Zeit war er freischaffend, betreute Projekte, die sich ergaben. Was Festes war nicht zu finden. Endlich, nach zwei Monaten, kamen unsere Möbel. Wir hatten inzwischen eine kleine, aber feine Wohnung und waren nur glücklich. Da kam mir nochmal der Gedanke, dass ich vielleicht doch gern ein Kind gehabt hätte, aber nun war ich zu alt. So ist das halt. Dafür haben wir schnell damit begonnen, uns andere Länder anzusehen. Für die große Welt fühlten wir uns nicht mehr jung genug, also beschränkten wir uns auf die Nachbarländer: Italien war und ist unser Lieblingsland.

Jaaa. Und dann fiel die Mauer. Wir haben das bejubelt, bekreischt, begrüßt, befeiert in selbiger Nacht. Es gab viele Wiedersehensfeten mit alten Freunden. Und jetzt war der Osten ja wieder offen! In einem hausinternen Blatt entdeckte ich eine Stelle für Architekten in Marzahn. Mein Mann war hin- und hergerissen, sollte er wieder im Osten arbeiten? Er nahm an und war – Gott sei Dank – dort auch recht glücklich. Immerhin war er in die Stadtplanung eingebunden. Nun konnten wir uns auch eine größere Wohnung leisten. Wie so oft kriegten wir die über Bekannte; das Glück war uns hold wie immer. Kurt hat alles umgebaut, wie du siehst, und wir haben eine Kleiderkammer, wir hatten immer eine Kleiderkammer, egal, wie groß die jeweilige Wohnung war.

Neulich hat mich unsere Vermieterin aus Paris angerufen und mir versichert, dass ich bleiben kann bis an mein Lebensende und länger; sie brauchen die Wohnung nicht für sich. Das ist beruhigend.

Wir waren hier sehr glücklich. Hier ist der Geist meines Mannes. Ich spüre ihn noch. Ich habe nichts verändert. Hier liegt seine letzte geöffnete Zigarettenschachtel, und dort liegen seine Stifte. Er war sein Leben lang ein starker Raucher. Manchmal hat es mich gestört, ich habe nie geraucht, aber es gehörte zu ihm. Ich wollte ihn nicht umerziehen. Ich hab ihn rauchend kennengelernt – was sollste hinterher umtauschen? Mir hat alles an ihm gefallen! Und ich glaube, ihm hat auch alles an mir gefallen ...

Du hast mich nach Heimat gefragt. Da muss ich wirklich nachdenken, das ist nicht so einfach zu beantworten. Mein Mann hat Dresden nicht besonders gemocht. Doch wenn wir im Gartenlokal an der Elbe mit einem Glas Weißwein saßen und auf den Friedhof auf der anderen Seite blickten, hatten wir so was wie ein heimatliches Gefühl – meine Eltern sind dort begraben. Und eines Tages ist was Seltsames passiert: Ich seh' von Weitem, wie mein Mann und meine Schwester vor dem Friedhof stehen, reden und sich dann in den Arm nehmen. Als ich bei ihnen ankomme, sagt meine Schwester: „Dein Mann hat soeben angehalten, ob ihr beide mit ins Familiengrab reinkönnt." Was soll ich sagen, damit hätte ich nie gerechnet.

Dresden ist nie meine Stadt gewesen. Die Dresdener waren schon immer sehr eigen, von sich überzeugt. Die wollen nichts abgeben, denken sie haben alles, wollen nichts Fremdes, keine Fremden. Deshalb ist es folgerichtig, dass diese ganze Pegida-Bewegung von hier ausgeht. Woanders hätte so was nach meiner Meinung nicht entstehen können. Diese Dreckschweine beleidigen die ganze Welt. Und wenn der

Gabriel von Pack spricht, sage ich, das ist falsch. Das ist kein Pack, das sind kleine Handwerker, Geschäftsleute, Ärzte, alles marschiert da mit. Ich weiß das von Freunden. Deshalb – ich darf Dreckschweine sagen, aber ein Politiker muss sich beherrschen. Ich schäme mich für Dresden.

Nichtsdestotrotz liegt der Kurt jetzt dort, und ich werde folgen. Bevor er ins Krankenhaus ging, fragte er meine Schwester, ob die Abmachung noch gelte; als hätte er geahnt, dass er sterben wird. In den letzten Jahren hatte uns das Glück verlassen. Kurt fühlte sich nicht mehr gut, zog sich zurück, besser: Er schränkte seinen Radius ein. Er las, zeichnete, schlief und ging spazieren. Auf Bänken sitzend hat er viele Leute kennengelernt. Zur Trauerfeier kamen junge Menschen aus dem Kiez, und sie haben mir Geschichten von ihm erzählt, die ich nicht kannte. Das war unendlich schön. Man braucht das. Es tröstet. Überhaupt, ich hab das alles ganz gut hingekriegt. Nach der Zeremonie lud ich alle zu mir nach Hause ein. Besser die Wohnung voll, als allein heimzukehren in die Leere. Es war richtig und wunderschön, mit unseren Freunden an ihn zu denken.

Ich bin so froh, dass er mir diesen Wink mit dem Grab gegeben hat. So weiß ich, dass er es gut hat, dass ich ihn nach Hause gebracht habe.

Und so ist Dresden doch noch so was wie Heimat für mich geworden.

Doris | 80

Ich hab mich noch nie vor etwas gefürchtet. Ich glaube, ich bin nicht fantasiebegabt genug.

Ich hab mich noch nie vor etwas gefürchtet, stell dir das mal vor. Ich glaube, ich bin nicht fantasiebegabt genug. Das hat sicherlich mit meiner behüteten Kindheit zu tun. Die ersten Jahre lebte ich bei meinen Großeltern. Sie wohnten auf dem Land. Das Tollste war, sie hatten einen Garten mit einer Schaukel. Im Nachhinein hab ich das Gefühl, täglich stundenlang geschaukelt zu haben. Es war wie eine Droge, würde man heute sagen. Beim Schwungholen schaute ich in den Himmel und stellte mir vor, ein Fahrrad würde herunterfallen. Das war damals mein sehnlichster Wunsch.

Es war Krieg, aber ich hab davon wenig mitbekommen, hatte keine Vorstellung davon. Ich sah keine Toten, ich erlebte kaum Bombenangriffe und wenn, dann gingen wir in den Keller. Und das war eher wie ein Abenteuer; mein Großvater erzählte mir dann Geschichten. Er konnte das wunderbar. Er war ein grundehrlicher Mensch und ist bis heute ein Vorbild für mich. Ältere Männer hab ich mein Leben lang mit ihm verglichen – sie mussten so ehrlich sein wie Opa.

Meine Großeltern haben mich vor allem beschützt. Sie waren streng, ja, das schon, aber sie haben mich geliebt. Heute glaube ich, sogar mehr als ihre eigene Tochter. Ich bin sicher, es hat meine Beziehung zu meiner Mutter irgendwie beeinflusst. Später habe ich mich immer für sie verantwortlich gefühlt, wollte, dass es ihr gut geht. Mit neun Jahren, also nach dem Krieg, zog ich wieder zu ihr in die Stadt. Da hab ich erst gemerkt, wie sehr sie mir gefehlt hatte. Ich war sehr glücklich. Mein Vater kam aus der Gefangenschaft zurück und verließ uns bald wieder, zog zu einer anderen Frau. Meine Erinnerungen an ihn sind verblasst wie ein altes Foto.

Meine Mutter litt ihr Leben lang unter der Trennung und hoffte, er käme eines Tages zu ihr zurück. Vielleicht gab ich mir deshalb große Mühe, eine gute Tochter zu sein.

Sie hatte keine Ahnung, wie Erziehung geht, also hat sie es gelassen. Ich war ein typisches Schlüsselkind mit allen Freiheiten. Für mich war das traumhaft. Als ich etwa vierzehn war, kam ich eines Tages nach Hause und ertappte meine Mutter knutschend mit einem Mann. Ich war entsetzt und schrie: „Schweinerei! Raus!" Du, der gehorchte, der ging. Meine Mutter sagte keinen Mucks. Heute denke ich – wie schrecklich. Es war beides: Ich wollte meine Mutter nicht teilen, und ich wollte nicht, dass sie noch einmal jemand verletzt.

Zu der Zeit spielte noch was anderes eine Rolle. Ich fand alle sexuellen Andeutungen peinlich, ist ja typisch für das Alter. Einer Brieffreundin schrieb ich damals: „Die körperliche Liebe ist ekelhaft, und ich werde mich niemals auf so was einlassen!" Sie hat mir später den Brief gezeigt. Tja, daran habe ich mich nicht halten können. Sex war und ist 'ne wunderbare Sache, nur ist der Weg zu gutem Sex nicht so einfach. Man muss sich die Männer erziehen, Geduld mit ihnen haben. Und mit sich selbst.

Aber zurück zu meiner Mutter. Sie hat nach dem Krieg als Verkäuferin gearbeitet. Es dauerte nicht lange, und sie wurde befördert. Heute würde man sagen Filialleiterin, damals HO – ach, was das hieß, hab ich vergessen. Sie war der festen Meinung Kind und Job sind vereinbar. Nie hätte sie ihn meinetwegen aufgegeben. Sie liebte ihre Arbeit und kam oft spät nach Hause. So sehr ich meine Freiheiten genoss, manchmal hätte ich sie schon gern abends bei mir gehabt. „Kind", sagte sie dann, „wenn ich meine Arbeit nicht hätte, wäre ich todunglücklich. Und eine unglückliche Mutter macht auch ihr Kind nicht glücklich." Ja, so war das.

In den Kriegsjahren hatten meine Großeltern und sie all ihr Geld gespart. Dann kam die Entwertung, und alles war weg. Keiner hatte mehr was.

Umso enthusiastischer war die Stimmung im Land. Es war ein regelrechter Aufbruchsrausch, dem man sich kaum entziehen konnte. Alle haben mit angepackt, sich gegenseitig ermutigt und geholfen. Ein Land neu aufbauen, was für eine tolle Sache! Und ich war überall dabei, bei den Pionieren, in der FDJ, wollte was bewegen! In der Wirklichkeit bewegte sich immer weniger. Der Rausch war verflogen, der „Fortschritt" schritt auf der Stelle.

Zu dem Zeitpunkt hatte ich meinen ersten Freund – ohne Sex wohlgemerkt. Der redete immer davon, in den Westen zu gehen. Ich hab dann auch darüber nachgedacht und mit meiner Mutter gesprochen. Aber sie wollte absolut nicht. Sie konnte sich nicht vorstellen, ihre Heimat, ihre Eltern und vor allem ihre Arbeit zu verlassen. So vergaß ich es wieder.

Früher musste man schon in der 11. Klasse einen Berufswunsch angeben. Ich hatte Medizin, Pharmazie und Zahnmedizin auf der Liste. Die Schule regelte alles. Und so hatte ich mit dem Abi einen Studienplatz für Pharmazie in der Tasche. Es bedeutete Freiheit. Ich konnte ausziehen, in eine andere Stadt und weg von meiner Mutter. Ich wollte endlich was erleben, Jungs treffen, unabhängig sein. Ich erinnere mich: Ich stand nackt vor dem Spiegel und fragte mich, wann ES denn endlich passiert.

Und es passierte schneller als gedacht. Schon im ersten Semester flirtete ich mit Arthur. Er war im gleichen Studiengang. Der erste Sex mit ihm war nicht gerade überwältigend, er war Anfänger wie ich. Aber zur Schwangerschaft hat's doch gereicht. Ich heiratete ihn, nicht unbedingt aus Liebe, sondern wegen des Kindes. Aber je länger ich mit ihm zusammen war, umso mehr verliebte ich mich. Er war sehr klug, witzig und er malte! Ich war fasziniert von seinen Bildern. Und ich mochte den Geruch der Farben in unserer Wohnung. Bei anderen roch es nach Essen, bei uns nach Farben. Intelligenz und Einfühlungsvermögen bei einem Mann haben mich immer angeturnt.

Jedenfalls kam unser Sohn zur Welt, und wir organisierten alles bestens. Jeder konnte sein Studium fortsetzen, das war in der DDR kein Problem, da man sofort einen Krippenplatz bekam, nach dem Motto „Das Volk muss funktionstüchtig bleiben"! Ich erinnere mich auch noch an den Spruch einer Erzieherin im Kindergarten: „So, wie wir heute spielen, werden wir morgen arbeiten"!

Von Aufbruch und guter Stimmung war zu der Zeit schon nichts mehr zu spüren. Das Leben erstarrte immer mehr. Deshalb erschuf man sich einen Parallelkosmos mit Familie und Freunden. Wir führten ein offenes Haus. Kommilitonen und Freunde gingen bei uns ein und aus. Arthur war der Mittelpunkt, der Planet, um den alle kreisten. Wir redeten über Politik, über das Weltgeschehen, über unsere Träume. Ich war stolz auf ihn, auf uns, auf unseren Sohn, auf mich. Es war eine wilde Zeit. Zu wild. Arthur hatte erste Abenteuer mit anderen Frauen. Er konnte einfach nicht widerstehen, wenn ihm eine zu Füßen lag. Ich tolerierte es – was blieb mir anderes übrig? Hätte ich mich getrennt, wäre ich allein gewesen ohne diesen Freundeskreis, denn sie wären alle bei Arthur geblieben. Und: Er war ein prima Vater! Zärtlich, hingebungsvoll, verantwortungsbewusst. Das wollte ich meinem Sohn nicht wegnehmen, ich wollte nicht, dass er ohne Vater aufwächst so wie ich. Hinzu kam, dass Arthur mir immer wieder sagte, dass ich seine Geliebte sei, die anderen dienten nur zur Körperpflege. Ja, da sitzt man ganz schön in der Falle. Ich hab ihn eben geliebt.

Und dann passierte es. Eine seiner Verehrerinnen blieb an ihm hängen und er an ihr. Damit konnte ich nicht umgehen. Ich weiß noch, wir saßen in der Küche. Er hielt meine Hand und sagte: „Ich hab mich in Ruth verliebt." Es war totenstill, und ich hörte einen tiefen Seufzer – es war mein eigener. Wie schon gesagt, ich fürchte mich nicht, mein Verstand lässt das nicht zu, und in schwierigen Situationen werde ich ganz rational. Ich ging ihm aus dem Weg, wir lebten nebeneinander her.

Plötzlich verschwand Ruth. Sie war in den Westen abgehauen, und er weinte sich bei mir aus. Wir schliefen wieder miteinander. Ich schöpfte neue Hoffnung. Alles schien gut. Eines Tages treffe ich einen Freund, und er erzählt mir im Vertrauen, dass Arthur seine Flucht in den Westen plane. Ich seh' mich noch nach Hause rennen und auf Arthur losgehen. Ich hab ihm eine gelangt. Unser Dialog war kurz: „Ich weiß es!" Er wurde rot. „Du willst abhaun!" Pause. „Ja, ich will zu Ruth." – „Und was ist mit uns?" Schweigen. „Wenn du uns nicht mitnimmst, verrate ich dich." Weißt du, dass er zu ihr wollte, konnte ich noch nachvollziehen, aber dass er uns zurücklassen wollte, das hat mich schwer getroffen. Und was das an Schikane seitens der Stasi für mich und unseren Sohn bedeutet hätte! Ich hab ihm das nie verziehen.

Die Stasi war schon immer in unserem Umfeld. Wir betrieben so was wie einen „linken Salon", das war Grund genug. Ob unsere Wohnung damals verwanzt war, weiß ich bis heute nicht. Erst später habe ich aus meiner Akte entnommen, wer in unserem Kreis der Spitzel war. Diesem Menschen hatte ich das am wenigsten zugetraut. Durch die Flucht von Ruth gerieten wir noch mehr in den Fokus. Sie bewachten unser Haus nun rund um die Uhr. Im Hauseingang gegenüber stand immer ein Posten.

Vier Monate später war es dann so weit. Wir weihten

unseren Sohn nicht ein, es war uns zu riskant. Er war fünfzehn und hatte seine erste Freundin. Dass er sich von ihr nicht verabschieden konnte, muss schrecklich für ihn gewesen sein. Am Tag der Flucht fuhren wir zuerst mit dem Auto nach Dresden. Dort stiegen wir in den Zug nach Berlin. Es klingt umständlich, aber wir mussten sichergehen, dass uns keiner folgte. In Berlin nahmen wir die S-Bahn raus aus der Stadt, wohin hab ich vergessen. Es war Winter und an dem Tag richtiges Schneegestöber, also ideales Wetter für so eine Aktion. Irgendwo erwartete uns ein Alliiertenfahrzeug, das einen doppelten Boden hatte. Wir legten uns quer zum Fahrerhaus zusammen mit noch zwei anderen Leuten hinein, und es kam eine Platte drüber. Vorher hatte jeder einen Kaugummi bekommen, um die Angst wegzukauen, so sagten sie. Die Fahrt dauerte eine gefühlte Ewigkeit. Immer, wenn das Auto stehen blieb, hielten wir die Luft an. Irgendwann rutschte mir der Kaugummi in den Hals. Normalerweise hustet du dann und gut ist. Das konnte ich aber nicht, da wir in dem Moment unmittelbar an der Grenze standen. Wir hörten den Fahrer mit den Grenzern scherzen. Ich hatte so eine Panik, wäre fast erstickt. Es war das Schlimmste an der ganzen Flucht. Ansonsten gab es keine Probleme. Das ist sicher auch ein Grund, warum die Flucht so teuer war – die Grenzer waren eingeweiht, und ein Fahrzeug der Alliierten wurde nicht kontrolliert, das hätte politische Schwierigkeiten gegeben. Nach der Grenze konnte ich endlich husten und das Ding ausspucken. Nie wieder hab ich einen Kaugummi angerührt! Wir wechselten noch zweimal das Fahrzeug, damit keiner mitbekam, dass die Amis da mit drinhingen. Und endlich rief einer der Fahrer: „Willkommen in der Freiheit!" Wir stiegen aus, umarmten uns und begannen zu lachen. Wir konnten gar nicht mehr aufhören. Wenn ich daran denke, krieg ich noch heute 'ne Gänsehaut, schau dir das an.

Ja, so landete ich 1973 in Westberlin und bin hier hängen geblieben. In meiner Vorstellung hatte ich mich immer mehr im Norden gesehen – in Kiel oder Lübeck. Aber Berlin war einfach der Wahnsinn zu der Zeit, ich wollte nicht mehr weg. Am ersten Abend sind wir zusammen mit Arthur zum Savignyplatz in die WG von Ruth. Wir wurden wie Helden gefeiert, erlebten die totale Freiheit. Alles war so locker und fröhlich, man duzte sich. Es war einfach toll. Es erinnerte mich an das Gefühl wie damals in den Anfängen der DDR. Aufbruch: Es war wieder was möglich – eine neue Zeit, ein neues Leben.

Arthur und ich hatten verabredet, dass wir noch einige Zeit zusammenbleiben wollten, wegen unseres Sohnes. Aber er hielt sich nicht daran. Er zog mit Ruth sofort nach Westdeutschland.

Ich hätte mich nie getrennt. Glücklicherweise hat er mich verlassen. Aber ich wollte klare Verhältnisse, ohne Hintertür und hab bald die Scheidung eingereicht. Das war gut so, denn dadurch bin ich die geworden, die ich bin. Und ich mag mich so.

Jedenfalls – wir kamen zunächst bei Freunden von Ruth unter. In den Siebzigern war das noch ein Bonus: Die Exotin aus dem Osten. Du lernst schnell Leute kennen, und alle wollen dir helfen. Nachdem aller Kram, Aufnahmelager und Verhöre bei den Alliierten und so weiter erledigt waren, ging es sehr schnell. Ich hatte sofort eine Anstellung in einer Apotheke und dadurch auch sofort eine Wohnung, eine große Wohnung. Ich wurde zu vielen Partys eingeladen, und ich ließ keine aus. Ich sog dieses neue Leben auf wie ein Schwamm. Es war eine verrückte Zeit.

Leider war nicht alles toll. Mein Sohn hatte Schwierigkeiten, sich zurechtzufinden. Er wollte lange Zeit zurück in den Osten. Die Schule war kein Problem, aber er fand keine

Freunde. Und Arthur fehlte ihm. Ich hab mich mit allen Mitteln um ihn bemüht. Schon im ersten Jahr flogen wir nach Amerika, davon hatte er immer geträumt.

Zum Glück wohnten in unserem Haus sehr nette Leute. Wir waren eine tolle Hausgemeinschaft, halfen uns gegenseitig und feierten oft zusammen. Ich war beeindruckt, denn es hieß doch immer, im Westen gäbe es keinen Zusammenhalt. Meine Erfahrungen sind bis heute ganz anders.

Am wichtigsten war mir Ella. Sie wohnte über mir, war etwa so alt wie ich und ihre Tochter Dora im gleichen Alter wie mein Sohn. Sie hatte eine Boutique. Wir waren sofort Freundinnen. Einen Stock höher wohnte Roland, ein Lehrer. Der flirtete gleich mal mit mir. Aber ich war noch gar nicht bereit, ich war eigentlich ein bisschen neben der Spur. Mein Leben hatte sich um hundertachtzig Grad gedreht, nee, eigentlich einmal um die Achse, und ich war dabei, alles einzuordnen. Zum Glück freundete sich mein Sohn mit Ellas Tochter an. Das beruhigte mich. Er redete wenig, ich wusste nicht, wie es ihm wirklich ging.

So nach und nach richteten wir unser neues Zuhause ein. Wir bedienten uns beim Sperrmüll, und vieles bekamen wir geschenkt. Es war sowieso gerade schick, sich nicht schick einzurichten. Nach zwei Monaten gab ich eine Einweihungsfete. Alle brachten was zu essen mit, ich sorgte für die Getränke. Mein Sohn organisierte die Musik, und darüber war ich richtig froh. Es wurde ein schöner Abend. Ich tanzte viel und meistens mit Roland. Er fragte mich, wie alt ich sei. Ich sagte es ihm. „Okay", sagte er, „dreizehn Jahre älter als ich find ich gut", und küsste mich. Dieser Kuss hat lange gedauert. Wir haben gar nicht gemerkt, dass die anderen schon gegangen waren – ja, was so anfängt, wird gut. Nächsten Tag fragte mich mein Sohn, ob ich „mit dem" was anfangen würde. Ich sagte vielleicht. Er ging aus dem Zimmer und knallte die Tür, und ich bin nicht hinterhergegangen – heute glaube ich, das war ein großer Fehler …

Eine neue Liebe! Das passte in mein neues Leben. Also beschloss ich den Schwung auszunutzen. Ich wollte eine eigene Apotheke. Roland unterstützte mich dabei sehr. Es war das wichtigste Ereignis meines Lebens, und ich erfüllte mir diesen Traum. Ich hab mich in die Arbeit gestürzt wie eine Ertrinkende. Ehrgeizig war ich schon immer, aber jetzt wollte ich es wissen. Du musst dir vorstellen, ursprünglich waren das sehr heruntergekommene Räume. Alles musste von Grund auf neu gemacht – ganze Wände rausgerissen werden. Ich kaufte einem anderen Apotheker alle Regale, Schubladen und Schränke ab. Sie waren aus dunklem Nussbaum und wirkten in meiner Apotheke jetzt richtig kostbar. Ich kann dir gar nicht sagen, wie stolz und glücklich ich war. Hinzu kam, wir hatten in unserem Einzugsbereich sehr nette Kunden und viele ältere Leute. Ja, das klingt jetzt vielleicht schlimm, aber es ist wichtig, du musst ja auch Umsatz machen.

Und den habe ich gemacht. Mein „Baby" lief gut bis zum Schluss, bis zur Rente. Und Roland, ja, besser hätte ich es nicht haben können. Er liebte, verehrte und bewunderte mich. Was wollte ich mehr? Er ging nun aus und ein bei uns und verstand sich mit meinem Sohn bestens. Ich war froh und glaubte, er könnte vielleicht die Lücke irgendwie füllen, die Arthur hinterlassen hatte, denn von ihm hörten wir nichts. Er war aus unserem Leben verschwunden. Ja, die Flucht war bald abbezahlt, und so konnte ich mir eine eigene Wohnung kaufen. Ich bin viel gereist, anfangs mit meinem Sohn. Doch der wollte bald nicht mehr mit. Er gab mir immer zu verstehen, dass er allein zurechtkomme. Ich hab es geglaubt.

Dann passierte das Unglück. Eines Tages stand Dora weinend vor meiner Tür. Sie hatte Ella tot im Schlafzimmer gefunden. Herzversagen.

Es war ein großer Schock für uns alle, ein großer Verlust. Ich nahm sie bei uns auf. Sie war schon achtzehn und durfte somit bei uns wohnen. Mein Sohn sagte nur: „Du kümmerst dich immer mehr um die anderen." Aber was sollte ich denn machen, sie konnte doch nicht allein bleiben, und sie wollte es auch so. Dora fiel dann erst mal durchs Abi. Der Tod ihrer Mutter hatte sie aus der Bahn geworfen. Sie lernte zunächst technische Zeichnerin und studierte anschließend Bauingenieur. Mein Sohn machte ganz still sein Abi mit eins, studierte wie nebenbei Afrikanistik in Bayreuth und entzog sich immer mehr meinem Einfluss. Heute lebt er in Kenia, ist verheiratet und hat zwei Kinder. Besucht hat er mich nur einmal, es ist schon ein paar Jahre her. Er hasst Deutschland. Und nun, da alles so nach rechts ruckt, erst recht. Wir mailen uns. Er hat mich nie eingeladen ...

Entschuldigung.

Weißt du, immer und immer wieder fragst du dich, wo du ihn verloren hast. Wir wollten doch eigentlich, dass es ihm besser geht als uns, dass er alle Möglichkeiten hat, dass er die Welt sieht. Wir dachten, was uns gut tut, tut auch unserem Kind gut. Aus heutiger Sicht muss ich sagen, für ihn war die Flucht ein traumatisches Erlebnis, von dem er sich nie richtig erholt hat.

Dora wohnte auch während des Studiums bei mir, wir verstanden uns. Dann verliebte sie sich, heiratete und bekam einen Sohn. Und Jakob ist heute mein Beute-Enkel. Ich liebe ihn über alles. Mit ihm habe ich jetzt die glücklichsten Momente.

Roland und ich sind noch immer beste Freunde. Unsere Liebe hatte sich nach immerhin zwölf Jahren, wie soll ich sagen – aufgelöst? Weißt du, es gibt ja noch mehr Männer, die auf ältere Frauen stehen.

Ach ja, die Wende. Für mich hat sich danach nichts geändert. In der Nacht der Nächte war ich nicht in Berlin, war zu einem Kongress in Paris. Von dort schien mir alles sehr unwirklich, wären nicht die Zeitungen voll von Fotos und Berichten gewesen, ich hätte es nicht geglaubt. Ich bin dann bald in meine alte Heimat gefahren, Freunde von früher besuchen. Ich durfte ja die ganzen Jahre nicht rüber! Ob dort meine Heimat ist? Man sagt das Wort so schnell und meint doch was ganz anderes. Heimat bedeutet mir nichts. Ich fühle mich heimatlich, um es mal so auszudrücken, wenn ich zum Beispiel in meiner Wohnung auf dem Sofa liege und ein gutes Buch lese.

Nächste Woche ist mein achtzigster Geburtstag. Kaum zu glauben. Ich werde zu Hause feiern, wie all die anderen Jahre. Wenn ich mein Alter an die große Glocke hänge, dann behandelt man mich wie eine alte Frau. Dann bist du plötzlich das Muttchen, und das will ich auf keinen Fall.

Adelheid | 68

Ich wollte meine Kinder selbst erziehen und nicht durch den Staat zu ideologischen Krüppeln werden lassen.

Ich liebe Gewitter. Wenn es so richtig blitzt und donnert, geht mir das Herz auf. Ich stehe am offenen Fenster und genieße das Schauspiel. Die Luft ist so sauber. „Gott hatte Haushaltstag und die Erde geputzt", sagte meine Mutter immer.

Aufgewachsen bin ich in der Nähe von Anklam, ich bilde mir ein, dass es in dieser Gegend besonders oft gewittert hat. Aber wie das so ist mit den kindlichen Erinnerungen – sie sind trügerisch. Eins steht fest: Meine Kindheit war schön.

Meine Mutter hatte es auf das Dorf verschlagen, nachdem sie mit uns drei Kindern aus Hinterpommern fliehen musste. Halt, das stimmt nicht wirklich – sie floh mit zwei Kindern, denn ich wurde erst auf der Flucht geboren. Sie redete nicht gern von dieser Zeit – die Russen hatten sie unterwegs vergewaltigt, und dieses Trauma trug sie ihr Leben lang mit sich herum. Mein Vater wurde gleich zu Beginn des Krieges eingezogen und später verwundet. Sie besuchte ihn im Lazarett, und dort bin ich wohl auch entstanden. Sie sahen sich nie wieder. Viele Jahre später erfuhren wir, dass alle Verwundeten des Lazaretts erschossen worden waren. Dann endlich hat sie ihn für tot erklären lassen, nachdem sie immer gehofft hatte, er würde eines Tages wieder vor der Tür stehen.

Anfangs wohnten wir in einer alten Schule unter dem Dach. Das war nicht komfortabel, aber für uns Kinder abenteuerlich, denn wir hatten Platz zum Spielen. Die meiste Zeit waren wir uns selbst überlassen. Unsere Mutter half zunächst bei der Ernte, und später ging sie in Stellung bei einem Rechtsanwalt. Dort lernte sie zum Beispiel, wie man sich bei Tisch zu benehmen hat, und brachte uns all diese Dinge bei.

Mir ist das bis heute wichtig. „Gutes Benehmen und viel Herz" ist meine Devise. Danach arbeitete sie als Köchin in einer Schule, und so hatten wir immer genügend zu essen. Wir waren arm, ja, hatten viele Jahre nicht mal ein Radio, aber wir haben nie hungern müssen! Von Politik oder so bekamen wir nichts mit – es war auch keine Aufbruchsstimmung – jeder Einzelne versuchte, was zustande zu bringen. Heute würde ich sagen, wir lebten ein bisschen wie hinter dem Mond.

Unsere Mutter war streng, wir mussten spuren. Ich weiß noch, wie sie mich zur Strafe einmal in den Flur sperrte – ich hatte wahnsinnige Angst im Dunkeln, und die hat mich mein halbes Leben begleitet. Erst viel später musste ich dieses Trauma überwinden, aber dazu kommen wir noch. Unsere Nachbarskinder nahmen mich regelmäßig mit in die Kirche, und dafür bin ich sehr dankbar. Es hat mich zu Gott geführt – mich zu einem gläubigen Menschen gemacht.

Unsere Mutter hielt nichts vom Gottesdienst. „Wenn es einen Gott gäbe, wären unsere Männer noch lebendig", sagte sie. Aber ich hab gesehen, wie sie abends oft die Hände faltete und leise vor sich hin sprach.

In der Schule gehörte ich zu den Besten, und trotzdem entschied ich mich gegen das Abitur. Ich begann eine Ausbildung zur Krankenschwester und qualifizierte mich für den OP. Das waren gute Jahre – ich habe diese Arbeit sehr gern und mit viel Liebe gemacht. Apropos Liebe: Die lief mir tatsächlich im OP über den Weg. Ich war frisch examinierte Schwester, und wir bekamen einen jungen Assistenzarzt. Wenn du steril bist, trägst du ja einen Mundschutz und dann sprechen vor allem die Augen. Wenn ich ihm assistierte, sagten mir seine: Du gefällst mir. Es hat nicht lange gedauert und wir waren ein Paar – ich wurde schwanger und wir heirateten. Als unser Sohn zur Welt kam, blieb ich erst mal zu Hause und entschied danach, eine Ausbildung zur

Krippenleiterin zu machen. Das erschien mir geeigneter für eine Mutter als der Schichtdienst im OP. Und die Arbeit mit Kindern erfüllte mich – machte mir viel Freude. Nun hatte ich ein ganz anderes Problem: Diese ganze sozialistische Erziehung ging mir gegen den Strich – dieses Ideologische wurde schon den Kleinsten anerzogen – schrecklich. Schon früher in der Schule hatte ich mir Fragen gestellt: Warum wurde so einseitig gelehrt? Warum ging es immer nur um den Arbeiter-und-Bauern-Staat und nicht wirklich um Geschichte im eigentlichen Sinn? Nun war ich wieder damit konfrontiert und spürte, wie Unmut in mir aufkam. Zum Glück hatte ich meinen Mann und konnte mit ihm über all diese Dinge sprechen. Oder anders gesagt: Unsere Ansichten trafen sich – ich war schon auf dem Weg, und er hat mich abgeholt und aufgeklärt – von ihm lernte ich, die DDR mit anderen Augen zu sehen. Er kam aus einem bürgerlichen Haushalt, hatte eine christliche Erziehung genossen und liebäugelte schon damals mit dem Westen. Als die DDR 71 die Schlussakte von Helsinki unterschrieb und somit die Menschenrechte anerkannte, gab es die ersten Ausreiseanträge. Aber diese Leute wurden drangsaliert, und ich weiß, dass es bei einigen Jahre dauerte, bis sie die DDR hinter sich lassen konnten. Andere wurden denunziert und wanderten in den Knast. Wir haben das alles wachsam verfolgt.

Inzwischen hatten wir zwei Kinder, und ich blieb ganz zu Hause. Ich wollte meine Kinder selbst erziehen und nicht durch den Staat zu „ideologischen Krüppeln" werden lassen. Wenn sie aus der Schule kamen, stand das Essen auf dem Tisch – dann hatten sie eine halbe Stunde Freizeit, und anschließend mussten sie an ihr Instrument. Der Ältere lernte Klarinette, der Jüngere Geige, und ich achtete sehr darauf, dass sie täglich eine Stunde übten. Später erledigten sie ihre Hausaufgaben, die ich auch kontrollierte, und dann konnten sie machen, was sie wollten. Sie mussten spuren, es gab keine Widerrede – Strenge und Liebe war und ist meine Devise. Während sie in der Schule waren, lernte ich Englisch, Französisch und machte einen Schreibmaschinenkurs. Weißt du, als Frau in der DDR nicht zu arbeiten, war ungewöhnlich – das zweite Gehalt wurde in der Regel zum Leben gebraucht. Aber wir waren gut versorgt und bekamen regelmäßig Westpakete von der zahlreichen Verwandtschaft meines Mannes. Überhaupt, diese Pakete, die in die DDR flossen, hat diese auch irgendwie unterstützt – die Leute meckerten weniger, der herrschende Mangel wurde übertüncht mit Gerüchen nach Kaffee und Kaugummi aus dem Westen.

Irgendwann waren wir soweit und stellten 1983 den Ausreiseantrag. Der wurde natürlich – wie nicht anders zu erwarten – abgelehnt. Wir stellten ihn erneut und planten in der Zwischenzeit einen Urlaub in der damaligen Tschechoslowakei. Ein Bekannter hatte gehört, dass eine Westzeitung über den sogenannten Jenaer Kreis berichtet hatte: Jeden Samstag standen Ausreisewillige für eine Stunde friedlich im Kreis auf einem Platz in Jena. Weiter nichts! Das erschien uns eine gute Möglichkeit, unseren Ausreisewillen auf diese Weise zu bekräftigen, und so fuhren wir hin und gesellten uns dazu. Du musst wissen, wir standen einfach nebeneinander, schwiegen und hielten uns auch nicht an den Händen! Von dort fuhren wir in den geplanten Urlaub und eine Woche später zurück nach Jena wieder zu diesem Kreis. Plötzlich kamen Leute dazu, die uns zwangen, sie an die Hand zu nehmen und diese auch nicht mehr losließen – die Stasi. Und dann ging alles sehr schnell: Wir waren eingekreist von mehreren Fahrzeugen, und in kürzester Zeit waren alle Personen festgenommen, auch die Kinder.

Wir wurden getrennt abtransportiert, zuerst die Männer, dann Frauen und Kinder. Ich war zunächst entspannt, dachte, das wird alles nicht so schlimm, ich hab ja nichts gemacht außer rumgestanden. Aber als auf der Wache die Kinder weggeführt wurden, begann ich zu zweifeln und fürchtete, dass mir doch was passieren könnte. Und so war es ja am Ende auch. Ich wurde ins Frauenzuchthaus nach Hoheneck gebracht und saß dort ein Jahr – anfangs auch in Einzelhaft. Sie löschen das Licht, du sitzt allein im Dunkeln und kannst nichts dagegen machen – musst damit fertig werden. Für mich war das doppelter Terror. Aber ich habe es überstanden und seitdem keine Angst mehr vor der Dunkelheit! Es war ein langes Jahr – ich wusste nichts von meinem Mann – ich wusste nur, dass meine Kinder bei meiner Schwester lebten. Zunächst waren sie in ein Heim gekommen. Mein Schwager war ein treuer Genosse, und ich denke, das war der Grund, dass er und meine Schwester die Kinder zu sich nehmen durften. Die haben wohl gehofft, aus den Kindern doch noch staatstreue Diener machen zu können. Auf jeden Fall ist es ihnen in dieser Zeit gut gegangen, Gott sei Dank. Sie schrieben mir regelmäßig – leider durfte ich diese Briefe nicht behalten.

Nach einem Jahr – genau am 30. Mai – wurde ich in den Abschiebeknast nach Karl-Marx-Stadt verbracht. Dieses Gefängnis unterstand nur der Stasi, und von dort wurden die Häftlinge in den Westen verkauft. Nachdem ich von einem Arzt untersucht worden war – ich hatte fünf Kilo abgenommen – bekam ich alle persönlichen Sachen zurück. Das waren nicht viele – man hatte uns ja von der Straße weggeholt. Aber das Wichtigste: Wir mussten aufschreiben, warum wir in den Westen wollten und gegen Vorlage dieser Schriftstücke bekam die DDR Devisen. Es war ein Freikaufschein, wenn du so willst. Ich weiß noch, ich ging eine Treppe runter und traf auf andere Häftlinge und alle schrien plötzlich: „Frei, frei, frei!" Wir stiegen in einen Bus, einen West-Bus, und bekamen jeder ein Beutelchen, in dem Baguette, Käse,

Obst – eine Banane, ich erinnere mich genau – und Orangensaft waren. Dann kam Anwalt Vogel hinzu und erklärte uns, dass wir in Kürze in die BRD einreisen würden. Es war totenstill – keiner jubelte – wir waren einfach fertig, überwältigt, erschöpft. Ach ja, mein Mann kam natürlich auch hinzu – wir saßen still nebeneinander, hielten uns an den Händen, und ich weinte die ganze Zeit – ich glaube, alle weinten. Vogel schärfte uns ein, nichts über den ganzen Vorgang an die Medien zu geben, damit die Nächsten auch noch Chancen haben rauszukommen. Ja, so war das.

Wir sind in Kiel gelandet bei meinem Schwager, und der hat uns bald eine Wohnung besorgt. An einem der ersten Tage bummelten mein Mann und ich durch ein Kaufhaus und plötzlich sah ich Bettwäsche liegen, die ich im Knast hatte nähen müssen. Was für ein Hohn! Sie haben alles verscherbelt, um an Devisen zu kommen. Im Osten gab's die Sachen nur unter dem Ladentisch und hier lagen sie rum als Billigware und Sonderangebote. Das war der Auslöser – ich hatte einen Nervenzusammenbruch.

Aber es war keine Zeit zu verlieren, in zwei Monaten sollten unsere Kinder nachkommen. Unsere Freunde im Osten kümmerten sich um unseren Haushalt, und eine westdeutsche Umzugsfirma brachte im Herbst alles wohlbehalten in unsere neue Wohnung. Ich denke gern an diese Zeit, sie war aufregend, und man lernte viele Menschen kennen, die einem wohlgesonnen waren. Uns wurde in allem und bei allem geholfen und viel Solidarität entgegengebracht. Anders als im Osten erwartete niemand sofort eine Gegenleistung. Das ist doch die weitverbreitete Meinung: Nur im Osten sei man solidarisch gewesen – nein – das waren Zweckgemeinschaften nach dem Motto „Du bekommst das, wenn du mir dafür das gibst". Egal, jedenfalls haben wir uns in unserer neuen Heimat schnell zurechtgefunden.

Mein Mann hatte bald Arbeit in einer Klinik, und ich kümmerte mich zunächst darum, dass unsere Kinder sich eingewöhnten. Für sie war es eine große Umstellung, und heute sagen sie: Wie gut, beide Seiten kennengelernt zu haben.

Wir zogen dann nach Osnabrück, wo mein Mann eine gute Stelle bekam. Dort haben wir uns sehr wohlgefühlt – bis heute liebe ich diese Gegend. Zuletzt wohnten wir in einer kleineren Stadt dort in der Nähe – mein Mann wurde Chefarzt, und ich begann eine Ausbildung zur Therapeutin für Akkupunktur und Massage. Ich hatte noch mal Lust auf was Neues.

Und dann kam die Wende. Ich habe mich nicht nur gefreut! Ich dachte, nee, bitte nicht die Grenzen auf, dann kommen diese Bonzen alle und holen sich das Geld – die, die immer Wasser gepredigt haben, trinken jetzt nur noch Wein. Diese Schweine! Die ersten Tage war mir das alles nicht recht. Ich dachte: Wir wanderten in den Knast, um in den Westen zu kommen, und jetzt geht einfach die Mauer auf. Was wir alles durchmachen mussten – und nun ... Heute sehe ich das natürlich anders, und wir wohnen ja jetzt auch wieder im Osten. Wir haben lange überlegt und uns die Gegend hier mehrmals angeschaut, bevor wir eine Entscheidung trafen: Wir wollten Wasser in der Nähe, keine Touristen und viel Natur! Du kannst aus jedem unserer Fenster schauen und siehst immer nur grün. Ist das nicht herrlich? Wir fallen aus dem Haus in den Wald – und du musst bitte meinen Garten sehen. Ist der nicht traumhaft oder besser märchenhaft? Ich lasse vieles einfach wachsen, es gefällt mir, und außerdem fehlt mir manchmal auch die Zeit. Nach wie vor arbeite ich als Therapeutin und habe meine feste Kundschaft. Aber ich habe mir noch andere Aufgaben gestellt: Zum einen sehe ich mich als Zeitzeugin und gehe in Schulen, erzähle meine Geschichte und diskutiere anschließend mit den jungen Menschen. In den Schulen wird die jüngere Geschichte kaum behandelt –

woher sollen die Schüler wissen, wie die DDR wirklich war? Ihre Eltern werden es ihnen nicht erzählen – die sind meistens noch rot eingefärbt, trauern dem alten System nach und genießen die Annehmlichkeiten des neuen. Verlogen, genau wie früher, als sie sich heimlich nach dem Westen streckten. Es ist meine Pflicht aufzuklären, und ich sag dir, die Kinder hören zu und fragen. Es beschäftigt sie, und das ist doch schon viel. Es wird noch ein, zwei Generationen dauern, bis dieses Ost-West-Denken aus den Köpfen verschwunden ist. Und ich lege kleine Grundsteine dafür, das ist doch was.

Wir reden auch über die Flüchtlinge – und das ist mein zweiter Zeitvertreib – sagen wir es mal auf humorvolle Weise. Ich kann nicht anders, ich muss mich da einfach mit einbringen. Diese armen Menschen brauchen Zuwendung, Mitgefühl und ganz praktische Hilfe. Niemand von uns kann sich wirklich vorstellen, was sie durchgemacht haben. Vielleicht wissen es noch die ganz Alten unter uns – die selber Krieg und Hunger durchlitten. Die Jungen sind, was das betrifft, jenseits von Gut und Böse – hier passt sogar dieser Ausdruck – und deshalb muss man ihnen in dem Punkt etwas vorleben. Ich helfe regelmäßig in der Kleiderkammer, sammle Kinderspielzeug und Alltagsgegenstände und begleite Familien auf Ämter. Es ist mir eine Ehre – ich mache das ehrenamtlich – daher stammt ja auch das Wort.

Unsere Entscheidung, hier wieder herzuziehen, haben wir nicht bereut. Neulich waren wir in meinem Heimatort. Ach, das ist schon ein schönes Fleckchen – allein der Wald. Aber leben möchte ich da nicht mehr. Osnabrück war auch sehr schön, wir haben noch sehr viele Freunde dort, und die bleiben uns auch. Aber hier sind wir angekommen, und das ist ein gutes Gefühl. Hoffentlich haben wir noch ein paar gute Jahre – das wünsche ich mir.

Erika | 62

Du musst immer dran denken, wie es den Menschen in ihrem Unglück geht. Du musst mit ihnen reden, auch wenn sie nich mehr antworten. Der Dialog findet mit den Augen statt, man findet einen Weg zu ihnen.

Du hast mich nach Heimat gefragt ... Das kann ich dir sofort beantworten: Heimat ist dort, wo ich lebe, also hier. Heimat, das sind für mich mein Mann, meine Kinder, unser Haus mit dem Stück Land, unser Dorf. Und dreh dich um, da siehste den Königstein und von da oben siehste de Elbe ... Is das nich wunderschön?

Ich hab ja hierher geheiratet, nu. Und ich hab's nich bereut. Ich bin glücklich hier.

Im Frühjahr 81 war ich hier mit 'ner Freundin im Urlaub. Wir hatten zufällig ein Quartier hier gegenüber und aßen täglich in der Gaststätte im Dorf. Wenn wir uns auf der Wiese im Liegestuhl aalten, lugte immer ein Typ aus dem Fenster nebenan, und den trafen wir auch abends in der Gaststätte. Er spielte mit seinen Kumpels Skat. Wie das dann so is – ich hab mit ihm geflirtet und er mit mir. Dann war er mal so betrunken, da sag ich zu meiner Freundin: „Den nehm' wir nich mit, der is zu besoffen." Aber es kam anders, wie das so is. Ich hab mich dann doch in ihn verliebt. Es war Liebe auf'n zweiten Blick. Ich wollt den Mann und sonst keinen.

Als ich aus'm Urlaub kam, sagte ich meinen Eltern: „Ich hab 'nen Mann kennengelernt, den heirat ich." Kurze Zeit später bin ich mit meiner kleinen Tochter wieder hergefahren. Wir haben gleich bei ihm im Haus gewohnt. Als ich meine Tochter am Abend ins Bett bringe, frag ich sie: „Wie findest denn den Werner, soll der dein Vati werden?" Sie hat nich geantwortet, aber nach 'ner Weile ruft sie: „Mein Vati soll mal herkommen!" Und da war's klar.

Nach zwei Monaten haben wir geheiratet, und das ist nun fünfunddreißig Jahre her. Zwei Jahre später kam unsere gemeinsame Tochter auf die Welt. Und die baut jetzt mit ihrem Mann unser Haus um. Wir wohnen dann zusammen. Wird so 'n Mehrgenerationenhaus, nu und darauf freu ich mich. Dann hab ich meine Enkel immer bei mir, ich hab schon drei!

Mit dem Vater meiner großen Tochter lief das ganz anders. Den traf ich auch in 'nem Urlaub. Der is um mich rumgeschwänzelt, das glaubste nich. Der war verheiratet – ich hätt's wissen müssen, das geht nich gut. Aber dann war ich doch verknallt, und die ganze Heimlichtuerei war irgendwie aufregend. Ja, und bums war ich schwanger und er: Zurück zu seiner Frau. Später hab ich gedacht: Wie haste den gern haben können? Nu, wie das so is.

Aber der Werner hat meine Kleene angenommen wie sein eigenes Kind. Ja, ich bin noch immer glücklich hier, bin kein Stadtmensch, mal zu Besuch ja, aber das hier kann ich nich lange missen. Früher hatten wir jede Menge Viehzeug, da haste zu tun, sag ich dir, aber auch immer was in der Kühltruhe. Der Werner liebt ja Tiere und Pflanzen. Du, der kriegt die verrücktesten Sachen zum Blühen, der hat 'nen grünen Daumen. Aber vor drei Jahren wurde er so krank. Ich hab gedacht, der schafft das nich. Und der hat gekämpft. Und ich hab ihm immer Mut zugesprochen. Nun können wir keine Tiere mehr halten, is zu gefährlich für ihn wegen der Infektionsgefahr. Also stürzt er sich auf die Pflanzen und beliest sich im Internet. Hier, der große ist 'n Avocadobaum. Früchte hat er nich, aber wachsen tut er wie verrückt.

Ja, für mich war's ja beruflich nich so prickelnd, als ich hierher gezogen bin. In Halle war ich an 'ner Uni-Klinik OP-Schwester. Ich hab da alles gemacht, von der Gyn, über

Bauch, Thorax, Kinder- bis zur Herzchirurgie. Das war beruflich meine schönste Zeit. Ich hatte auch viel Stress, denn meine Tochter war noch klein. Morgens um fünf zum Bus, Kind in den Kindergarten, dann Dienst, anschließend Kind aus'm Kindergarten. Wenn ich Bereitschaft hatte, nahmen meine Eltern die Kleene, zum Glück wohnten die in der Stadt. Selten bin ich mal ausgegangen in der Zeit. Ich mochte meine Arbeit zu sehr. Wir waren ein richtig gutes Team, haben gut zusammengearbeitet und hatten auch viel Spaß miteinander. Ich weiß noch, einmal bin ich zu spät gekommen, und ich glaube, ich war noch nich nüchtern. Da hat die Chefin zu mir gesagt: „Sie sind heute unsteril!" Unsteril hieß: Instrumente waschen, putzen und so weiter … Das is mir nie wieder passiert, dafür hab ich es zu sehr geliebt.

Ich hab die Feinheiten vom Zuschauen gelernt. Ich muss es sehen, dann kann ich es, und das is noch heute so. Als ich hierher zog, bot man mir die Gemeindeschwester an. Wie gesagt, es war kein Vergleich mit vorher, aber ich hab mich eingefuchst. Mit'n Moped bin ich über die Dörfer gedüst, hab mich um die alten Leutchen gekümmert, auch mal Feuer gemacht. Hatte meine eigene Sprechstunde mit Ultraschall – hab eben die ganze Gegend drüber nunter, drüber nuff versorgt. Der Vorteil war, dass ich die Leute kennengelernt hab und die mich. So war ich bald nimmer die von außerhalb, se ham mich angenommen.

Und dann kam die Wende. Schon kurze Zeit später wurde der Posten der Gemeindeschwester abgeschafft und alle Aufgaben der Diakonie übergeben. Ich hatte also einen neuen Arbeitgeber. Gut, dacht' ich, guckste dir das mal an und bin zu meinen Eltern gefahren. Die lebten inzwischen in Wiesbaden. Mit der Schwester der dortigen Diakonie bin ich eine Woche rumgefahren, wollt sehen, was anders is. Du, da gab's kaum 'nen Unterschied zu dem, was ich vorher gemacht hab.

Das hat mich beruhigt. Als ich zurückkam, fand ich 'nen blauen Brief vor, der war wirklich blau: „Da Sie nicht zum Gespräch erschienen sind, kündigen wir Ihnen zum nächsten Ersten." Der Termin war in den Tagen angesetzt worden, in denen ich bei meinen Eltern war, also kurzfristig. Die ham nur'n Grund gesucht, um mich zu entlassen, und ich war nicht die Einzige. Ja, so war ich arbeitslos.

Da hab ich plötzlich wieder den Traum aus meiner Kindheit geträumt: Ich könnt fliegen, 'ne weiße Treppe, von der ich mich wie ein Brustschwimmer in die Luft werfe und ab in 'nen Himmel. Der Traum kam immer, wenn ich für irgendwas bestraft worden bin als Kind. Und nun träumte ich das nach Jahren wieder. Das hat mir zu denken gegeben, nu. Haste was falsch gemacht? Biste nich gut genug? Haste 'nen Fehler gemacht? Als Kind war ich auch immer so bedrückt, konnte nie so richtig sagen, warum. Weißt, ich hab halt immer lieb sein wollen. Wollt immer allen helfen. Und ich hab mich vor Strafen gefürchtet. Ich erzähl dir auch warum. Mein kleiner Bruder und ich ham Doktor gespielt mit'n Fieberthermometer und wurden erwischt. Ich als Ältere wurde in den Keller gesperrt ohne Licht. Ich saß da sozusagen auf Kohlen und hab mich so gefürchtet. Und nach einer Ewigkeit hörte ich eine tiefe Stimme: „Bist du wieder lieb?" Es war so schrecklich, so furchtbar. Diese Angst hat mich die ganze Kindheit begleitet. Ich hab das meinen Eltern übel genommen. Als ich ihnen das später erzählte, ham sie's abgestritten. Ja, und von da an hab ich mich immer, wenn ich mich vor was fürchtete, weggeträumt in 'nen Himmel. Und nu, wo ich arbeitslos war, war der Traum wieder da. Das war kein gutes Gefühl. Ich hab an mir gezweifelt, nich am System. Dabei konnte ich ja nichts dafür. Ich hatte Schiss, wie es weitergehen soll, denn hier gibt's nicht viel Arbeit. 'ne Freundin erzählte mir, dass im nächsten Ort 'ne Pflegestation eingerichtet werden soll. Da dacht' ich, das wär was und bin hin. Hab mich vorgestellt, und die ham mich gleich genommen. Ich war so froh, sag ich dir. Und dann war das auch noch'n richtig gutes Team. Wir haben gemeinsam die Station aufgebaut. Jeder konnt sich einbringen mit Vorschlägen. Das war 'ne gute Zeit. Dann wurde das ganze Heim verkauft an einen privaten Träger und gleich war's weniger Geld. Stell dir vor, fünfhundert Euro weniger und viel mehr Arbeit. Wir hatten inzwischen richtig Pflegebedürftige auf der Station, also solche, die nimmer aufstehen, die man rundum versorgen muss. Die Leitung schlug mir vor, eine Weiterbildung zur Wundschwester zu machen. Ich dachte, ja, wozu biste OP-Schwester? Also hab ich's gemacht, und es hat sich positiv auf die Finanzen ausgewirkt. Ich versorg sozusagen alle Leutchen, die wo Wunden haben oder solche, die nur noch liegen, dass sie nich wund werden, denn wenn so'n Dekubitus erst mal da is, wird's nich leichter.

Ich arbeit gern, auch wenn die körperliche Belastung mit'n Alter zunimmt, da brauchste Muskelkraft, das geht übern Rücken. Wir machen uns immer noch Gedanken, was wir verbessern können. Zum Beispiel schieben wir die, die nich mehr aufstehn könn', mit ihren Betten raus auf die Terrasse, damit sie mal frische Luft kriegen. Wir geben uns große Mühe, wenn Feste wie Ostern oder Weihnachten anstehen, und wir feiern auch mal außer der Reihe. Als wir zu Hause noch Viehzeug hatten, hab ich immer mal eins unserer zahmen Kaninchen mitgenommen und den Leutchen auf die Brust gesetzt. Du glaubst nich, wie das verändert. 'ne Hand, die völlig verkrampft is, entspannt sich, weil sie unbedingt das Tier fühlen will. Und den seligen Gesichtsausdruck dann, da weißte, warum du den Beruf machst. Wenn ich zum Beispiel ins Zimmer komme und sage: „Guten Morgen, meine Prinzessin", und sie antwortet: „Guten Morgen, meine Allerallerbeste", was willste mehr? Du kriegst so viel zurück. Man braucht Einfühlungsvermögen, Liebe, Verständnis, Herzlichkeit, Empathie. Du musst immer dran denken, wie es dem Menschen in seinem Unglück geht. Du musst mit ihnen reden, auch wenn sie nich mehr antworten. Der Dialog findet mit'n Augen statt, man findet einen Weg zu ihnen. Manchmal muss man auch sagen: „So geht's nich!" Ich lasse mir bei meiner Arbeit die Zeit, die ich verantworten kann. Und wenn die Angehörigen kommen oder nich kommen, ich tu mir nich anmaßen zu urteilen. Man weiß doch nich, was dahintersteckt, was in den Familien abläuft.

Aber jeder kann's nich. Die, die am meisten meckern und hetzen, sind die, die dem Staat auf der Tasche liegen. Die entpuppen sich als die Meinungsmacher. Ich hab dafür kein Verständnis. Die sind gegen die Flüchtlinge, weil sie Angst ham, dass sie mal arbeiten müssen, so sieht's nämlich aus, nu. Och, da krieg ich richtig Wut. Natürlich is es nich leicht mit den vielen Religionen – da treffen schon mal Welten aufeinander. Was können die armen Menschen dafür, dass in ihrem Land Krieg is? Unsere Eltern sind doch damals auch geflohen mit nichts, nu. Und? Es ging! Was meine Oma manchmal erzählt hat, wie sie mit zwei Kindern allein losgewandert is. Immer Hunger, immer Angst vor Vergewaltigung. Unsere Oma, die war herzensgut, die war 'ne Perle. Da werd' ich gleich sentimental. Ich hab als Kind oft bei ihr geschlafen. Die ging immer mit uns Kindern ins Bett – sie konnt nicht anders, weil sie in Sorge war, dass uns was passieren könnt. Sie hat das nich abstellen können, es war ein Überbleibsel aus den Fluchterfahrungen. Dann sagte sie immer: „Schloft gud, bleibt gsund." Und morgens mussten wir immer mit ihr Mehlsuppe „suppen", na ja, de Suppe hab ich nich so gemocht.

Weißt, den Umgang mit Menschen hab ich von klein auf gelernt. Unsere Eltern hatten immer Ferienheime oder Gaststätten, also waren immer viele fremde Menschen um uns. Da kriegst 'nen Blick für die Dinge. Weil ich gerade von früher rede. Meine große Schwester und ich ham als Kinder gejodelt. Und wenn im Ferienheim Abschieds- oder Begrüßungsabende waren, dann sind wir aufgetreten. Die Mutter hat uns die Dirndl genäht, nu. Meine Schwester ist ja ein paar Jahre älter, wir ham sonst nich viel zusammen gemacht. Durch das Jodeln sind wir uns wieder näher gekommen. Und wir ham bis heute 'nen engen Kontakt, auch wenn wir so gut wie nie mehr zusammen jodeln. Zu runden Geburtstagen passiert's schon noch mal, aber dann kommen wir vor lauter Lachen nich mehr zum Jodeln.

Unsere Eltern waren Rumreisende, die haben es nich lange an einem Ort ausgehalten. Warum? Ich hab leider versäumt, sie das zu fragen, sie sind beide tot. Wir Kinder mussten dauernd die Schule wechseln, ich hatte nie 'ne richtige Freundin. Das hat mich irgendwie geprägt. Man war immer das fünfte Rad am Wagen – man musste sich mehr anstrengen – man musste Dinge machen, die man vielleicht sonst nich gemacht hätte – man konnte sich nich so profilieren. Es waren Durchgangsstationen für mich. Ich hab die immer rigoros abgehakt, was anderes blieb mir ja nich übrig. Vielleicht hatte ich deshalb gleich das Gefühl, hier ist der Ort, an dem ich bleiben möcht, eben Heimat.

Jetzt freu ich mich erst mal auf unser altes neues Haus und bin neugierig, wie das Leben mit'n Kindern und Enkeln unter einem Dach so gehen wird. In eineinhalb Jahren kann ich in Rente gehen, nu, hab dann mehr Zeit für'n Werner. Ich hoff, wir ham noch'n paar gute Jahre zusammen.

Ja, ich merk grad, ich bin zufrieden mit meinem Leben.

Ruth | 68

Du, der zockte, wollte mich kostengünstig entsorgen. Ich sage nur: Granit!

Ich war der „mitgebrachte Balg". Alle sagten, die ist lieb, die macht nichts, die spürt man kaum. Instinktiv schottete ich mich ab – heute würde ich sagen, ich sicherte mich ab. Ich spürte bei vielen Gelegenheiten, dass ich nicht wirklich dazugehörte und vor allem: Mir hat Liebe gefehlt. Ich war ein stilles Kind, habe lange nicht gesprochen, kein Wort. Und dann: Von einem Tag auf den anderen kamen ganze Sätze aus mir raus – so wurde mir jedenfalls berichtet.

Meine Mutter stammte aus Schlesien und musste von dort fliehen. Über die genauen Umstände der Flucht hat sie nie gesprochen. „Frag nicht, Kind. Ich will darüber nicht sprechen", und das sagte sie in einem Ton, der mich verstummen ließ. Jedenfalls, unterwegs traf sie meinen Vater, sie verliebten sich, und sie wurde schwanger. Er nahm sie mit zu seiner Familie in die Nähe von Görlitz, und an dem Tag, an dem ich zur Welt kam, ging er in den Westen. Wie gesagt, auch darüber hat sie nicht gesprochen, es muss sie schwer getroffen haben. Sie war eine kühle Frau, konnte ihre Zuneigung nicht zeigen. Ich weiß bis heute nicht, ob sie mich geliebt hat. Diese Zeit wurde nie aufgearbeitet, und ich weiß auch nicht, welchen Einfluss sie auf mein späteres Leben hatte. Siehst du, und ich habe versäumt, sie danach zu fragen. Das bedaure ich, denn inzwischen ist sie gestorben, und die vielen dunklen Punkte meiner Kindheit werden wohl dunkel bleiben.

Die erste Zeit haben sich die Eltern meines Vaters noch um sie gekümmert, dann fand sie Arbeit auf einem Bau, und dort lernte sie meinen Stiefvater kennen, und der nahm sie mit in die Lausitz. So 'ne „Zugereiste" und noch dazu mit einem Kind von einem anderen, das war für seine Familie schwer zu verkraften. Und ich, die Mitgebrachte, wurde eher geduldet als geliebt. Die Familie war recht wohlhabend. Sie hatten ein Haus mit Garten und ein paar Tiere, so dass wir nicht hungern mussten. Schon mit fünf Jahren wurde ich in die Arbeit einbezogen. Zu meinen Aufgaben gehörte: Die Beete in Ordnung zu halten, die Hühner, Gänse und Kaninchen zu versorgen und in der Küche zu helfen. Es war immer viel zu tun. Da mein Vater – ich meine Stiefvater – unter Tage arbeitete und wenig zu Hause war, versorgten die Frauen und Kinder das Anwesen. Meine Mutter konnte wunderbar kochen und wurde bald als Köchin in einer Gaststätte angestellt. Wirklich, sie konnte aus nichts eine leckere Mahlzeit zaubern. Leider hab ich dieses Talent nicht geerbt. Nun gut, dafür gibt es andere Dinge, die ich gut kann.

Als ich fünf war, kam meine Schwester zur Welt, und da meine Mutter tagsüber arbeitete, musste ich sie betreuen. Dann wurde mein Bruder geboren. Ich weiß noch, wie sehr mich das freute, aber auch erschreckte. Er wog bei der Geburt fünf Kilo, und als ich ihn sah, dachte ich: Das ist ja ein fertiges Kind! Mein Bruder war für mich das Größte, nicht nur in Zentimetern. Haha. Nein, den liebte ich, und die Liebe hält bis heute. Wir sind ein Herz und eine Seele, und wir telefonieren einmal die Woche. Er lebt mit seiner Familie in Süddeutschland, also nicht gerade um die Ecke, trotzdem sehen wir uns regelmäßig bei ihm oder bei mir. Mit meiner Schwester habe ich leider wenig Kontakt, wir haben uns auseinandergelebt. Dabei hängt meine erste Erinnerung mit ihr zusammen. Ich sehe, wie sie ins Wasser fällt und untergeht. Ich bin wie gelähmt vor Angst, schreie und rufe. Mein Vater kommt angerannt, springt, wie er ist, ins Wasser und zieht sie raus. Er beatmet sie, und sie bewegt sich. Und ich fühle mich schuldig, weine furchtbar und keiner beachtet mich.

Bah, da schüttelt es mich noch heute ... Egal! So ist das eben. Also, nun hatte ich zwei Kinder zu bemuttern. Ich hab sehr früh sehr viel Verantwortung übernehmen müssen. Aber es hatte auch was Gutes, denn ich spürte, dass ich ein Händchen für Kinder hatte, und zum Glück konnte ich daraus noch einen Beruf machen.

In der Schule war ich keine große Leuchte, ich schwebte immer zwischen zwei und drei. Meistens war ich einfach zu müde zum Lernen, da ich meine Geschwister zu versorgen und die vielen Aufgaben im Haus zu erledigen hatte. Diese schwere Kindheit hat sich später ausgezahlt: Ich bin hart im Nehmen, kann 'ne Menge ertragen und bin konsequent! Wenn ich einmal eine Entscheidung getroffen habe, ist daran nicht mehr zu rütteln.

Ganz klar, irgendwann kam der Moment, da wollte ich nicht mehr – wollte raus aus der Knochenmühle, mehr Freiheit haben und endlich was für mich tun. Also entschied ich mich Hals über Kopf für eine Lehre als Maschinist für Landwirtschaft, was Besseres bot sich gerade nicht. Dafür konnte ich ins Internat – weg von zu Hause, und das war das Wichtigste. Unsere Klasse bestand aus dreiundzwanzig Mädchen und fünf Jungs und das bei einem männerdominierten Beruf. Na ja, es war in der DDR nicht unüblich, dass Frauen wie die Männer arbeiteten, es herrschte in dem Punkt eine gewisse Gleichberechtigung. Natürlich übernahm ich sofort Verantwortung, wurde Klassensprecherin und hatte somit einen gewissen Einfluss auf alles. Wir organisierten Veranstaltungen – Lesungen zum Beispiel, holten Bands, feierten Fasching, ja, es wurde ordentlich was auf die Beine gestellt. Hinzu kam, dass wir einen tollen Klassenleiter hatten, und der wurde auch mein Vorbild. Er war ein Genosse, wie man ihn sich wünschte: Mit einem großen Herz und durch und durch „sauber". Was er sagte, meinte er, und so handelte er

auch. Natürlich bin ich sobald als möglich in die SED eingetreten – aus Überzeugung! Ich wollte das Land mit aufbauen,
der Sozialismus war für mich keine Utopie, sondern das Ziel.

Schon damals fuhr ich im Sommer als Betreuerin in die
Ferienlager. Ich war glücklich, wenn ich mit Kindern zusammen sein konnte, es machte mir Freude. Im zweiten Lehrjahr
flirtete einer der Jungs aus meiner Klasse mit mir – bis dahin
war er mir kaum aufgefallen. Es gefiel mir, dass er mich aus-
erwählt hatte, und ich ließ ihn lange zappeln bis zum ersten Sex, und schon beim dritten war ich schwanger. Bums.
Er war ein cholerischer Typ und unberechenbar, trotzdem
war ich sehr verliebt in ihn. Und er stand zu unserem Kind.
Zum Abschluss des dritten Lehrjahres fuhren wir zusammen in den Urlaub. Es kam zu einem blöden Streit, weiß
gar nicht mehr, worum es ging, jedenfalls haute er ab und
ließ mich zurück. Ich war ganz schön sauer auf ihn. Aber das
war's noch nicht: Als ich nach Hause komme – ich wohnte
wieder bei meinen Eltern –, ist er in Untersuchungshaft! Ja!
Stell dir das mal vor. Er hatte mit seinen Kumpels im Vollsuff
versucht, über die Grenze zu kommen. Der Idiot! Das war
in vielerlei Hinsicht eine Katastrophe für mich. Zum einen
würde unser Kind bald kommen, und zum anderen fürchtete ich die Konsequenzen dieser Angelegenheit – man wurde
doch sofort mitverdächtigt. Ausgerechnet mir, einer jungen
Genossin, musste so was passieren! Natürlich wurde ich ver-
hört: Ob ich davon gewusst, warum ich es nicht geahnt hätte
und so weiter. Am Ende ging er für drei Jahre in den Bau – in
den sozialistischen Jugendstrafvollzug, so nannte man das –
wegen versuchtem illegalem Grenzübertritt. Das Gericht
wollte seinen Eltern sogar nachweisen, dass sie ihn nicht im
Sinne unserer Republik erzogen hätten! Damals fand ich das
zwar merkwürdig, zweifelte aber nicht daran, dass man auch
solche Dinge klären muss. Seine Eltern waren im Übrigen

wunderbare Menschen und haben mich immer unterstützt und sich später auch um ihren Enkel gekümmert.

Ja, nun stand ich da, mit Kind, ohne Mann und ohne Wohnung. Einen Job bekam ich zum Glück gleich im Werk Schwarze Pumpe. Maschinistin für Fernwärme klingt noch heute komisch in meinen Ohren. Manchmal kommt es mir so vor, als wär ich das gar nicht gewesen, die da zwischen riesigen Maschinen unter lauter Männern rumgeturnt ist. Aber es war so. Endlich verdiente ich Geld und konnte zu Hause ausziehen. Zunächst kam ich bei einer Freundin unter, und für mein Kind gab's einen Platz in der Wochenkrippe. Das ging nicht anders, ich musste ja in Schichten arbeiten. Im Werk wurden auch Lehrlinge ausgebildet, und eines Tages fragte mich einer der Lehrer, ob ich Erzieherin werden wollte. Ich sagte sofort ja, bewarb mich für ein Fernstudium und es klappte. Und nicht nur das, mir wurde eine Einraumwohnung zugewiesen – was für ein Luxus: Fließend Warmwasser, Badewanne, Fernheizung!

In dieser Zeit gab es einen Mann im Betrieb, der mir den Hof machte. Er gefiel mir, und es schmeichelte mir. Aber ich blieb meinem Freund treu, wollte keine Verwicklungen, denn er wurde wegen guter Führung ein Jahr früher entlassen. Er hatte sogar einen Beruf gelernt – Isolierer. Als ich ihn vom Gcfängnis abholte, traute ich meinen Augen nicht: Vor mir stand ein erwachsener Mann, muskulös und durchtrainiert, und auf der Stelle verliebte ich mich neu. Wir heirateten bald und waren sehr glücklich – vor allem der Sex war richtig toll. Aber am Ende war das Bett das Einzige, was uns noch zusammenhielt. Es krachte immer öfter zwischen uns. Er war neidisch auf mein Studium und unterstützte mich in keiner Weise – im Gegenteil. Und die kleine Wohnung wurde auch zum Problem. Aber den Ausschlag für unsere Trennung gab sein ewiges Fremdgehen – ständig hatte er neue Weiber, und das konnte ich nicht ab. Weißt du, man stellt sich immer vor, wie es sein könnte. Ich war davon überzeugt, dass man seinen Träumen näher kommen kann, dass man nur daran arbeiten muss, genauso wie am Aufbau des Sozialismus. Ja, ich war eine Träumerin in jeder Hinsicht. Dann war ich wieder schwanger, und er versprach, sich zu ändern. Ich ließ mich von ihm einwickeln, versuchte ihm zu glauben, und dann erwischte ich ihn hinter unserem Haus. Da war's aus – ich habe Schluss gemacht. Er wollte die Trennung natürlich nicht, versuchte mich mit allen Mitteln zu halten, aber wie schon gesagt, wenn ich einmal einen Entschluss gefasst habe, führt kein Weg zurück. Ich ließ mich scheiden und stand mit zwei Kindern – meine Tochter war inzwischen ein Jahr und mein Sohn drei – alleine da. Zum Glück hatte ich inzwischen das Studium erfolgreich beendet und war sogar Heimleiterin des Lehrlingswohnheimes. Ich bekam eine größere Wohnung, verdiente gutes Geld und konnte sie einrichten. Endlich hatte ich auch eine Anbauwand, einen Fernseher und einen Kühlschrank.

Mein Betrieb hatte Geld, und so konnte man vieles auf die Beine stellen, vor allem kulturell. Ich war ein Kind des Sozialismus, mit ganzem Herzen war ich dem Staat treu und hab mich engagiert, um meinen Lehrlingen was beizubringen. Erzieher müssen erziehen! Ich dachte, als Genossin kannste was bewegen. Es war die Zeit der Songbewegung, des Agitprop, man hatte viele Möglichkeiten, etwas für den Frieden zu tun. Ich musste der Parteileitung monatlich berichten, welche Veranstaltungen ich organisiert und welche Themen ich behandelt hatte. Zum Beispiel: Amerika und der Rassismus! Es fiel mir leicht, darüber zu reden, und nicht zu vergessen, es war die Zeit des Kalten Krieges, da gab es sowieso jede Menge Stoff. Eines Tages rollten Panzer durch die Stadt. Ich bekam einen riesigen Schreck, und mein erster Gedanke war: Jetzt haben wir Krieg. Die Panzer waren auf dem Weg nach Prag. Zum ersten Mal hatte ich Zweifel, ob das die Lösung war, und ob man die Menschen nicht mit anderen Mitteln zurück auf den richtigen Weg bringen könnte?

Privat gab es auch Veränderungen. Ich hatte ja schon mal angedeutet, dass es früher, in der Zeit, als mein erster Mann im Gefängnis saß, einen Verehrer gab, der mir schöne Augen machte. Ich hatte ihn komischerweise immer im Hinterkopf, und nun traf ich ihn wieder. Das war Schicksal, denn er war gerade geschieden, hatte eine Tochter im gleichen Alter wie ich, und wir fackelten nicht lange. Verliebt, verlobt, verheiratet waren wir in Nullkommanichts, und es begann eine tolle Zeit. Dann wurde er versetzt, und wir mussten nach Brandenburg ziehen. Das war schlimm für mich, ich war gezwungen, meinen geliebten Job aufzugeben. Hinzu kam: Mir gefiel diese ganze Gegend hier überhaupt nicht. Das Einzige, was mich versöhnte, war das große Haus mit Garten, in das wir zogen.

Mein Mann betreute nun die Erdgastrasse in der Sowjetunion und war viel unterwegs. Ich bekam in seinem Betrieb einen Job als Fachberaterin für Kultur und Versorgung. Ich musste mich um alle möglichen Güter kümmern, die in die SU geliefert wurden und für die wir dann Erdgas bekamen. Du, da ging alles rüber, was nicht niet- und nagelfest war. Alles, was in der DDR sowieso schon Mangelware war, wurde denen rübergeschoben – ganze Zahnarzteinheiten gingen weg – einfach alles und natürlich auch Lebensmittel. Und es wurde geklaut, was das Zeug hält. Meine Arbeit machte mir bald keine Freude mehr, weil ich langsam begriff, wie korrupt alles war. Ich konnte mich noch so viel bemühen, es lief ins Leere. Irgendwas fehlte immer, war nicht angekommen oder vor Ort verschwunden. Man konnte sich nicht mal darüber beschweren – bei wem auch, alles lief ja über die Partei.

Nach zwei Jahren hatte ich die Nase voll, kündigte und kehrte in meinen alten Beruf zurück. Ich übernahm die Leitung einer Kindertagesstätte. Auch mein Mann wollte weg von der Trasse. Er hatte zuletzt fast nur irgendwo in der Pampa zugebracht und versucht, den Bau voranzubringen. Aber alle Mühen waren vergebens, und er hatte die Schnauze voll von tagelangen Regengüssen, Matsch, Schnee, Kälte und im Schlamm versinkenden Containern.

Dass die Mauer fallen würde, damit hab ich nicht gerechnet, aber dass sich was veränderte, das spürte ich. Und auch ich hatte mich verändert, zweifelte an der Art und Weise, wie das mit dem Sozialismus so lief. Ich hatte hinter die Kulissen geschaut, und das gab mir den Rest, da wollte ich nicht mehr mitmachen. Das sagte ich bei meiner letzten Parteiversammlung und gab mein Parteibuch zurück – ich wollte raus. Konsequenzen hatte ich nicht mehr zu befürchten, denn dann kam ja die Wende.

Den Tag des Mauerfalls habe ich mit gemischten Gefühlen vor dem Fernseher verfolgt, ich konnte mir das alles nicht vorstellen. Wie sollte das weitergehen? Was würde aus der DDR werden? Ich hatte viele Fragen, und keiner konnte sie beantworten. Es dauerte kein halbes Jahr, und unser Kindergarten wurde geschlossen, weil schon nach kurzer Zeit viele Familien nach Westdeutschland gezogen waren. Hier gab es keine Arbeit mehr. Auch mein Mann war ohne Job, und es blieb ihm nichts anderes übrig, als das Angebot einer Versicherung in Hannover anzunehmen, und das bedeutete für uns: Fernbeziehung. Ja, unser Leben hatte sich total verändert.

Aber jetzt kommt das Gute: Die Frau seines Chefs hatte ein Nagelstudio und wollte aus Altersgründen aufhören. Ich schaute mir die Sache an, kaufte ihr kurzentschlossen das Equipment ab, machte das Zertifikat für Nägel, und ein halbes Jahr später eröffnete ich das erste Nagelstudio hier in der Gegend. Und es lief von Anfang an super. Die Kunden rannten mir die Bude ein, denn so was hatte es in der DDR nicht gegeben. Nach und nach konnte ich mein Geschäft vergrößern, und als meine Tochter ihre Ausbildung zur Kosmetikerin beendete, stieg sie bei mir ein. Ich qualifizierte mich zusätzlich für Fußpflege, und als mir auch noch Sonnenliegen zum Kauf angeboten wurden, schlug ich zu. Nun platzten wir aus allen Nähten und zogen in ein größeres Studio nach Königs-Wusterhausen um. Jetzt war alles unter einem Dach: Sechs Liegen für Kosmetik und Fußpflege und vier Solarien. Wir konnten uns vor Arbeit kaum retten. Ich hatte viel investiert, viel gewagt und es hatte sich gelohnt – ich war glücklich, mein eigener Herr zu sein. Aber es kommt ja immer anders, als man denkt.

Mein Gatte machte sich rar, hatte immer öfter an den Wochenenden zu tun, kam seltener nach Hause. Du, ich ahne so was, ich hatte ja schon einen untreuen Mann und wusste um die Anzeichen. Ich stellte ihn zur Rede und er gestand. Er hatte seit einem Jahr ein Verhältnis mit einer meiner Kundinnen, sie war Mitte zwanzig. Du, wenn ich mit dem Rücken zur Wand stehe, werde ich ganz sachlich und emotionslos. „Ich lasse mich scheiden", war mein einziger Kommentar. Dann ließ ich ihn stehen, fuhr ins Geschäft, verkroch mich in einer Kabine und heulte, was das Zeug hält. In den nächsten Wochen versuchte ich alles, kämpfte um meine Ehe – vergeblich. Da kannste nichts machen, die Männer haben eben ihre Midlife-Krise, müssen es sich noch mal beweisen und suchen sich 'ne Junge, da kommst du nicht mehr ran. Das ist so demütigend, so verletzend, da knabbert man lange dran. Diese Trennung ist an meine Substanz gegangen. Aber ich hatte mich entschieden, und als er nach einem halben Jahr zurückwollte – seine Neue hatte ihn verlassen – hab ich ihn nicht zurückgenommen. Vielleicht bin ich deshalb auch krank geworden? Gibt ja einen Zusammenhang zwischen Psyche und dem Ausbrechen einer Krankheit.

Zunächst zog ich aus unserem Haus aus – wir hatten es vor Jahren gekauft und ausgebaut – und bestand darauf, dass er mich auszahlt. Du, der zockte, der wollte mich kostengünstig entsorgen. Ich sage nur: Granit! Ich nahm mir einen Anwalt und bekam, was ich mir vorgestellt hatte. Auf der kurzen Distanz gewann er – auf der längeren ich. Und dieses Geld war mein Glück, wie sich später herausstellte.

Nach dreiundzwanzig Jahren Partnerschaft fiel es mir schwer, mich zurechtzufinden und alles allein entscheiden zu müssen. Mir fehlte mein Gegenüber, mein Spiegel, wenn du so willst, ich litt unter meinem Singledasein. Meine Kinder sagten: „Mensch Mama, du bist doch noch nicht alt genug, um zu versauern, melde dich bei so einer Agentur an, such' dir 'nen neuen Mann!" Das hab auch ich gemacht. Aber so richtig was Brauchbares war nicht dabei.

Dann, bei einer Routineuntersuchung, stellte man einen Knoten in der rechten Brust fest. Du, ich war fertig. Vor allem, ich wagte nicht, es meiner Tochter zu sagen, weil unser Geschäft inzwischen rund um die Uhr offen hatte, also auch Samstag und Sonntag. Wie sollte sie das allein bewältigen? Aber die Ärzte rieten mir zu einer baldigen Operation. Tja. Und dann sagte meine Tochter nur: „Ab! Sofort lässt du das rausholen, Mama, ich schaff das!"

Glück im Unglück: Das Geld vom Haus gab mir Sicherheit. Ja. Bevor ich ins Krankenhaus ging, holte ich mir alle Unterlagen aus dem Geschäft und verwandelte das Einzelzimmer in der Klinik in ein Büro, und noch vor der OP hatte ich die Monatsabrechnung im Kasten. Und genau an diesem Abend rief mich die Partnervermittlung an: Da wäre ein Mann, der bestens zu mir passen würde, ob sie meine Telefonnummer rausgeben dürften? Ich dachte, was willst du jetzt mit 'nem Freier, morgen haste vielleicht nur noch eine Brust und antwortete: „Gut, er kann mich anrufen, ich sag ihm selbst, warum ich kein Interesse hab." Irgendwas hatte mich da geritten, ich hätte ja ganz anders reagieren können. Eine Stunde später war er am Telefon. Ich hab rumgedruckst: Es wär der falsche Zeitpunkt, ich wüsste nicht, ob ich überhaupt eine Beziehung wollte und so weiter. Der hat sich nicht abwimmeln lassen, und das hat mir imponiert. Ich erzählte ihm, was mir bevorstand, und er fragte daraufhin, ob er mich besuchen könnte. Wer will schon eine Frau im Krankenhaus im Nachthemd nach einer OP kennenlernen? Ich fand das verrückt und gleichzeitig hat es mich neugierig gemacht. „Vielleicht ist das die beste Therapie" sagte meine Tochter, „schau ihn dir unbedingt an!" Zwei Tage später stand er mit Blumen an meinem Bett. Zuerst dachte ich: Nicht mein Typ, zu klein. Dann sah ich in seine Augen – groß, dunkel, freundlich. Aber am meisten beeindruckte mich seine nette Art, mit der ungewohnten Situation umzugehen. Er war seit acht Jahren Witwer und hatte es satt, allein zu leben. „Wenn Sie möchten, dann stehen wir das alles gemeinsam durch", sagte er zum Abschied.

Ja, und daraus sind dann noch mal fünf Jahre geworden. Er hat mich auf liebevolle Weise durch die ganze Therapie begleitet: Chemo, Bestrahlung, Depression, und ich weiß nicht, wie es ohne ihn gewesen wäre. Ich hab mich bald in ihn verliebt. Die Tatsache, dass ich nur noch eine Brust hatte, belastete ihn weniger als mich. „Wer hat schon eine Amazone zu Hause", meinte er. Als der Haarausfall einsetzte, rasierte er mir eine Glatze und ging mit mir eine Perücke aussuchen. Wir heirateten nach zwei Monaten, und ich zog hierher zu ihm. Alles passte, und dann ist er selbst krank geworden: Bauchspeicheldrüsenkrebs. Alles ging sehr schnell.

Wir konnten noch seinen sechzigsten Geburtstag feiern – ein großes Fest hier im Garten – alle Kinder und Freunde waren da, ein Abschiedsfest. Kurze Zeit später ist er gestorben. Ja, nun bin ich wieder allein, nur sein Hund ist mir geblieben.

Ich kann im Haus wohnen bleiben. Seine Tochter ist froh, wenn sich jemand um das Grundstück kümmert, denn sie wohnt in München. Ja, so ist das. Ich bin glücklich hier. Wenn ich die Beete bepflanze, wenn ich gieße, wenn ich die Kastanien einsammle, immer mache ich es für ihn. Ich denke täglich an ihn und hoffe, er hat es gut da oben auf seiner Wolke.

Jetzt hab ich aber gequasselt! – Irgendwie ist es toll, wenn einem jemand zuhört und man sicher sein kann, dass es ihn auch interessiert! Danke dafür. Ich fühl mich jetzt ganz aufgeräumt.

Nelly | 52

Ich bin immer geschwommen, aber nicht mit, sondern gegen den Strom. So hat man Widerstand und reibt sich.

Ich bin sicher, dass Erinnerungen durch Fotos gespeist werden. Ich habe nur drei Fotos aus meiner Kindheit, auf dem einen bin ich ein Baby, auf dem zweiten sieht man mich mit einem Jahr zusammen mit meiner Mutter, und hier auf dem dritten bin ich laut Aussage meiner Mutter zwei, hier, schau mal. Aus meiner Jugend hab ich gar keins. Die drei Fotos trage ich immer bei mir. Gern würde ich sehen, wie ich mit fünf oder mit sieben ausgesehen haben könnte. Oder mit vierzehn. Ich weiß es nicht. Ich darf nicht lange darüber nachdenken, es würde mich vielleicht traurig machen. Dafür habe ich meine Tochter regelmäßig fotografiert, und von meinem Enkelkind gibt es schon zwei Alben! Wenn Karl bei mir ist, will er immer wieder die Fotos anschauen, und wir haben Spaß zusammen.

Irgendwann habe ich meine Mutter gefragt, warum es von mir keine Fotos gibt. „Kind, wir waren arm. Das Geld hat an allen Ecken gefehlt, einen Fotoapparat konnten wir uns nicht leisten und einen Fotografen schon gar nicht", hat sie geantwortet. Heute denke ich, es gab einen anderen Grund. In meiner Familie sah ich mich immer als Außenseiter, konnte aber nicht sagen warum. Es war mehr so ein Gefühl. Ich habe mich immer gefragt, warum ich niemandem ähnlich sah. Meine eine Schwester kam nach meiner Mutter, die andere nach meinem Vater. Ich schlug aus der Art. Wenn ich meine Mutter darauf ansprach, sagte sie nur in ihrer schnoddrigen Berliner Art: „Du kommst nach Opa ..." Mein Opa war da schon tot – ich konnte es also nicht nachprüfen, denn es gab ja keine Familienfotos.

Meine Mutter war eine schöne Frau, und sie achtete sehr auf ihr Äußeres. Sie arbeitete abends in einer Kneipe als Servierin, folglich war sie wenig zu Hause. Deshalb kamen wir gut miteinander aus. Mein Vater arbeitete beim Bau. In den Wintermonaten war er meistens zu Hause, dann kamen seine Kumpels zu uns und spielten Skat. Natürlich tranken sie dazu, und wenn sie angetrunken waren, musste man sich vor ihnen in Acht nehmen: „Komm mal her, Mädchen, komm mal auf meinen Schoß, wie groß du schon bist, bist ja beinah 'ne richtige Frau, und Brust haste auch schon …" Ick hab mir det nich jefallen lassen! Ich hab meinem Vater gedroht, es meiner Mutter zu erzählen, und er wusste genau, dass ich es ernst meine und dass sie ihn dann rausschmeißen würde. Ich hab immer das getan, was ich mir vorgenommen habe. Ich hab mir mein Leben lang ganz doll vertraut.

Ab und zu besuchte uns Onkel Rolf, er war ein Freund der Familie, und er kam immer, wenn meine Schwestern und mein Vater nicht zu Hause waren. Meine Mutter kündigte ihn an, und ich stand im Bad am Fenster und erwartete ihn und wenn er wieder ging, winkte ich ihm hinterher. Ich mochte ihn oder besser, ich fühlte mich zu ihm hingezogen. Heute würde ich sagen, er war emotional zuverlässig – nicht so launisch und unberechenbar wie mein Vater. Er war immer guter Dinge, und wenn er mit mir sprach, hatte ich das Gefühl, er meint mich auch. Ich liebte seine Stimme: warm, dunkel und ein bisschen kehlig. Vielleicht habe ich deshalb später auf eine interessante Stimme bei Männern großen Wert gelegt, das nur nebenbei. Bevor er wieder ging, steckte er mir fünf Mark zu, die mir meine Mutter hinterher wieder abnahm. Ich war zwölf, stand am Fenster – schaute ihm nach und sagte zu meiner Mutter: „Weißt du, ich finde Onkel Rolf viel besser als Papa." Und sie sitzt auf dem Klo und antwortet: „Er ist ja auch dein Papa." Ich war total glücklich, ich glaube, es war einer der glücklichsten Momente in meiner Kindheit. Es hat mich lange getragen, dieses Glücksgefühl. Ich erfuhr, dass Rolf ein Arbeitskollege von meinem nun Stiefvater war und er die Gunst einer Stunde genutzt und mit meiner Mutter geschlafen hatte, während zur selben Zeit mein Stiefvater mit der Frau von meinem nun Papa ein Verhältnis hatte. Elegant würde man sagen, Partnertausch mit Folgen: Ick bin also eine Folge. Dit find ick jut! Du hast recht, ich kann mich nicht beklagen. Ist 'ne ganz gute Mischung herausgekommen. Die Mischung macht's!

Erst nach Jahren – nach der Maueröffnung – hab ich meinen Vater wiedergesehen. Er stand plötzlich mit Blumen vor meiner Tür: „Ich komme, um dir zum Geburtstag zu gratulieren. Und ich hab noch jemand mitgebracht." Und ich schaue um die Ecke, da steht meine Mutter. Ich hab losgeheult, ich hatte beide Jahre nicht gesehen. Sie waren nicht etwa wieder zusammen, nein, er hatte sie extra angerufen. Das war das einzige Mal, dass ich sie zusammen hatte – als Vater und Mutter. Sie saßen nebeneinander auf dem Sofa, sie lehnte sich an ihn, und ich hab ein Foto gemacht. Das hängt über meinem Schreibtisch. Mein Vater ist vor drei Jahren gestorben.

Ja, aber wo waren wir stehen geblieben? Siehste, mein Gefühl, nicht richtig in der Familie zu sein, hatte mich nicht getäuscht. Meine Mutter wollte mich eigentlich zur Adoption freigeben. Das hat sie mir in einem Streit mal an den Kopf geworfen. Ich war erst geschockt, dann hab ich sie angebrüllt: „Warum hast du es nicht getan?" Da weinte sie plötzlich los. „Mit deinem Vater ging's nicht mehr gut, ich hatte ihn vor die Tür gesetzt, ich dachte, wie soll ich drei Kinder von dem bisschen Geld durchkriegen? Aber als du dann auf der Welt warst, hab ich in deine blauen Augen gesehen und wusste, dass ich dich nicht weggeben kann", schluchzte sie.

Ich hab sie nie so weinen sehen. Sie tat mir plötzlich leid. Ich habe meine Mutter benutzt, um auf die Welt zu kommen. Ich glaube, sie hat sich immer dafür geschämt, dass wir so arm waren, dass sie uns nichts bieten konnte. Vielleicht gab's deshalb auch keine Fotos aus dieser Zeit? Das könnte doch sein. Tja ...

Aber es gab ja auch keine Bücher bei uns, bei uns wurde nicht gelesen. „Wenn du unbedingt Bücher willst, dann geh in die Bibliothek", riet mir meine Mutter. Das war einer der besten Ratschläge, die sie mir je gegeben hat. Mir eröffnete sich eine ganz neue Welt. Die Bibliothek wurde zu einem Zufluchtsort, wenn es zu Hause wieder mal Streitereien gab. Ich liebte die Stille, den Geruch und das Rascheln des Papiers und verbrachte Stunden damit, mir Kunstbände anzusehen. Irgendwann begann ich selbst zu malen, zeichnete Bilder ab und entdeckte, dass ich große Freude empfand, etwas entstehen zu lassen. Ich nahm mir Bücher mit nach Hause, legte sie auf meinen Nachttisch und brachte sie nach einer Woche ungelesen zurück. Wie man ein Buch liest, wusste ich nicht, aber sie neben mir zu wissen, gab mir ein beruhigendes Gefühl. Schon damals begann ich, Kieselsteine zu sammeln, sie nach Formen, Farben und Bedeutung zu sortieren. Ja, um mal vorweg zu greifen, das mache ich noch heute. Aus dieser Leidenschaft ist ein Job geworden, und die Leidenschaft ist geblieben – wohlgemerkt. Ich bin neugierig auf alles, immer auf der Suche nach Steinen, nach Herausforderungen, nach Unbekanntem. Wenn man wenig hat, versucht man aus jeder Kleinigkeit was zu machen.

Vielleicht hat das damit zu tun, dass ich furchtlos bin? Ja, ich kann sagen, ich bin furchtlos durchs Leben gegangen! Wenn irgendwo irgendwas zu bewältigen war und keiner traute sich – täterätä – ich war zur Stelle. Irgendwas mobilisierte mich, ich musste es einfach tun. Ich hatte keine Angst!

Und wenn es so gewesen wäre, hätte ich sie ignoriert. Ich bin auf die höchsten Bäume geklettert. Ein Lieblingsplatz von mir war auf dem Schornstein unseres Hauses, da fühlte ich mich frei und unerreichbar. Ich war kein einfaches Kind, habe gemacht, was ich wollte, die Schule geschwänzt, mir von niemandem was sagen lassen. Ich glaube, schon da begann ich, mir instinktiv so was wie eine Überlebensstrategie anzueignen. Meine Mutter war machtlos, ratlos, und, ja, in ihrer Ohnmacht bestrafte sie und schlug zu. Ich habe ihr das verziehen, denn als ich selbst Mutter war, erkannte ich, wie sehr Kinder einen auf die Palme bringen können. Aber es waren nicht die Schläge, die nahm ich in Kauf. Es gab andere Ereignisse, die furchtbar für mich waren. Zum Beispiel durfte ich nie – wirklich nie – Kinder mit nach Hause bringen.

Zu meinem neunten Geburtstag erlaubte sie mir völlig überraschend – sozusagen aus heiterem Himmel – eine Feier. Ich war voll aus dem Häuschen vor Glück und lud fünf Kinder ein. Ich hab mich so gefreut, war aufgeregt wie verrückt und hab die Wohnung geputzt. Und sie kommt nach Hause und sagt: „Tut mir leid, sag allen ab, ich hab nichts eingekauft, die Feier fällt aus." Knallhart! Du kannst dir nicht vorstellen, wie enttäuscht ich war. Ich musste überall klingeln – es hat mich wahnsinnige Überwindung gekostet, und es war mir so peinlich – ich hab mich geschämt ... Nee, det war hart. Auf der anderen Seite hat sie alles in Kauf genommen, um uns eine Freude zu machen. Zu meiner Einschulung legte sie mir ein Kostüm auf mein Bett, dazu einen blauen Silastikpullover – Plaste und Elaste aus Schkopau – und Sandalen mit Strass. Ich war so glücklich und fragte nicht, woher sie das Geld hatte. Ich wusste, sie hatte in ihrer Not die Sachen geklaut.

Mit vierzehn bin ich von zu Hause abgehauen, hatte die Nase voll. Meine beste Freundin Mokka auch. Ihr Vater war aus Ghana, die Mutter von hier, also war sie haselnussbraun, und ich taufte sie Mokka. Zwei Außenseiter unter sich, das passte. Wir stellten uns an die Autobahn, und das erste Auto, das anhielt, fuhr nach Frankfurt. In einer Selbstbedienungsgaststätte trafen wir auf eine Truppe junger Leute, Typen, ja, so muss man die bezeichnen, ich meine das im Positiven, und die luden uns in ihre WG ein. Fast zwei Monate tauchten wir dort unter oder besser ein. Die gingen tagsüber arbeiten, und abends wurde gefeiert. In dieser Zeit trank ich das erste Mal Alkohol. Mir schmeckte das zwar nicht, aber alle taten es, also ich auch. Und nüchtern hätte ich die betrunkenen Typen auch nicht ertragen. Es war eine verrückte Zeit. Wir schliefen lange, dann räumten wir die Bude auf, und abends ging die Party weiter. Uns kam gar nicht in den Sinn, dass wir uns auf dünnem Eis bewegten. Irgendwann kam das dicke Ende: Die Polizei stand vor der Tür, wir wurden mitgenommen, und auf dem Revier behandelte man uns nicht gerade freundlich. Es hieß nur: „Ihr Flittchen, ihr seid minderjährig und treibt euch rum, das wird euch noch vergehen!" Es setzte auch Schläge, und einer der Bullen würgte mich so lange an meinem Halsband, bis es riss. Sie schlossen uns über Nacht in eine Zelle, und am nächsten Tag wurden wir abgeholt und in die Nähe von Berlin in ein sogenanntes Übergangsheim gebracht. Das war wie ein Knast. Wir mussten all unsere Sachen abgeben und bekamen Anstaltskleidung. Da ich schon damals sehr groß war, passte mir nichts, alles war zu kurz. Wenn ich daran denke, fühle ich mich noch heute gedemütigt. Wir waren ganz schön eingeschüchtert und hatten Schiss. Mokka wurde nach zwei Tagen von ihrer Mutter abgeholt, und plötzlich war ich ganz allein. Das war ... ja, das war ganz, ganz schrecklich. Ich habe sehnsüchtig auf meine Mutter gewartet, aber sie kam nicht. Stattdessen wurde ich nach gefühlten hundert Jahren in einen Jugendwerkhof in die Nähe von Gera überstellt, der hieß übrigens „Frohe Zukunft". Als ich dort eintraf, kam mir die Leiterin entgegen und begrüßte mich: „Oh, Sie haben ja einen festen Händedruck!" Sie dachte, ich sei die neue Erzieherin, weil ich so groß war. Dann bemerkte sie ihren Fehler und schnauzte mich im nächsten Moment an. Sie unterstellte mir, sie absichtlich getäuscht zu haben. Glaub mir, dieser komische Einstieg hat meine Zeit dort nicht einfacher gemacht. Sie hatte mich immer auf dem Kieker. Die wollten dich klein kriegen, mit allen Mitteln. Meine Mutter erzählte mir später, dass sie keine Chance hatte, mich zurückzubekommen. Sie hatte alles versucht. Die waren der Meinung, dass mein Verhalten asoziale Tendenzen aufzeige, und das könne man nicht dulden, es passe nicht in das Bild vom Sozialismus. Das musst du dir mal auf der Zunge zergehen lassen. Und weißt du, wozu man mich dort ausgebildet hat: zur Putzkraft. Wirklich. Teilfacharbeiterin im Putzen!

Ein paar Mal bekam ich Heimaturlaub. Jedes Mal ging ich mit meiner Mutter zum Jugendamt – ich wollte da raus! Einmal versprach eine Frau, sich für mich einzusetzen. Ich war voller Hoffnung und packte im Heim meine Sachen – wartete. Tagelang saß ich mit gepackten Koffern auf meinem Bett. Nichts geschah. Ich verweigerte das Essen. Man drohte mir alle möglichen Strafen an, wenn ich nicht klein beigeben würde. Nach einer Woche musste ich damit aufhören. Ich weiß nicht mehr genau warum, ich weiß nur noch, dass ich schrecklich gelitten habe, weil ich eine solche Niederlage einstecken musste. Die wollten mich brechen. Haha, dit ham se aber nich jeschafft!

Dann endlich nahte mein achtzehnter Geburtstag, und sie mussten mich freilassen, das wusste ich. Über alte Freunde meiner Mutter konnte ich einen Job in Berlin vorweisen und bei Freunden in eine WG einziehen. Bisher hatte ich nur

Männer gekannt, die grapschten. Ich konnte mich immer erfolgreich dagegen wehren und dachte, so wären Männer eben. In dieser WG nun änderte sich das. Da gab es einen Tom, und der grapschte nicht. Er war ganz anders. Er war so sauber in allem, ich meine das nicht hygienisch, obwohl auch das auf ihn zutraf. Weißt du, er mochte seinen Job als Elektriker, er ging immer gern zur Arbeit, selbst wenn wir abends gefeiert hatten. Er war so korrekt, und vor allem schien er mir zuverlässig. Ich fand ihn cool, war sofort verknallt und bums sofort schwanger. Ach, und ganz wichtig, er wollte in den Westen. Und da ich von der DDR auch die Nase voll hatte, war mir das recht. Also haben wir geheiratet und einen Antrag auf Ausreise gestellt – wir beriefen uns auf die Menschenrechtsakte von Helsinki.

Im Januar 84 kam meine Tochter auf die Welt, und zwei Monate später sind wir „rübergemacht". Die haben uns vierundzwanzig Stunden Zeit gegeben, um unsere Sachen zu packen. Und das mit einem Säugling. Also hatten wir einen Koffer voller Baumwollwindeln und einen mit ein paar Sachen für uns und den Kinderwagen und machten uns auf nach Westberlin. Wir wanderten durch den Tränentunnel, und auf der anderen Seite war eine andere Stadt – das war wie von schwarz-weiß auf bunt. Irre! Zum Glück musste ich nur eine Nacht im Auffanglager in Marienfelde verbringen. Freunde hatten mir eine Adresse von Westberlinern gegeben, und so konnte ich mit meinem Kind dort wohnen, bis wir nach zwei Monaten eine Wohnung bekamen. Mein Mann hatte schnell eine Arbeit, und ich war zunächst nur Mutter, hab hier und da gejobbt, im Kino, auf dem Markt, in Boutiquen, in der Altenpflege, nur nicht als Putzfrau, klar!

Dann, nach zehn Monaten, stillte ich ab und trennte mich von meinem Mann im gegenseitigen Einverständnis. Wir hatten uns auseinandergelebt. Er kam mit dem Westen nicht klar und ist auch nach der Wende zurückgegangen.

Ich jedenfalls ging das erste Mal tanzen. Salsa. Und da sitzt ein Typ an meinem Tisch, wir kommen ins Gespräch, und es stellt sich raus: Er hat ein Trickfilmstudio und braucht Hilfe. Wunderbar! „Ick helfe dir, denn ick brauch och Hilfe." Und so hatte ich einen Job. Ich zeichnete Hintergründe, arbeitete mit der Trickfilmkamera, machte Schnitt und Ton, eben alles, was dazugehört. Aufgehört hab ich, weil der Typ plötzlich mehr wollte, weißt schon, wie so oft bei den Männern.

Ach, ich hab was Wichtiges vergessen: Beim Arbeitsamt hatte ich mich als Schneiderin verkauft. Bevor ich ausgereist bin, habe ich alle meine Zeugnisse verbrannt, dachte: Besser alles weg ehe es mir schadet. Gutes stand ja eh nicht drin. Dem Amt habe ich Stellen angegeben, bei denen ich im Osten mal gearbeitet hätte, und diese Stellen wiederum erklärten, meine Unterlagen seien nicht auffindbar ... vastehste? Trick siebzehn. Und so war ich Schneiderin. Und ich kann ja auch nähen, richtig gut sogar. Also hab ich nach der Trickfilmerei Kostüme für ein Theater genäht. Zu diesem Job bin ich auch wieder gekommen, weil ich zufällig auf einem Fest mit einer Frau ins Gespräch kam, die wiederum wusste, dass die jemand suchen. Irgendwie hab ich immer Glück gehabt, ich traf immer die richtigen Leute im richtigen Moment – bin eben ein Glückskind – ganz klar.

Ich bin immer geschwommen, aber nicht mit, sondern gegen den Strom. So hat man Widerstand und reibt sich. Ich hab sogar mal geträumt, dass ich einen Wasserfall hochschwimme – ist doch ein verrückter Traum – war anstrengend, kann ick dir sagen, haha.

Und nun mache ich Schmuck. Meine Leidenschaft, Kiesel zu sammeln, habe ich zu meinem Beruf gemacht oder besser Berufung. Steine, die uns tragen, tragen wir! Ich will dem

Unscheinbaren Aufmerksamkeit schenken – möchte mit meiner Arbeit Liebe und Mitgefühl weitergeben. Und weißt du was? Ganz wichtig! Ich liebe einen Mann, einen mit vielen Kindern! Ich hab jetzt eine richtige Familie, werde gebraucht und geliebt. Die Kinder von meinem Freund sind zwar nicht mehr klein, aber doch klein genug, um sich gerne von mir „bemuttern" zu lassen. Ich steh früh auf, mach Schulbrote, koche für eine große Runde, und abends spielen wir ab und an Poker zusammen ... Neulich war ich mit seiner Tochter zum ersten Mal beim Frauenarzt. Meine Tochter und mein Enkel kommen natürlich auch oft zu Besuch.

Ja, ich könnte fast heulen, so schön ist das. Ich habe das Gefühl, endlich angekommen zu sein, was nicht heißt, dass ich Halt mache. Nein, ich werde immer in Bewegung sein, immer weiter gegen den Strom schwimmen, das gibt Muskeln, verstehste? Nö, allet jut!

Elke | 55

Meine Akte habe ich bewusst nicht gelesen. Was soll ich mit solchen Information anfangen, was bringen sie, was verändern sie? Ich bin jemand, der nach vorne denkt.

Heimat, dieser Begriff wird ja im Moment viel diskutiert durch die Flüchtlingsgeschichten. Da fragst du dich plötzlich auch, was Heimat eigentlich für dich selbst bedeutet. Ich habe in mich reingehört und festgestellt, dass ich nicht an Orten hänge, sondern an meiner großen Familie. Sie ist meine Heimat und, wenn du so willst, mein Statussymbol. Wir sind viele. Dort hängen die Fotos, die zeig ich dir nachher, damit du einen Eindruck bekommst.

Ich bin auf dem Land aufgewachsen, auf einem Bauernhof in Sachsen. Meine Oma war eine stille Frau, der Ruhepol in der Familie. An ihren Mann – also meinen Opa – kann ich mich nicht erinnern, er starb, als ich noch sehr klein war. Mein Vater kam als Flüchtling aus Polen in unser Dorf. Meine Oma hat wohl zu meiner Mutter – sie war damals siebzehn – gesagt: „Wehe, du kommst mit dem Typen nach Hause." Tja, hat nichts gebracht, denn sie verliebte sich Hals über Kopf in genau den, wurde gleich schwanger und brachte mit achtzehn meinen Bruder auf die Welt. Zwei Jahre später folgte ich und noch mal zwei Jahre später meine Schwester.

Ich hatte eine behütete Kindheit und alle Freiheiten. Auf so einem Dorf kennt jeder jeden, da schließt keiner seine Tür ab, da bist du als Kind überall willkommen. Und es gab viele Kinder in unserem Dorf. Wir stromerten den ganzen Tag durch die Gegend. Wenn es dunkel wurde, stand meine Oma in der Tür und rief: „Kinder, in einer halben Stunde seid ihr im Haus, sonst kommt der Abendbock mit den Hörnern", und vor dem hatten wir Respekt.

Die Gegend dort ist hügelig, und nach einem Gewitter und einem kräftigen Regenguss werden die Wiesen regelmäßig überschwemmt. Da musstest du aufpassen, dass es dich nicht mitreißt. Ich kann mich noch erinnern, wie meine Mutter uns einmal – einen nach dem anderen – über die Flut getragen hat. Das Wasser war kniehoch, uns Kinder hätte es umgehauen. Meine Oma sagte immer: „Vor Feuer kannst du dich retten, vor Wasser nicht." Noch heute habe ich Angst oder besser gesagt Respekt vor Wasser.

Mein Vater ging in dieser Zeit auf die ABF, die Arbeiter-und-Bauernfakultät und studierte Landwirtschaft. Er kam nur alle vierzehn Tage am Wochenende nach Hause. Trotzdem hatte ich das Gefühl, dass er immer anwesend war.

Nach dem Studium wurde er in die Prignitz geschickt, um eine LPG zu leiten. Das bedeutete für uns alle einen großen Einschnitt – wir mussten nach Preußen umziehen. Das war am Anfang nicht so toll. Wir wurden ganz schön gehänselt wegen unseres Dialektes. Das Dorf bestand nur aus ein paar Häusern, und unser Haus lag auch noch weit außerhalb. Aber das Schlimmste für uns Kinder – unsere Oma war allein zurückgeblieben. Sie sagte: „Einen alten Baum verpflanzt man nicht, hier ist meine Heimat." Für sie war es unvorstellbar wegzugehen.

Sie hat bald eine bedürftige Familie bei sich aufgenommen, das hat uns beruhigt, weil wir sie in Gesellschaft wussten.

Es dauerte nicht lange, und unser Dialekt hatte sich dem der Einheimischen angepasst, bei Kindern geht das ja ganz schnell. Wir waren nicht mehr die Zugereisten, fühlten uns dazugehörig.

Ich ging gern in die Schule. Zwar musste ich täglich mit dem Bus fast eine Stunde hin und eine zurückfahren, aber es war mir egal. Ich las dann. Deutsch sowieso, Geschichte und komischerweise Physik waren meine Lieblingsfächer. Alles, was irgendwie physikalisch daherkommt, interessiert mich noch heute. Damals regte sich in mir das erste Mal so was wie Trotz. Ich konnte nur schwer ertragen, dass einige Lehrer manche Kinder ungerecht behandelten. Ich kannte so was nicht, in unserer Familie gab es keine Extrawurst. Ich sagte immer laut, was ich dachte, und das hat mir oft einen Tadel eingebracht.

Im Internat auf der Oberschule verschoben sich die Wahrnehmungen, da wurden andere Dinge wichtig. Ich bemerkte, dass es Jungs gibt, mit denen man vielleicht noch was anderes macht, als draußen herumzutollen ... Ich verliebte mich das erste Mal, er war in der 12. Klasse und spielte Saxofon in der Schulband. Es gab doch damals diesen Schlager: „Willst du mit mir gehen, Licht und Schatten bestehen" oder so ähnlich von Daliah Lavi. Ich wünschte mir, er würde mich das fragen. Aber da er von allen Mädchen angehimmelt wurde, rechnete ich mir wenig Chancen aus und verbarg mein Verliebtsein hinter einem mürrischen Gesicht. Instinktiv hatte ich scheinbar genau das Richtige getan, denn plötzlich stand er vor mir und fragte: „Willst du mit mir gehen?" Ach, das war so schön. Ich erinnere mich genau an diesen Moment. Meine eine Zimmergenossin hatte schon einen richtigen Freund und schlief auch mit ihm. Das beeindruckte uns schwer. Sie brachte uns das Küssen bei und erzählte, wie das mit dem Sex geht. Das erschreckte mich erst mal, denn ich war gerade erst dabei, das Küssen zu genießen. Mit meinem Zwölfer ging es nicht mal ein halbes Jahr. Er hatte plötzlich keine Zeit mehr, musste angeblich fürs Abi lernen. Ich glaube, er konnte nicht verstehen, dass ich noch keinen Sex wollte. Als der dann von der Schule ging, hab ich mich einem Klassenkameraden zugewandt. Der spielte so gut „Für Elise" auf dem Klavier. Und mit ihm hatte ich meinen ersten Sex und er seinen ersten mit mir, dementsprechend verlief das Ganze.

Nun ja, gelernt haben wir natürlich auch! Das war die Zeit in der DDR, als Berufsausbildung und Abi nebeneinander liefen. Die Berufe waren dem Umfeld angepasst, wir wohnten auf dem Land, also wurde ich Agrartechnikerin. In dieser Zeit konnte ich mich in vielen Dingen ausprobieren. Ich habe in der Theatertruppe gespielt, Kostüme organisiert, das Programmheft gestaltet, Texte geschrieben. Irgendwann war mir klar – ich will Journalismus studieren.

Nach dem Abi machte ich ein Volontariat, die Voraussetzung für einen Studienplatz, bei der „Bauernzeitung". Die hatte damals schon in allen ländlichen Gegenden Redaktionen und schrieb, wie der Name sagt, über das Leben der Bauern. Es wurde über die Ertragszahlen, über neue Maschinen, über Kultur, eben über alles berichtet, was das Landleben betraf, und ich durfte in alle Bereiche reinschnuppern.

Nach diesem Jahr begann ich mit dem Studium in Leipzig. Das Stadtleben war ungewohnt für mich, ich brauchte einige Zeit, um mich einzugewöhnen. Ich nutzte die Vielzahl von Veranstaltungen, Konzerten und ging regelmäßig in den Studentenkeller zum Tanzen. Es war ne tolle Zeit!

„Keinen Herrenbesuch!" Das waren die ersten Worte, mit denen mich meine damalige Wirtin begrüßte. Ihre Wohnung, in der ich ein kleines Zimmer belegte, lag in der Nähe der Albert-Brücke. Bis zur Uni war es nicht allzu weit, und so konnte ich mit dem Fahrrad fahren. Du musst wissen, Leipzig ist Brückenstadt, hat mehr Brücken als Venedig – über vierhundert.

Eines Tages fahre ich über die Albert, und mir läuft ein Typ vors Rad. Er hat einen Block in der Hand und zeichnet irgendwas. Ich rufe: „Pass doch auf!", und bremse. „Tschuldigung! Weißt du, was das für eine interessante Brücke ist, auf der wir gerade stehen?", fragt er und grinst. Er ist ziemlich groß, hat lange rote Haare und einen roten Bart. „Nee, weiß ich nicht, ist mir auch egal." – „Aber Brücken sind wichtig, sie überbrücken so manches ..." Dabei legt er seinen Kopf schief, streicht sich den Bart und schaut mir in die Augen. Und da bin ich rot geworden, so erzählt er mir heute noch. Ja, so habe ich meinen Mann kennengelernt.

Peter war damals schon fertig mit dem Bauingenieur-Studium, hatte sich auf Brücken spezialisiert und war deshalb an diesem Tag in Leipzig – sozusagen auf Brückentour. Er wohnte und arbeitete in Berlin. „Brücken werden immer gebraucht", war sein Spruch. Ich fuhr fast jedes Wochenende zu ihm, und eines Tages machte er mir einen Antrag – natürlich auf einer Brücke am Museum. Wir heirateten, und ich bekam noch während des Studiums unser erstes Kind. Wir nannten ihn natürlich Albert wie „unsere Brücke".

Nach dem Studium bekam ich in Berlin eine Anstellung bei der „Neue Deutsche Bauernzeitung", so hieß sie korrekt, und betreute die Abteilung Kultur. Das war toll, denn ich musste viele Konzerte und Theateraufführungen besuchen und durfte die unterschiedlichsten Künstler interviewen. Es entstanden Freundschaften, und man traf sich immer häufiger auch privat. Wir waren eine Art Klub – wohlgemerkt keine Revoluzzer – und diskutierten regelmäßig über aktuelle Fragen. Die Stasi hatte uns im Blick, das war klar, und es gab unter uns auch Spitzel. Aber wer und wie, das habe ich kürzlich erst erfahren. Ich war geschockt. Trotzdem, meine Akte habe ich bewusst nicht gelesen. Was soll ich mit solchen Information anfangen, was bringen sie, was verändern sie? Ich bin jemand, der nach vorne denkt.

In der Redaktion wurde es zunehmend schwieriger, man musste aufpassen, was man sagte, die Stimmung war nicht gut, Misstrauen machte sich breit. Da kam es mir gerade recht, dass ich wieder schwanger war. Meine Tochter kam zur Welt und ich kündigte. Für eine Weile blieb ich zu Hause und kümmerte mich nur um meine Familie. Wir zogen in ein Haus und begannen mit dem Ausbau.

Aber ich liebe es zu arbeiten, und so bewarb ich mich beim Außenhandel und wurde genommen. Das war eine sehr interessante Arbeit. Die Kammer für Außenhandel stellte vor allem Kontakte zu wirtschaftlichen Partnern im westlichen Ausland her – sogenannte Kammerabkommen. Jetzt konnte ich mein Englisch anwenden, das ich, heute würde man sagen als Leistungsfach, auf der Oberschule hatte. Anfangs telefonierte ich nur mit Gott und der Welt, organisierte Kongresse, Ausstellungen und Treffen mit Leuten. Dann durfte ich zum ersten Mal reisen. Zunächst ins Bruderland, in die Sowjetunion. Die Einzelheiten hab ich vergessen, auf jeden Fall klappte vieles dort nicht. Mal gab es kein Auto, mal fuhr die Metro nicht, mal fiel sehr viel Schnee. Aber an eins erinnere ich mich: Als meine Kollegen fragten, wie es war, antwortete ich spontan: „Na eben russisch!" Glaub mir, diese Bemerkung hat mir sehr viel Ärger eingebracht. Auf eine Reise ins westliche Ausland musste ich noch lange warten. Irgendwann hielt man mich aber für vertrauenswürdig genug, schließlich hatte ich zwei Kinder und einen Mann, und ließ mich fahren. Ich sollte eine Ausstellung in Paris vorbereiten. Es war der Wahnsinn – vier Wochen Paris. Aber weißt du was? Frankreich war im Generalstreik! Es ging nichts! Keine Metro, kein Taxi, keine Busse. Trotzdem habe ich alles geschafft, und die Ausstellung konnte rechtzeitig eröffnet werden. Ich war sehr stolz auf mich, und als ich zurückkam, fragten meine Kollegen erwartungsvoll, wie es war. Ich grinste und zuckte mit den Schultern: „Russisch!"

Dann kam die Wende. Ich wollte es nicht wirklich glauben, hatte Sorge, dass was passieren würde. Schließlich hatten die Chinesen gerade ihre Opposition auf dem Platz des Himmlischen Friedens in Peking zusammengeschossen. Wir haben das Ganze erst mal beobachtet, und als klar war, dass die Mauer offen bleiben würde, fuhren wir auch zum Kudamm. Für mich als Reisekader war es nicht so aufregend wie für meine Familie. Mein Mann war überglücklich, konnte es kaum fassen und hatte sofort den ersten Urlaub im Kopf: Venedig – klar – Brücken ohne Ende und zum Anfassen. Er hatte schon immer mit dem Westen geliebäugelt, öfter daran gedacht zu gehen. Für mich wäre das nie infrage gekommen, ich konnte mir nicht vorstellen, meine Familie zurückzulassen.

Nun hatten unsere Kinder alle Chancen, und beide haben sie genutzt.

Unsere Tochter ist mit einem Isländer verheiratet, und sie leben mit ihren zwei Kindern dort auf dem Land. Unser Sohn ist Arzt, wohnt mit seiner Familie in München, und sie haben ein Ferienhaus in Ligurien. Also sind wir regelmäßig entweder in Island oder in Bayern und Italien. Ist das nicht toll! Und wenn ein runder Geburtstag ansteht, treffen wir uns alle hier in Berlin, und es werden jedes Mal Fotos gemacht für das Familienalbum. Hier, das ist meine Familie. Das ist mein Mann. Du hast recht, er ist gar nicht so groß. Na ja, übertrieben erzählt es sich besser. Haha ... Bei unseren Familientreffen bin ich der Pausenclown. Ich entwerfe die traditionelle Rede, denke mir Spiele aus, schreibe ein kleines Theaterstück, in dem alle aus der Familie zu Wort kommen, und dann spiele ich alle Rollen. Wir lachen viel. Es ist immer ein richtiges Fest, und es macht mich sehr glücklich. Daraus schöpfe ich meine Kraft und meinen Mut, immer wieder was Neues anzugehen.

Nach der Wende war ich erst mal arbeitslos, denn die Kammer wurde sofort abgewickelt. Gut, dachte ich, durch die Wiedervereinigung haben sich die ökonomischen Verhältnisse verändert, also nutze die Zeit und studiere Betriebswirtschaft! Es war eine gute Entscheidung, denn dieses Studium zeigte mir Möglichkeiten, die ich mir nicht hatte träumen lassen. Ich begriff, wie sehr Politik und Wirtschaft einander bedingen. Nebenbei arbeitete ich in einer Werbeagentur, konnte so das Gelernte gleich anwenden, und der Chef bot mir an, nach dem Studium fest einzusteigen. Und dann: Ich schloss das Studium erfolgreich ab, und gleichzeitig schloss die Werbeagentur ihre Türen. Das war eben auch der Westen. Du, ich bin in ein tiefes Loch gefallen.

Bis dahin war Arbeitslosigkeit nie ein Thema für mich. Zum ersten Mal erfuhr ich, wie es ist, wenn man will, aber nicht kann. Es war keine gute Zeit. Ich rannte dem Arbeitsamt die Türen ein – ohne Erfolg. Durch Zufall fiel mir eine Zeitung in die Hände, in der Stellen beim Arbeitsamt ausgeschrieben waren! Ich bitte dich, die suchen, und die fragen mich nicht? Ich hab mich sofort beworben und wurde natürlich genommen, obwohl sie der Meinung waren, ich sei überqualifiziert.

Ja, und dort arbeite ich noch immer und noch immer mit ganzem Einsatz und mit Freude. Zu mir kommen Menschen, die auf der Suche sind. Ich meine das im weiteren Sinne – sie suchen nach einer Aufgabe, mit der sie sich verwirklichen können. Und ich helfe ihnen dabei.

Das Gute ist, der Job ist krisensicher und ich habe viel Zeit für meine Familie.

Judith | 50

Ich kam von der Insel und die lag informationstechnisch hinter dem Mond. Ich war eine unverbogene Kinderseele.

Bitte schau dich nicht so genau um! Ich bin nicht die Superhausfrau. Ist mir nicht so wichtig. Ich leb viel zu gern, als dass ich die Zeit mit Putzen verschwende. Die Lockerheit in diesen Dingen hab ich mir erarbeitet. Man braucht eben mehr als ein halbes Leben, um bei sich anzukommen, um zu entscheiden: Das mache ich so und nicht anders.

Meine Mutter war sehr krank, psychisch nicht belastbar. Sie war nicht in der Lage, die Familie zusammenzuhalten. Und mein Vater wiederum konnte mit der Krankheit meiner Mutter nicht umgehen. Es hieß, ich sei ein Schreikind gewesen. Vielleicht hab ich geschrien, weil ich keine Luft bekam? Ich hatte asthmatische Bronchitis. Also wurde ich an die Ostsee verfrachtet, heute würde ich sagen, man hat mich an die frische Luft gesetzt. Meine beiden Brüder durften bei meinen Eltern in Thüringen bleiben. Ich hab das nicht verstanden. Es braucht Sprache, um so was zu erklären. Ich war noch nicht so weit, hatte noch keine Worte. Damals hab ich das Urvertrauen verloren.

Meine Großeltern haben mir sehr viel Liebe gegeben. Vielleicht hatte ich es in der Beziehung besser als meine Brüder, denn die Ehe meiner Eltern hielt nicht. Ich hab das Drama nicht miterleben müssen, meine Brüder schon, und sie haben beide einen ganz schönen Knacks davongetragen. Der eine ist mit achtzehn weg und hat sich allem entzogen, der andere ist überhaupt nicht klar gekommen, in falsche Gesellschaft geraten und im Jugendwerkhof gelandet. Noch heute kann er nicht darüber reden. Er sagt: „Das möchtet ihr gar nicht wissen!" Inzwischen ist er glücklich verheiratet und hat selbst Kinder, denen er mit Sicherheit ein richtig guter Vater ist.

Mir hat die Wende das größte Glück beschert, Freiheit in jeder Beziehung. Ich traure der DDR keine Träne nach. Ich hab nochmal studieren können, mein Traumfach. Englisch. Nun unterrichte ich Deutsch/Englisch an einer sehr fortschrittlichen Schule in einer schönen Stadt. Ich liebe meinen Beruf und meine Kids. Und meine drei eigenen sowieso.

Ich lebe für meine Kinder, für meine ganze Familie. Ich bin der Mittelpunkt, der alles zusammenhält, alle zusammenruft, wenn es was zu feiern gibt. Zum Beispiel meinen Fünfzigsten kürzlich. Alle kamen auf die Insel, die Insel meiner Kindheit. Ich war schon zwei Tage früher angereist und konnte meinen Kindern meine Lieblingsorte zeigen. Es hat sich ja allerhand verändert. Alles schick ausgebaut. Den Bungalow so wie früher findest du da nicht mehr. Und Gäste, also Besucher, gibt es jetzt das ganze Jahr. Zu meiner Zeit war das anders. Das Leben begann für mich im Juni, wenn die ersten Touristen kamen und endete im September, wenn die letzten wieder abfuhren. Die Insel war dann wie tot. Ich fühlte mich jedes Mal verlassen und einsam. In den ersten Jahren kamen meine Eltern noch gemeinsam mit meinen Brüdern angereist.

Ich seh' das noch heute vor mir: Der „Rasende Roland", die Inselbahn, fährt in den Bahnhof ein, und ich steh' braungebrannt in kurzen Hosen und Shirt auf dem Bahnsteig. Sie steigen vermummt und blass aus dem Zug. Ich glaub, das war der einzige Moment, in dem ich so was wie Triumph fühlte. Ich war in der Situation, ja, ich würd sagen, überlegen, hatte denen was voraus, war schon im Sommerfeeling. Wir sind dann immer weit vom Touristenstrand an den äußersten Zipfel gewandert. Dort wurde für die sechs Wochen eine Burg aus Treibholz errichtet. Es war unser gemeinsames

Sommerzuhause. Ja, sechs Wochen im Jahr waren wir eine Familie. Wir haben Quallenschlachten gemacht, Piraten gespielt und abends Karten bei meinen Großeltern. Entschuldige, gleich muss ich heulen. Umso unerträglicher war es für mich, wenn sie alle wieder abreisten. Dann wurden die Bungalows vernagelt, das waren tote Augen für mich. Grauenvoll.

Als Trost nahm mich mein Opa dann mit auf Streife. Er war bei der Feuerwehr und hatte eine Umhängetasche, in der sich alle möglichen schicken Sachen befanden. Atemmasken oder irgendwelche Schläuche, Brandschutzbinden und so Zeug. Keine Ahnung. Ich erinnere mich: In einem Ferienheim schwelte so ein Bohnerwachseimer vor sich hin, wir haben ihn rechtzeitig entdeckt und so einen Brand verhindert. Von da an wollte ich übrigens Kriminalbeamtin werden. Später sah ich mich als medizinisch-technische Assistentin, die irgendwas Weltbewegendes aus dem Reagenzglas fischt oder als Eisprinzessin, siehe Katarina Witt. In der Pubertät träumte ich von einem Prinzen, vielen Kindern und einem Haus am Meer.

Als ich vierzehn war, wurde meine Oma todkrank. Ich wünschte mir nichts sehnlicher als ein Mittel gegen den Tod, oder dass man etwas erfindet, um den Kontakt zueinander nicht zu verlieren. Sie starb, als ich sechzehn war. Es hat mich schwer getroffen. Ich weiß noch: Ich stand schluchzend an ihrem Grab und wäre beinah in die Grube gefallen. Mein Opa hielt mich im letzten Moment fest. Es hat lange gedauert, bis ich wieder fröhlich sein konnte.

Im darauffolgenden Winter bekam ich zu Weihnachten Gleitschuhe geschenkt. Kennst du die noch? Man musste sie mit einem Schlüssel an den Schuhen festzurren. Damit ich den Schlüssel nicht verliere, hab ich ihn mir auf die Zunge gelegt und was passierte? Er fror fest. Mein damaliger liebster Schulfreund Paul hat mich dann so lange geküsst bis er wieder abging. Es war toll.

Das Leben allein mit meinem Opa war nicht so einfach. Der Tod seiner Frau hatte Spuren hinterlassen. Ich war hin- und hergerissen, wollte weg von der Insel, fühlte mich aber verpflichtet, ihn nicht allein zu lassen. Ach, das Herz war mir so schwer. Mein Vater war da übrigens schon im Westen. Er hatte sich von meiner Mutter getrennt und lebte mit seiner neuen Frau in Westberlin. Ihn konnte ich also auch nicht um Rat fragen. Ich entschied mich für einen Studienplatz in Güstrow, nicht allzu weit entfernt von meinem Opa, und bekam auch einen Platz im Internat. Vorher musste ich mich aber für einen Studienzweig entscheiden, und das war furchtbar. Ich wollte gern Englisch/Deutsch machen, aber man bot mir nur Russisch/Deutsch an. Das wollte ich auf keinen Fall. Nur kurz: Meine Mutter hatte wieder geheiratet, einen Russen, der war Alkoholiker, das hat mir die russische Sprache sozusagen verschlagen. Jedenfalls riet man mir zu Staatsbürgerkunde/Deutsch. Du, ich hatte doch keine Ahnung, dass man das nicht studiert. Ich kam von der Insel und die lag informationstechnisch hinter dem Mond. Ich war eine unverbogene Kinderseele, dachte, es ist sicher gut, wenn du die Politik besser verstehen lernst, und hatte gerade die „Sprache des Dritten Reiches" gelesen. Noch heute frage ich mich: Warum haben die mich in diese Richtung geschubst, war das Kalkül? Mit dem Vater im Westen? Hatten die vielleicht mit mir noch was vor? Das werd' ich nie erfahren …

Ich begann das Studium, und mein Großvater starb. Nun hatte ich kein Zuhause mehr. Alle anderen im Internat fuhren an den Wochenenden nach Hause – jetzt kommen mir schon wieder die Tränen – wenn dieses Gefühl von Verlassensein in mir hochkommt, dann laufen sie, wie du siehst. Und was macht man gegen Einsamkeit? Man geht in die

Disko, in den Studentenkeller, da ist wenigstens noch was los. So, jetzt ist aber Schluss mit heulen.

Ich war im Keller und hab im Keller – im Studentenkeller – meinen ersten Mann kennengelernt. Schönes Wortspiel. So richtig aufgeklärt war ich nicht, wer hätte das auch tun sollen? In Nullkommanichts war ich schwanger. Die Eltern meines Freundes bestanden darauf, dass wir heirateten, und ich dachte: Endlich haste wieder Familie! Anfangs habe ich ihn begleitet bei seinen Gigs – er war leidenschaftlicher Musiker und machte den Discjockey, heute nennt man das ja einfach DJ. Als wir dann zu dritt waren, ging gar nichts mehr. Wir hatten nur ein kleines Zimmer, das Kind war oft krank, er immer müde von seinen Auftritten – schrecklich. Dann hat er auch mal zugehauen. Da war für mich eine Grenze erreicht, die ich nicht akzeptieren wollte. Nach eineinhalb Jahren war die Ehe futsch, geschieden.

Seine Mutter leitete einen Kindergarten im Brandenburgischen, in the middle of nowhere, und nahm mir das Kind für eine Zeit ab, damit ich meine Prüfungen ablegen konnte. Das Ergebnis war wie ein Ginkgoblatt: Deutsch ausgezeichnet! Staatsbürgerkunde: „Bitte reden Sie nicht mehr, gehen Sie in Gottes Namen." Na ja, in Gottes Namen haben die bestimmt nicht gesagt. Jedenfalls kam ich da gerade so durch, aber ich hatte das Staatsexamen geschafft und bekam eine Anstellung in dem Ort, in dem meine Tochter lebte, alles schien gut.

Es war eine merkwürdige Stimmung so kurz vor dem Mauerfall. Man spürte, dass sich was veränderte, dass was angeschoben war. Und dann war sie plötzlich da, die Wende – Wahnsinn. Ich rannte zu meiner einzigen Freundin im Ort und holte sie aus dem Bett. Wir liehen uns ein Auto – so einen Kugelporsche – und fuhren los Richtung Berlin. Diese Nacht war die Nacht der Nächte. Verrückt, überwältigend, tränenreich, ich meine natürlich Glückstränen. Wir haben uns ins Getümmel geworfen – haben wildfremde Menschen umarmt. Es hatte was von: „Brüder zur Sonne zur Freiheit", diesem alten Arbeiterlied, das wir aus DDR-Zeiten kannten. Irgendwie skurril. So was erlebt man nur einmal. Welch ein Glück, dass ich dabei war. Nächsten Tag in der Schule fehlte die halbe Klasse. Ich fand das völlig in Ordnung, aber die Direktorin nicht. Die war so was von knallrot, eine von der schlimmsten Sorte. Die wollte doch tatsächlich die Kinder bestrafen. Staatsbürgerkunde wurde bald in Gesellschaftskunde umbenannt. Uns jungen Lehrern fiel es nicht schwer, sich im guten Sinne anzupassen. Wir waren der letzte Schwung der Studierenden, hatten schon neue Ideen und Anregungen im Kopf und begriffen schnell, dass alles, was man uns eingetrimmt hatte, nicht stimmte. Ich war erschüttert, dass sich mir so vieles verborgen hatte. Mir mussten sie nicht das Gehirn waschen, ich bin naiv aufgewachsen, keiner auf der Insel hatte mit mir über Politik geredet. Und ich frage mich noch heute, warum die Stasi nicht an mich herangetreten ist. Wenn die mich mit meinem Kind erpresst hätten, ich hätte wahrscheinlich nachgegeben. Ja!

Es dauerte nicht lange, und ich lag mit der Direktorin öffentlich im Clinch. Sie wollte, dass ich „DDR-Wahrheiten" lehre. Was soll's – sie ist schnell von allein gegangen. Der nächste Direktor war zum Glück offen für die gesellschaftlichen Veränderungen. Er schickte mich zum Englischstudium nach Potsdam!

Ich Glückliche! Dort traf ich auch noch meine Jugendliebe Paul wieder. Er studierte Biologie, nebenbei war er übrigens Musiker. Ich verliebte mich sofort neu und aufs Heftigste. Die Musiker haben es mir scheinbar angetan. Wir heirateten, und er adoptierte meine Tochter. Wenig später kam unser gemeinsamer Sohn zur Welt. Ein Wunschkind. Paul bekam eine Stelle in London, ich nahm ein Sabbatical, und wir drei zogen in die „weite Welt". Verrückt, dass das plötzlich so ging, einfach nach London ziehen. Ich konnte mein Englisch endlich im Alltag anwenden. Glück! Glück! Glück!

Danach bot man Paul eine Stelle in Rostock an. Da hatte ich alles, was ich mir schon immer erträumt hatte. Eine tolle Wohnung am Meer, den richtigen Mann und noch ein Wunschkind, noch einen Sohn. Es war die glücklichste Zeit in meinem Leben. Eine Sache muss ich trotzdem oder gerade deshalb erzählen, weil es auch in die Kategorie Glück fällt. Mein zweiter Sohn war ein paar Wochen alt. Ich hielt ihn gerade auf dem Arm, als er plötzlich ganz schlaff wurde, seine Ärmchen hängen ließ, nicht mehr atmete. Ich hab ihn mit dem Mund beatmet, mein Mann hat den Notarzt gerufen, und der war in wenigen Minuten da … Ich zittre gleich wieder, wenn ich daran denke. Alles ging gut. Man stellte fest, dass seine Lunge noch nicht ganz ausgereift war, und er musste deshalb noch eine Weile behandelt werden. Aber hätte ich ihn in dem Moment nicht auf dem Arm gehalten, wäre er am plötzlichen Kindstod gestorben. So. Das ist auch Glück, ein ganz konkretes. Jetzt kommen wir zu schwindendem Glück – zu große Seifenblasen platzen irgendwann.

Pauls Vertrag in Rostock lief aus, und es stellte sich heraus, dass es schwierig für ihn war, eine Stelle zu finden. Er war plötzlich zu alt, zu teuer, für so 'nen Ostbiologen war kein Platz mehr in der akademischen Welt. Er war inzwischen fünfundvierzig und hatte viel in die Ausbildung investiert. Weißt du, er ist ein Stiller, macht nie Aufhebens von sich. Das zeichnet ihn aus. Aber genau das brachte ihn nicht weiter. Es werden die genommen, die sich gut verkaufen können. Tragisch für ihn und für uns …

Irgendwie sind wir dann hier in Thüringen gelandet. Ich hab lange gebraucht, um mich an die Berge zu gewöhnen.

Jetzt war es umgekehrt – ich arbeitete, und er blieb zu Hause – unfreiwillig – Midlifecrisis. In dieser Zeit beschloss er, wieder Musik zu machen, fand eine Band und tourte. Ich hing allein hinter den sieben Bergen. Zwei Jahre Schweigen zwischen uns, er war nicht der Typ, der reden konnte. Ich trennte mich innerlich von ihm. Und er sich dann äußerlich, wie das so ist, da kam ein Groupie ...

Heute sind wir gute Freunde. Das ist wichtig für unsere Kinder. Die haben das gut verkraftet. Sie mussten zum Glück keine „Szenen einer Ehe" ertragen, wie das oft vorkommt. Alles verlief eher leise. Vor Kurzem habe ich einen Gesundheitscheck gemacht. Und plötzlich gab's Verdacht auf einen Tumor in der Brust. Ich sag dir, das war eine schlimme Zeit. Ich hatte Angst um meine Kinder, weniger um mich. Zum Glück war es nichts. Aber ich bin froh um die Erfahrung, denn ich hab Bilanz gezogen und festgestellt: Ich bin heute glücklich mit allem, was ich habe und hatte. Ich hab das Gefühl, angekommen zu sein. Ich hab drei wunderbare Kinder, hab meinen Traumjob, und ich hatte die große Liebe, mehr geht nicht!

Jetzt fragst du die schwierigste Frage zuletzt ... Was ist Heimat für mich? Da muss ich nachdenken, das ist nicht einfach zu beantworten. Es ist kein Ort. Die Ostsee ist ein Sehnsuchtsort. Heimat ist für mich, wo ich gerade bin, wo ich sein kann, wo ich mit meinen Kindern bin, wo ich mit Menschen bin, die ich gern hab, mit Freunden. Und Freunde hab ich viele, sie sind im Land verstreut. Also ist auch dort immer ein Stück Heimat.

Und die Stunden mit dir fühlen sich auch wie Heimat an. Danke dafür.

Johanna | 62

Ich mag keine Übertreibung, genauso wenig wie
Untertreibung. Man kann auch in der Mitte Spaß haben.

Mein Beruf breitet sich immer mehr in mir aus, ich sag dir,
das ist wie ein Fluch. Ich bin durch und durch Krankengymnastin. Ich schau wie mit den Augen eines Malers – immer
auf der Suche nach einem Motiv.

Ich seh' überdehnte Muskeln, verkürzte Muskeln, krumme Wirbelsäulen, Knick-Platt-Spreiz-Füße, schlotternde Gelenke – Fehlstellungen jeglicher Art. Da läuft jemand, meinetwegen schleift er leicht mit einem Bein – sofort muss ich
eine Diagnose stellen und ihm in Gedanken eine Therapie
verordnen. Ich kann nicht sagen, dass ich mich dabei gut
fühle. Aber es ist in mir drin, ich kann nichts dagegen tun.
Natürlich mag ich meinen Beruf und bin stolz, dass ich es
tatsächlich geschafft habe, eine eigene Praxis zu führen.

Als ich 1987 einen Antrag auf Ausreise stellte, war mir
überhaupt nicht klar, was mich erwartet und wie sich mein
neues Leben gestalten könnte. Ich wollte nur weg, wollte
Abenteuer, wollte so nicht weiterleben, dachte, das kann's
doch nicht gewesen sein. Das Schlimme war, ich hatte zu
der Zeit einen Freund, der „Mutti" zu mir sagte – wenn ich
mir das heute überlege – unglaublich, dass ich mir das gefallen ließ. Unglaublich, dass ich ihn nicht verjagt habe!
Später hab ich erfahren, dass er zudem für die Stasi gearbeitet hat.

Zurück zur Ausreise. Frag mich, wann ich gehen durfte!
Bitte! Frag! Nein, nicht vor, sondern zwei Tage nach dem
Mauerfall! Ist das nicht verrückt? Ich musste diesen ganzen verdammten Laufzettel abarbeiten, musste sogar ein
Gesundheitsattest für meinen Frosch erstellen lassen, ich

hatte damals einen Raubfrosch und Ludwig wollte ich nicht zurücklassen, vielleicht in der Hoffnung, dass er sich in einen Prinzen verwandeln würde? Haha!

Und dann fällt die Mauer. Diese ersten Tage habe ich als ein großes Chaos in Erinnerung. Meine Tochter und ich wohnten zunächst bei alten Freunden in Berlin. Die waren ein paar Jahre zuvor ausgereist. Wir waren glücklich, uns wiederzusehen. Aber eins fühlte ich sofort: Stadt ist mir zu groß, ich bin nicht geeignet für Unübersichtliches. Ich wollte dahin gehen, wo die Dächer rot sind. Das war so ein Spruch, und er ist wahr geworden – ich bin in Bayern gelandet. Hier sind die Dächer rot.

Es ist ruhig hier, zu ruhig, tja, man kann eben nicht alles haben. Ein Motto von mir: „Überstarke Reize sind genauso schlecht wie keine". Ich mag keine Übertreibung, genauso wenig wie Untertreibung. Man kann auch in der Mitte Spaß haben.

In meinem kleinen Ort werde ich respektiert und geachtet. Das ist in Bayern nicht selbstverständlich. Als ich 1989 hier ankam, war ich die Exotin aus dem Osten, und die Leute haben hinter mir getuschelt. Ich war angestellt in einer Praxis, und nach kurzer Zeit war mein Terminkalender voll. Alle wollten von mir behandelt werden. Auf diese Weise habe ich die Leute kennen- und sie mich schätzen gelernt. Nach einem Jahr wagte ich den Schritt in die Selbstständigkeit. Noch ein Lieblingsspruch von mir: Du musst tanzen, die Musik kommt von allein – ist aus dem Film „Alexis Sorbas". Und ich tanzte und sie kam. Haha. Glaub mir, das hört sich jetzt so leicht an. Ich hatte doch keine Ahnung, wie das geht, was ich alles wissen muss drum herum um so einen Betrieb. Ich hab mit allem gekämpft. Ich musste und muss auch immer noch sehr viel arbeiten, kann selten Urlaub machen, leider – sonst kommt kein Geld rein.

Meinen jetzigen Mann Hans Jürgen hab ich hier kennengelernt. Er ist ein waschechter Bayer. Ich sag dir, da stoßen Welten aufeinander, noch heute. Nicht bloß Ost und West, nein, zwei unterschiedliche Lebensentwürfe prallen aufeinander. Ich mit meiner Sehnsucht nach der weiten Welt, er mit seiner Zufriedenheit im Bayerischen Wald. So sehr ich die Berge lieben gelernt habe, so sehr sehne ich mich immer nach dem Meer. Mein Bayer ist ein Reisemuffel. Er kann und will sich neuen Sachen nicht stellen. Ihm reicht es, im Winter Ski zu fahren – am liebsten jedes Wochenende – und im Sommer zu kraxeln. Mir reicht das nicht. Und das wird sich nicht ändern, damit hab ich mich abgefunden. Ich sag mir zum Trost: Was ich hab, hab ich, was nicht, ist irrelevant.

Hans Jürgen war der einzige Mann im Ort, der mir gefiel und der sich nicht für mich zu interessieren schien. Das hat meinen Jagdinstinkt geweckt. Bis dahin mussten die Männer mich erobern. Lustig, wie er mich dennoch auf seine Fährte gelockt hat. Er arbeitete zu der Zeit in einem Fitnessstudio und schlug mir vor – was Patienten betrifft – vielleicht zusammenzuarbeiten. Mit keiner Regung gab er mir zu verstehen, dass er mich als Frau gut fand. Da habe ich die Initiative ergriffen und ihn zum Essen eingeladen, um über unsere Zusammenarbeit zu sprechen. Nach zwei Glas Wein habe ich ihn gefragt, ob er verheiratet sei. „Noch nicht", antwortete er, „aber ich könnt mir vorstellen, dich zu heiraten." Das hat mich umgehauen. Und ich hörte mich sagen: „Okay, wann?" Das sollte ein Scherz sein, aber er kam am nächsten Tag mit Blumen und hielt ganz altmodisch um meine Hand an. Ich hab es nicht fertiggebracht, nein zu sagen. Ich hab geheult, du glaubst es nicht, war hin- und hergerissen. Ich wollte nicht allein sein, ja, aber ich wollte auch nicht schon wieder unüberlegt in eine Ehe schlittern. Ich bat mir Bedenkzeit aus, immerhin. Weißt du, ich hatte und habe hier keine richtigen Freunde, ich konnte mit niemandem darüber reden, mich mit niemandem beraten. Er hat sich fast ein Bein ausgerissen, um mich geworben und nicht locker gelassen. Schließlich hab ich ja gesagt. Und bereut habe ich es nicht. Wir haben uns in den fünfzehn Jahren, die wir verheiratet sind, abgeschliffen – aus zwei Rohdiamanten sind Steine mit Fassung geworden. Weißt schon. Er ist in meiner Praxis angestellt und kümmert sich um den ganzen Schriftkram. Steuer, Rechnungen, Termine, halt so Sachen. Wir sind sozusagen miteinander verwoben. Erst durch ihn habe ich gelernt zu widersprechen. Dieser Mann hat mich herausgefordert, ich musste mich ständig zur Wehr setzen, und heute fühlt es sich gut an. Ich habe viel mehr Selbstvertrauen. Es wird ja auch langsam Zeit mit zweiundsechzig.

Trotzdem, manchmal träume ich davon, einfach abzuhauen. Da kann ich diesen ganzen bayerischen Mist kaum noch ertragen. Dieses Spießige, diese Trachten, diesen Heimatdünkel. Aber meine Kinder leben nicht weit entfernt, und ich will doch meine Enkel in der Nähe haben, zwei Mädels von meiner Tochter und die Jüngste von meinem Sohn. Ich will alles zusammenhalten, sie sollen es besser hinkriegen als ich. Ich wünsche meinen Enkeln nicht die krassen Enttäuschungen, die meine Kinder erlitten haben.

Das muss ich erzählen, auch wenn ich mich dafür schäme. Bei der Scheidung von meinem ersten Mann schien alles gut abzulaufen. Wir waren uns einig und wollten gemeinsam für die Kinder sorgen. Ich weiß noch genau, wir saßen alle um den Tisch, und Robert erklärte den Kindern, dass wir uns scheiden lassen. Sie waren entsetzt und haben so sehr geweint, dass wir mitgeweint haben. Da sagte unser Sohn: „Wir machen das so: Männer zu Männern und Frauen zu Frauen." Und so kam es, dass nicht bloß wir uns trennten, sondern auch die Kinder auseinandergerissen wurden. Ich kann gar nicht darüber reden, ohne zu weinen, siehst ja, kann mir bis heute nicht verzeihen, dass ich das mitgemacht habe. Und übrigens, meine Tochter hat mir das auch lange nachgetragen. Sie hat Jahre gebraucht, um darüber hinwegzukommen, genau wie mein Sohn.

Nun sind wir wieder zusammengerückt, bildlich meine ich, denn der Robert, also mein erster Mann, hat sich vor einem Jahr das Leben genommen. Es traf uns aus heiterem Himmel, nichts hat sich angedeutet. Er hat keine Nachricht hinterlassen, nichts. Schießt sich 'ne Kugel in den Kopf! Du kannst dir sicher vorstellen, wie das reingehauen hat, bei allen! Ich kann es mir nicht erklären, er war nie depressiv in unserer gemeinsamen Zeit. Aber glücklich ist er später im Westen auch nicht gewesen, das hat er mal angedeutet. Ich versteh das nicht, er hatte einen guten Job und viel Geld verdient. Scheinbar lief es in seiner zweiten Ehe nicht so gut.

Als wir uns kennenlernten, war ich noch in der Ausbildung und er mit dem Medizinstudium fast fertig. Wir trafen beim Fasching aufeinander. Ich erinnere mich genau, ich trug ein Korsett mit Strapsen, und er ging als Mönch, kam auf mich zu und sagte: „Das Mönchsein hat nun ein Ende!" Ich fand die Anmache ziemlich sexy für einen Mönch, also hab ich den ganzen Abend mit ihm getanzt. Und nicht viel später tanzten wir in die Ehe. Verrückt, ja? Viel zu schnell. Er fragte mich, und ich konnte nicht nein sagen. Er wollte sofort Kinder, und ich konnte wieder nicht nein sagen. Also bekam ich mit Anfang zwanzig erst ein Mädchen und zwei Jahre später einen Jungen. Ich arbeitete halbtags und kümmerte mich fast allein um die Kinder. Er arbeitete im Krankenhaus. Als Arzt hatte er viele Dienste, war kaum zu Hause. Ich fühlte mich wie abgeschnitten von allem. Er ging zum Sport, traf Leute – ich hütete die Kinder.

Eines Tages wollte ich ihn überraschen. Die Kinder waren bei den Großeltern. Mit einem roten Schal um den Hals, einem netten Abendessen und zwei Piccolo im Korb – wie Rotkäppchen eben – machte ich mich auf den Weg zu ihm. Er hatte Nachtdienst. Auf der Station sagte man mir, er sei in seinem Dienstzimmer. Ich klopfte, wartete, klopfte noch mal und ging dann rein. Er knöpfte sich gerade seine Hose zu, und neben dem Sofa stand eine Frau im weißen Kittel mit knallrotem Kopf. Er: „Es ist nicht so, wie du denkst!" Ich: „Wie ist es denn dann?" Ich hab den Korb abgestellt und bin nach Hause gerannt. Ich war verletzt, hab mich schlecht gefühlt und ihn in dem Moment so gehasst. Es erinnerte mich an die schrecklichste Situation meiner Kindheit, ein Ereignis, das wie Pech an mir zu kleben schien. Es betraf meinen Vater.

Er war Maler – Künstler durch und durch – sah gut aus, war ein wenig verrückt, hatte Witz und Humor. Ich liebte ihn sehr und wollte am liebsten immer bei ihm sein. Aber er hatte ein Atelier in einer anderen Straße, und es war nicht erlaubt, ihn ohne Ankündigung zu besuchen. Eines Tages schleppte mich meine Mutter dorthin. In Sichtweite der Tür musste ich mich mit ihr ins Gras legen. Auf meine Frage, was wir hier machen, antwortete sie: „Wart es ab, wirst es schon sehen." Ich habe dieses Bild noch heute vor Augen: Mein Vater singend: „Veronika, der Lenz ist da" mit einer jungen Frau am Arm. Er lacht und küsst sie vor der Tür. Meine Mutter rennt auf ihn zu und schreit immer wieder: „Du Scheißkerl!", und zerrt mich weg. Sie war sein Modell und hieß Veronika. Übrigens hat er sie später geheiratet und lebt bis heute mit ihr zusammen.

Ich habe meiner Mutter nie verziehen, dass sie mich gezwungen hat, das miterleben zu müssen. Für mich brach eine Welt zusammen, es war das schlimmste Erlebnis meiner Kindheit. Seit dem Tag kann ich zu ihr nicht mehr Mutter oder Mama sagen, bis heute. Ist doch verrückt? Wenn sie zu Besuch kommt, sage ich: „Na, wie geht's Frau Berger?" Stell dir das mal vor. Was anderes kommt mir nicht über die Lippen, ich umschiffe sozusagen mit allen möglichen Tricks die Anrede. Sie hat aber auch einen Schaden weg, ist zu einer Männerhasserin geworden. Sofort, nachdem ich ihr von meiner Scheidung erzählt hatte, haute sie drauf: „Siehst du, ich hab es dir gesagt, der taugt nichts, genau wie dein Vater."

Auch mein zweiter Mann ist ihr nicht recht. Sie findet, er ist ein „Hallodri" und hat sich ins gemachte Nest gesetzt. Ehrlich gesagt, könnte ich ihr manchmal eine kleben, weil sie damit nicht aufhört. Dann muss ich mich immer sehr beherrschen und sage mir: Sie ist meine Mutter, sie hat drei Kinder allein großgezogen, hat Tag und Nacht genäht, damit es uns gut ging.

Ich war ihr erstes Kind, sie war gerade einundzwanzig. Ich sag immer: Ich hab das Rohr freigeschossen für meine Brüder. Meine Brüder haben gemacht, was sie wollten. Je mehr sie sich entfaltet haben, umso mehr fühlte ich mich eingeschränkt. Sie haben mich eingeschüchtert. Meine Mutter hat das nicht gemerkt, sie war und ist nicht sehr feinfühlig und auch nicht zärtlich.

Ich weiß noch, wie mein zweiter Bruder auf die Welt kam und immer an der Brust meiner Mutter hing. Ich hasste den Anblick und musste doch immer hinschauen. Irgendwann sagte meine Mutter: „Willst du auch mal trinken" und machte ihre Brust frei. Ich war entsetzt. Es hat mich so geekelt, das glaubst du nicht. Ich habe nur heftig den Kopf geschüttelt und bin aus dem Zimmer gerannt. Von dem Tage an habe ich es vermieden in der Nähe zu sein, wenn mein Bruder gestillt wurde.

Als Kind war ich schüchtern, zurückhaltend, ja, leise. Ich habe nie widersprochen und konnte keinem eine Bitte abschlagen. Ich konnte einfach nicht nein sagen. Meine Schüchternheit habe ich durch mein Äußeres kaschiert, ich achtete auf meine Figur und schminkte mich. Schminke war Schutz. Und ich trieb viel Sport. Wenn jemand sagte: „Johanna, bitte schlag ein Rad", hab ich's gemacht. Da war ich gut. Damals wie heute: Mein Body ist mein Hobby, nur schminken mag ich mich nicht mehr so viel. Du, stell dir vor, man hat mich schon auf einem Balken durch die Straßen getragen. Haha, das hatte ich schon beinah vergessen. An einem ersten Mai bei der Demo marschierten wir als Turnverein mit, und ich lag in großer Pose auf einem Balken, so wie in der Werbung. Wenn ich mir Fotos von damals anschaue – ja, ich war schon ein hübsches kleines Ding. Ich auf einem Balken, das musst du dir mal vorstellen, haha! Schade, dass es davon kein Foto gibt.

Meine Oma mütterlicherseits hat später immer davon gesprochen, wie schön ich ausgesehen hätte. Dann nahm sie mich in den Arm, küsste mich auf die Stirn und drückte mich fest an ihren großen Busen. Dieser große Busen war Ermunterung und Trost für mich. Ich liebte diese Frau. Umso schlimmer war es, dass wir nach der Scheidung in den Harz zogen. Ich vermisste meine Oma so sehr. Ich hab sie nur noch selten gesehen, manchmal durfte ich in den Ferien hinfahren. Aber eigentlich wollte meine Mutter das nicht, sie wollte nicht, dass ich meinen Vater traf. Ist das nicht furchtbar, was Kindern angetan wird, wenn die Eltern sich scheiden lassen?

Es sieht so aus, als hätten meine beiden Kinder Glück mit ihren Partnern.

Ich wünsche es ihnen von ganzem Herzen und bin froh, dass sie in der Nähe wohnen und mich meine Enkel oft besuchen kommen. Ich möchte ihnen eine gute Großmutter sein.

Auch wenn ich alle wichtigen Menschen um mich habe, Wurzeln habe ich hier nicht geschlagen. Heimisch, im Sinne von Heimat, fühle ich mich in Bayern nicht – da ist immer diese Sehnsucht nach dem Meer – einer weiten Landschaft.

Jammern hilft nichts, sag ich mir dann, es geht dir ganz gut! Ich lebe in einem goldenen Käfig – vielleicht bin ich auch darin gefangen? Haha. Alle zwei Jahre schaffe ich es und fahre mit einer alten Freundin für acht Tage nach Portugal. Wir kennen uns seit mehr als vierzig Jahren, sind sehr vertraut miteinander. Wir lachen viel zusammen. Sie sagt immer: „Schau deiner besten Freundin ins Gesicht, und du weißt, wie alt du bist." Aber ich brauch bloß meine grauen Haare anzuschauen …

Weißt du, irgendwann werde ich in Rente gehen – mit fünfundsechzig noch nicht, da würde ich mit dem Geld nicht auskommen – und dann male ich. Ich habe schon als Kind davon geträumt, was Künstlerisches zu machen. Aber niemand hat sich dafür interessiert. Ich weiß, ich habe Talent von meinem Vater geerbt, ich muss es nur hervorkramen. Die Staffelei steht schon im Keller, und ich werde ganz sicher keine Berge malen!

Carmen | 52, Karolas Schwester

Ick bin sowieso sehr direkt, sage, was ich denke, aber immer diplomatisch. Man muss den anderen ja nicht vor den Kopf stoßen, es sei denn, er hats' verdient.

Ick wollte immer wat machen, wo man wenig arbeiten muss, aber viel Geld verdient. Dit mit dem Geld hab ick hingekriegt, aber arbeiten musste ich dafür ganz schön viel.

Für die Schule musste ich nie was machen, das lief. Wenn ich was verstanden hatte, konnte ich es auch anwenden. Vor allem in Mathe war ich jut, war mein Lieblingsfach, denn bei anderen Fächern musste man ja lernen. Meine Mutter sagte immer: „Die rechnet nicht, die schreibt nur." Das war ihre Art, mich zu loben. Ich war die Jüngste von vier Schwestern. Die zwei großen waren schon ausgezogen. Meine dritte Schwester ist nur ein Jahr älter. Wir vertrugen uns nicht sehr gut, wir waren wie Hund und Katze, unsere Interessen so unterschiedlich wie unsere Freunde. Sie musste sich anstrengen, richtig Gas geben, um eine Zwei zu bekommen. Ick machte nichts und hatte die Zwei. Sie half freiwillig im Haushalt, räumte den Tisch ab, wusch das Geschirr, hängte die Wäsche auf und wurde dafür gelobt. Ick dachte dann: Auf dit Lob verzichte ick gerne! Ich war die Kleinste, musste mich durchkämpfen und wusste, wie man's macht, tauschte Aufgaben nach dem Motto „Ick mach das eine, wenn ick dafür das andere nich machen muss". Bis heute mache ich das so. Ick bin sowieso sehr direkt, sage, was ich denke, aber immer diplomatisch. Man muss den anderen ja nicht vor den Kopf stoßen, es sei denn, er hat's verdient. Haha.

Wir waren Schlüsselkinder, und wir waren arm. Jeder hatte eine Hose! Wenn die dreckig war, wurde sie abends gewaschen. Fertig! Wir besaßen nur ein Fahrrad, der Streit war praktisch vorprogrammiert. Aber wenn es nötig wurde, hat meine Mutter alles zusammengekratzt und was Neues gekauft. Sie hat in Schichten an einer Maschine im Werk gearbeitet – keine Ahnung. Sie kochte und bereitete alles vor und oft lagen kleine Überraschungen daneben, mal was Süßes, mal was Gebackenes. Sie hat im Rahmen ihrer Möglichkeiten versucht, eine gute Mutter zu sein, würde ich sagen. Einmal stand sie am Spülbecken, und ich fragte, ob sie mir helfen könnte. Worum es genau ging, weiß ick nich mehr. Auf jeden Fall sagte sie, sie könne mir nicht helfen, sie hätte zu tun. Von Stund an hab ick alles alleine gemacht.

Von meinem Vater hat sie sich schon früh getrennt. Wir Nachzügler haben ihn nur am Rande miterlebt. Eine Situation vergesse ich nie: Damit der Badeofen nicht immer beheizt werden musste, setzte meine Mutter einen großen Topf Wasser auf und schüttete das warme Wasser in die Wanne. Sie stand am Herd und hatte den Topf schon in der Hand. Mein Vater brüllte sie an und verschwand in seinem Zimmer. Sie hatten da schon getrennte Räume. In ihrer Wut ging sie ihm nach und kippte das heiße Wasser gegen seine Tür. Er kam raus und verdrosch sie – vor meinen Augen. Am Abend saß sie weinend an meinem Bett und zeigte ihre blauen Flecken: „Hier – was dein Vater mir angetan hat!"

Als Kind hatte ich vor nichts Respekt, schon gar nicht vor Erwachsenen. Da hat es mir an Erziehung gefehlt. Ick wurde richtig wütend, wenn ick meinen Willen nicht bekam, wenn meine Pläne durchkreuzt wurden. Zum Glück hat sich das im Laufe der Jahre gelegt. Heute bin ich viel besonnener, hab gelernt: Wut bringt nichts – in der Ruhe liegt die Kraft. Der olle Spruch.

Eigentlich wollte ich immer was mit Menschen machen, Krankenschwester zum Beispiel, aber das ging nicht, weil ich allergisch auf die Putzmittel reagierte. Friseur stand auch noch auf meiner Liste, ging aus dem gleichen Grunde nicht. Rechtsanwältin fand ick noch gut, hätte aber Abi machen müssen, und auf Schule hatte ich keinen Bock mehr. Ich wollte endlich mein eigenes Geld verdienen, und so machte ich eine Ausbildung zur Elektronik-Facharbeiterin. Geschadet hat mir das nicht! Ick könnte dir heute noch 'nen Schaltkreis zusammenbauen. Aber befriedigt hat mich das auf Dauer auch nicht, also bewarb ich mich für den nächst höheren Posten, der im Werk aber nur von Männern besetzt wurde. Die nannten sich Einrichter und waren für kleinere Reparaturen an den Maschinen verantwortlich. Ich wurde zum Gespräch gebeten, und da saß dann nicht nur mein Chef, sondern auch noch der Chef der Parteileitung: „Wir bieten Ihnen einen Studienplatz, wenn Sie in die Partei eintreten." Ick fand diesen Deal dreist und konterte: „Da muss ich doch Beitrag zahlen? Angenommen, ich werde eine überzeugte Genossin, muss ick dann vielleicht keinen Beitrag zahlen?" Die haben mich angeguckt wie 'n Auto, und ich bin nicht in die Partei eingetreten und habe stattdessen gekündigt. Stell dir vor, ick war arbeitslos und das in der DDR! Anfangs fand ich das lustig. Dann begriff ich, dass ich die Einzige war, alle anderen arbeiteten, und ick saß alleine rum. Machste was ganz anderes, sagte ich mir und begann eine Kellnerlehre. Fand ick jut, hast mit Menschen zu tun und kriegst, wenn du gut bist, auch noch Trinkgeld.

In dieser Zeit lernte ich ein paar Jungs kennen. Die wollten über Ungarn abhaun. Ich musste nicht groß überlegen, ich wollte was erleben und sagte sofort: „Ick bin dabei" und beantragte ein Visum. Nächsten Tag fuhr ich aber erst mal mit Jugendtourist nach Rumänien, die Reise hatte ich schon lange gebucht. Als ick zurückkam, hatte ick das Visum, aber die Jungs waren weg. Dafür war die Grenze zu Österreich offen. Egal, dachte ich und flog allein nach Budapest. Ick glaube, der ganze Flieger war voll mit Leuten, die abhaun wollten. Hinter mir saßen drei Typen, die laut über ihre Pläne redeten. Ich schlug ihnen vor, sich mit mir ein Taxi zur Grenze zu teilen. Am Flughafen standen die Taxen in Zweierreihen, und in kurzer Zeit waren alle besetzt. Eigentlich hätten sie gleich im Konvoi fahren können. Kurz vor der Grenze hielt unser Fahrer an, kassierte das Geld, packte es in eine Plastiktüte und verschwand damit im Wald. Als er ohne die Tüte zurückkam, legte er den Finger an den Mund, so nach dem Motto „Kein Wort darüber".

„Sie wissen, dass Sie mit diesem Ausweis nie wieder zurückkönnen?", fragte der Grenzer. Wir nickten im Kollektiv und betraten feierlich westlichen Boden. Man brachte uns zu einem Zelt, dort bekamen wir erst mal was zu essen und zu trinken. Später fuhr uns ein Bus zu einem Hotel in der Nähe von Wien. Du, ick war fertig. Ick bin ins Bett gesunken und sofort eingeschlafen. Als ich wach wurde, stand eine fremde Frau im Zimmer. Sie quatschte mich voll und stellte lauter Fragen, auf die ick keine Lust hatte. Ich sagte nur: „Verzieh dich! Du nervst" und drehte mich auf die andere Seite. Ein Bus brachte uns nächsten Tag zur Botschaft, und von dort verteilte man uns auf verschiedene Auffanglager im Westen. Die Frau saß nicht in meinem Bus, und ich landete in einem kleinen Ort im Münsterland.

Das Lager war nicht sehr voll, ich hatte ein Zimmer für mich allein und konnte zwischen fünf Betten wählen. Wir mussten uns anmelden und wurden von den Beamten befragt. Woher? Wieso? Warum? Woher konnte ick ja noch beantworten, aber auf die anderen Fragen sagte ich immer nur: „Weeß ick nich – weeß ick nich!"

Ich hatte mir den Westen nie als „golden" vorgestellt. Mir war schon klar: Arbeiten musste überall! Ick wollte was von der Welt sehen, wollte mir einen Traum erfüllen: Griechenland! Wollte reisen, wohin ick will, machen können, was ick und wie ick will.

Als ich das erste Mal aus dem Gelände spazierte, hielt ein großer roter Audi neben mir! Drei Jungs glotzten mich neugierig an: „Kommste aus dem Osten?" – „Mm." – „Willste mal Audi fahren?" Ick dachte, warum nicht, und stieg ein. Die waren auch nicht viel anders drauf als die Jungs, die ich bis dahin kannte. Ich hatte aber noch einen anderen Helfer, Gönner? Einer der Beamten vermittelte mir einen Job in der Kneipe im Ort. Die hatte auch ein paar Zimmer. Ich zog dort ein, hatte Kost und Logis frei und arbeitete wieder als Kellnerin. Das war am Anfang lustig – ick kannte mich doch mit den Produkten und Getränken nicht aus. Einmal bestellte einer ein Kuvert. Ick ging zum Chef und bat um einen Umschlag und brachte ihn dem Gast. Der lachte sich halbtot – er hatte Brot und Butter gemeint. Ein anderes Mal wollte einer eine Linie! Wie sollte ick wissen, dass dieser Schnaps den Äquator überquert haben musste? Aber wie du weißt, lern' ick schnell und bekam ganz gutes Trinkgeld. Als Erstes kaufte ich mir einen Lippenstift! Der nette Beamte schenkte mir den passenden Nagellack, ja, der kümmerte sich wirklich um mich und ohne Hintergedanken!

Einmal bediente ich eine Familie aus Essen. Sie waren sehr nett und versprachen, sich nach einem Job für mich umzusehen. Und tatsächlich riefen die eines Tages an: Sie hätten eine kleine Wohnung für mich und Aussicht auf Arbeit.

Also düste ick nach Essen und schlief das Wochenende bei denen auf der Couch. Wildfremde Menschen! Ick bin so gut aufgenommen worden.

Tatsächlich bekam ich die Einraumwohnung, aber den Job nicht. Die suchten eine Tante, die Firmengäste betreuen sollte, kleine Sachen kochte, Schnittchen machte und so was. Da war ick als Ostbrot einfach nicht geeignet, hatte zu wenig

Ahnung vom Westbrot. Dafür fand sich ein Job in einer Druckerei, und abends ging ich wieder kellnern. Ick brauchte das Geld, denn in meiner Wohnung war nichts als eine Matratze und ein Stuhl.

Eines Tages erwartet mich diese Frau, die mich schon auf der Flucht genervt hatte, vor meinem Haus. Sie hätte einen viel besseren Job für mich, ich solle unbedingt mit ihr kommen. Ick war sofort misstrauisch und fragte, wie sie mich denn überhaupt gefunden hätte. Sie wich aus und meinte, das sei doch egal. „Aber mir ist das nicht egal! Lass mich in Zukunft in Ruhe." Damit ließ ich sie stehen und ging ins Haus. Heute würde ick sagen, die war von der Stasi, die sollte mich im Blick behalten. Und falls ich nicht klar komme, hätten die versucht, mich für ihre Zwecke zu gewinnen. Die hat dann doch tatsächlich meine befreundete Familie tyrannisiert, nach dem Motto „Ihr haltet sie gefangen, lasst sie frei, lasst sie allein entscheiden" – das war wie Stalking. Nach ein paar Wochen war das zum Glück vorbei.

Ja! Und dann ging die Mauer auf! Ich kann mich nicht so richtig erinnern, warum ich es erst aus der Zeitung erfuhr. Ich weiß nur: Ick saß im Bus. Eine Frau neben mir schlug ihre Zeitung auf, und da stand in großen Buchstaben: Die Mauer ist gefallen! Ick schubste die Frau mit dem Ellenbogen in die Seite und rief: „Die Mauer ist gefallen! Dann kann ick ja meine Familie wiedersehen!" Die Leute drum herum lachten und nickten mir zu. Silvester fuhr ich zum ersten Mal wieder nach Hause und traf alle wieder, die wie ich abgehaun waren. Es wurde das schönste Silvester meines Lebens! Trotzdem blieb ick im Westen.

Den Job in der Druckerei hatte ich gekündigt. Mein Vorgesetzter dort hatte mich zu sehr genervt, und es gab auch keine Perspektive. Ich machte das, was ich am besten konnte – kellnern. Und in meiner neuen Kneipe lernte ick Michael kennen. Er war so ein Allroundtyp, groß, mit dicken Muckies, hatte immer ein Bündel Geld in der Tasche, fuhr einen Manta und hatte 'ne große Klappe. Das gefiel mir. Natürlich brüstete er sich damit, ein Mädel aus dem Osten zu haben. Mir war das schnuppe – er verwöhnte mich. Eines Tages kam er mit einer Idee: „Was hältst du davon, wenn wir Autos im Osten verticken? Du kennst dich aus, weißt wie und wo, und ich besorg die Autos. Für jedes verkaufte Auto zahl' ich dir zweihundert Mille." Das war in meinen Augen ein guter Deal. Und ick sag dir, das lief so gut, dass er bald mit einem neuen Vorschlag kam, nämlich Spielautomaten anzubieten. Sein Freund und er fuhren die Runde, brachten aber nicht eins von den Dingern an den Mann. Musst dir vorstellen: Zwei muskelbepackte fremde Kerle kommen in eine kleine Kneipe und fragen: „Willste Spielautomaten?" Die Leute hatten Angst vor denen!

„Lasst mich das mal machen", schlug ich vor. Wat soll ick sagen? In einer Woche hatte ick fünf Dinger untergebracht und einen Tausender auf die Hand.

Mit Micha und seinem Freund Manne samt Freundin fuhr ich dann auch zum ersten Mal in den Urlaub nach Griechenland. Für mich war alles neu, nicht nur das Land. Ick kannte nur Jugendherbergen im sozialistischen Ausland. Nun wohnten wir in einem schicken Hotel mit Pool und allem Drum und Dran. Nur die Freundin von Manne war 'ne richtige Tusse. Sie wollte mir immer alles erklären nach dem Motto „Das kannst du noch nicht wissen". Bei einem Bootsausflug, wir hatten die „Bild" aus dem Hotel mitgenommen, stand als Überschrift: „Ostdeutsche Frauen sind besser im Bett als westdeutsche." Ick tätschelte ihren Schenkel und sagte: „Das kannst du noch nicht wissen!"

Nach dieser Reise kriselte es mit Micha. Ick hatte mich entliebt. Er war traurig, ich wieder frei. Inzwischen kannte ich schon Hans Peter, er war auch Stammgast. Er kam jeden Tag mit 'ner anderen an, und gleichzeitig flirtete er mit mir. Ick dachte: Nee, der hat mir zu viele Weiber. Aber er gefiel mir: groß, schlank mit Vollbart. Ick steh auf große Männer! Er hatte es wirklich drauf, und irgendwann knickte ich ein. Nachdem ick mit ihm geschlafen hatte, war klar: Der isses! Die vielen Weiber hatten ihm nicht geschadet, im Gegenteil. Er verstand sein „Handwerk", und ich war sicher: Wer so viele Frauen hat, hat keine zu Hause. Was soll ick sagen, der verkaufte Heizungen im Osten und das gleiche Lied: Er brachte so gut wie nichts an den Mann. Die Leute hatten kein Vertrauen zu ihm, er wirkte wie ein arroganter Wessi, der er auch war. So kam ick wieder mal zu einem Job. Ich meldete ein selbstständiges Gewerbe an, und von Stund an versorgte ich meine alte Heimat mit Heizungen. Öl oder Gas, später kamen Wärmepumpen, Solar, Kamine, Sanitäres dazu. Ich machte mich immer wieder schlau und bildete mich weiter – am Ende hab ich sogar die Projektierung alleine gemacht. Es war eine tolle Zeit, und ich habe richtig gut Geld verdient. Ick war die einzige Frau in einer Männerwelt! Regelmäßig traf man sich auf Messen – ging abends Bier trinken, hatte Spaß zusammen.

In dieser Zeit wohnte ich noch immer in Essen, HP hundert Kilometer entfernt auf dem Land. Inzwischen hatte er mir gestanden, unglücklich verheiratet zu sein. Ick schluckte es. Dann hörte ich zufällig ein Telefonat mit. Er sagte: „Ich komme und gehe zum Direktor." Ich fragte verwundert, zu welchem Direktor er müsse. Er rieb sich den Nacken, und nach einer langen Pause sagte er leise: „Ich hab einen Sohn." Du, da war ick tatsächlich sprachlos. Als ich mich wieder gefangen hatte, sagte ich: „Und ick bin schwanger!" Da war er sprachlos. Dann nahm er mich in den Arm. „Du, das macht nichts, ein kleiner HP mehr oder weniger ist doch egal!" Ick wollte det Kind! Ich hatte schon so viel erlebt, für mich war der Zeitpunkt genau richtig. Alles schien gut zu werden. Er suchte eine Wohnung für uns, und wir verabredeten einen Termin mit dem Makler. Was soll ick sagen – der Maklertermin platzte, und ick ahnte: Das wird nichts. Auf der nächsten Messe buchten wir wie immer ein gemeinsames Zimmer. Auf Messen lebten wir wie ein Ehepaar, und alle Kollegen respektierten das. Doch diesmal war es anders. Nach drei Tagen eröffnete er mir kleinlaut, dass am nächsten Tag seine Frau kommt. Es war das erste Mal, dass sie auf einer Messe auftauchen würde. Mir blieb die Spucke weg. Und es kommt noch doller! Er kam mit seiner Gattin an unseren Stand, und meine Kollegen drehten mir den Rücken zu! Da werd ick ja ganz cool. Ich begrüßte seine Frau und zückte mein Telefon. „Hallo, Frau Sowieso, hier ist Krumbiegel. Ich möchte ein anderes Zimmer, und bitte, könnten Sie im Zimmer von Herrn Richter noch schnell die Bettwäsche wechseln? Seine Frau ist heute eingetroffen, und die soll doch nicht in der Wäsche schlafen, in der ich gelegen habe!" Und dabei strich ich mir über meinen dicken Bauch. Dit war's. Das Kind hab ick alleine gekriegt. Er kam noch mal an einem Abend vorbei und dann nie wieder, und er hat sich auch nie für das Kind interessiert mit der Begründung: „Besser, wir gewöhnen uns nicht aneinander, es bringt ja nichts!" Gezahlt hat er auch nicht regelmäßig. Ab und an hab ich Geld eingemahnt, da jammerte er immer rum, er könne und müsse nicht so viel zahlen, er hätte drei eigene Kinder, und Nicole sei sein viertes … Bis dahin hatte ick nur von einem Kind gewusst! Weißt du, der war so ein richtiger Nutznießer der Wende, hat später krumme Geschäfte gemacht, und bevor er in Konkurs ging, überschrieb er alles seiner Frau.

Du, ick wollte das Geld nie für mich! Ich hatte für Nicole ein Konto angelegt, sie sollte es mal besser haben als ich.

Sie hätte gern zu ihrem Vater Kontakt gehabt. Wenn du das spürst, haste ein schlechtes Gewissen und fragst dich, ob du es hättest besser machen können. Als sie acht war, nahm ich sie mit auf eine Messe, und von dort waren es nur siebzig Kilometer mit dem Auto bis zu seinem Wohnort. Das Treffen fand in einem Café statt und dauerte eine Stunde! Danach war sie kuriert, wir haben nie wieder über ihn gesprochen.

Nicole und ich haben heute ein gutes Verhältnis. Die Pubertät war 'ne Katastrophe. Sie hat alles gebracht, was man sich als Mutter nicht wünscht. Die wusste genau, wie sie mich kriegt! Hat sich beim Klauen erwischen lassen, war mal schwanger, war mal tagelang verschwunden … Aber wir haben immer wieder die Kurve gekriegt – konnten miteinander reden. Sie hat 'ne gute Ausbildung gemacht und arbeitet in einem großen Hotel an der Rezeption. Sie kann gut mit Menschen, das hat sie von mir!

Manchmal frage ich mich, wie ick so werden konnte wie ick bin. Ick kann mich leiden! Als Kind wünscht man sich Vater und Mutter. Wenn man Glück hat, sind sie Vorbilder. Ick wollte nie so sein wie meine Mutter und schon gar nicht wie mein Vater. Trotzdem habe ich, als Nicole geboren wurde, Kontakt zu ihm aufgenommen. Was ich mir davon versprochen habe? Ick weiß et nich. Auf alle Fälle hab ich es bereut. Er kam an, schmuddelig, alkoholisiert und rauchte ununterbrochen. Für seine Enkeltochter interessierte er sich null. Er brachte ein Stück Butter und ein Stück Kuchen mit, das er in Polen gekauft hatte, saß mir gegenüber und sagte: „Iss den Kuchen! Sofort!" – „Warum? Ick will jetzt keinen Kuchen essen!" – „Iss ihn auf, ich will nicht, dass deine Mutter auch nur einen Krümel davon abbekommt!" Ich hab ihn schnell verabschiedet, oder genauer gesagt, ick hab ihn vor die Tür gesetzt. Viele Jahre später tauchte er noch einmal auf, es war an seinem Geburtstag. Da stand ein bösartiger alter Mann in der Tür. Als ich ihn fragte, warum er nicht mit seinen Freunden feiere, knurrte er: „Die fressen sich doch nur durch." So viel zum Kapitel Vater!

Schon als Kind hatte ich einen Traum. Ick wollte ein eigenes Haus, einen Diamantring und ein Cabrio. Ring und Cabrio hatte ick mir schon geleistet, fehlte nur noch das Haus. Zu dem Zeitpunkt hatte ich schon Differenzen mit meinen Vorgesetzten. Ick würde sagen: Die mobbten, wollten mich loswerden, da steckte mit Sicherheit HP dahinter. Eines Tages fand ich tatsächlich ohne Vorwarnung die Kündigung im Briefkasten. Gut dachte ich, is ein Zeichen, ick soll mir verändern! Aber ich hatte einige tausend Mark Außenstände – meine Provision der letzten Monate –, und die wollten sie mir nicht zahlen. So was lass ick mir doch nicht gefallen! Ich bin alle Kunden abgefahren, die demnächst ihre Heizung kriegen sollten und habe im Voraus abkassiert. Die kannten mich und vertrauten mir. Ick hab's mir quittieren lassen und hatte so meine Kohle zusammen. Auf Anraten meines Anwaltes deponierte ich das Geld auf einem Extrakonto, damit es sich nicht mit privatem vermischte. Mein Chef rief an und sagte: So gehe es aber nicht, sie würden Strafanzeige stellen. Ick sagte: „Wenn's so nicht geht, dann sag mir bitte, wie es geht, und ruf mich dann wieder an!" Zugegeben, die Aktion war nicht ganz legal, aber ick konnte nicht anders, ick wollte denen mein Geld nicht überlassen. Irgendwann haben sie aufgegeben, es kam keine Anzeige, alles verlief im Sande.

Und von dem Geld habe ich das Grundstück gekauft! Und wieder mal hatte ick Glück: Es wurde mir zu sehr günstigen Konditionen angeboten. Ich suchte mir eine feste Anstellung, um Sicherheit zu haben und regelmäßig Geld zu bekommen. Und so konnte ich mit dem Hausbau beginnen. Nach einem Jahr stand det Haus! Ick hab alles alleine hingekriegt: Entwurf, Berechnungen – hab selber alle Gewerke vergeben –

und auf Grund meiner jahrelangen guten Beziehungen zu ehemaligen Kunden klappte sogar die Finanzierung.

Mein Traum ist realisiert, wie du siehst. Oben hab ich vermietet, damit kann ich den Kredit abzahlen und ich selber zahle auch Miete für die Zinsen. Ick liebe mein Haus! Und meinen Job mag ich auch. Ist ja wieder Außendienst! Ich arbeite für eine Krankenkasse, sammle neue Mitglieder, betüttel die Firmen, mache auch kleine Tests mit Leuten oder messe Blutdruck und so was. Ick kann einfach gut mit Leuten. Sie vertrauen mir und das macht mich stolz. Und dabei lernt man auch noch seinen Traummann kennen! Holger arbeitet in einem Autohaus und ich hab dort bei allen Mitarbeitern einen Lungenfunktionstest gemacht. Er fiel mir auf. Ick fand ihn sehr sympathisch, ein bisschen zu dünn vielleicht. Wir haben uns dann zufällig beim Einkaufen wieder getroffen und er lud mich zu einem Kaffee ein. Wir tauschten die Nummern, telefonierten, aber das Ganze plänkelte so vor sich hin. Dann starb plötzlich seine Mutter und er signalisierte, dass er reden möchte. Geredet haben wir auch, aber alles andere ging dann sehr schnell. Im Herbst heiraten wir! Beide zum ersten Mal! Und dann fliegen wir nach Mexiko. Letztes Jahr waren wir in Thailand. Holger war bis dahin nie weit weg. Ick habe ihn aber rumgekriegt und nun planen wir noch viele solcher Reisen auf alle Kontinente. Amerika steht auch ganz oben auf unserer Liste.

Das sind so meine Wünsche für die nächsten Jahre. Und noch wichtig: Bis zur Rente muss das Haus abbezahlt sein – dann kann ich mich ohne Druck zurücklehnen.

Wenn du nach meiner Heimat fragst, würde ick sagen, die ist da, wo ick aufgewachsen bin, und hier bin ick zu Hause.

Ick würde sagen, ick bin angekommen. Gutes Gefühl!

Beate | 44

Ich sag dir, die menschliche Seele ist wie eine Festplatte, alles wird gespeichert, man vergisst nicht, es
bleibt irgendwo. Und deshalb ist man so geworden,
wie man ist.

Vor Kurzem ist mein Vater gestorben. Wir mussten damit
rechnen, er hatte seit ein paar Jahren Krebs. Und doch trifft
es dich ins Mark, wenn die Nachricht kommt. Ich habe meinen Vater sehr geliebt, aber zum Weinen hatte ich noch keine Zeit. Ich musste mich sofort um meine Mutter kümmern
und werde wohl noch einige Zeit bei ihr wohnen. Es hat sie
sehr mitgenommen, sie waren einundfünfzig Jahre verheiratet. Ihre Ehe war gut, sie haben sich geliebt. Das haben wir
Kinder gespürt. Es gab uns ein Gefühl der Sicherheit.

Meine Mutter war, seit ich denken kann, krank, sehr krank.
Ihre Krankheit hat mich durch meine Kindheit begleitet. Ich
habe früh gelernt zu funktionieren. Es hieß immer: Das ist
egoistisch von dir, du musst vernünftig sein, das kannst du
deiner Mutter nicht antun. Die ersten drei Jahre wurde ich
zu meinen Großeltern abgeschoben. Als ich wieder zu Hause
wohnen durfte, war plötzlich ein Bruder da, und ich musste
in eine Wochenkrippe. Klar, das sind Fakten, erinnern kann
ich mich nicht, aber sie sind die Wurzeln meiner Seele. Ich
sag dir, die menschliche Seele ist wie eine Festplatte, alles
wird gespeichert, man vergisst nicht, es bleibt irgendwo. Und
deshalb ist man so geworden, wie man ist. Kein guter Satz,
aber für mich ein wahrer. Das war und ist ein schwieriges
Thema in unserer Familie. Vor allem meine Mutter will davon nichts wissen: „Kind, das bildest du dir ein, das war nicht
so. Das musst du mir glauben." Was das betrifft, glaub ich ihr
kein Wort.

Mein Herz gehörte immer meinem Vater. Vielleicht hat auch deshalb meine erste Erinnerung mit ihm zu tun? Ich spiele in einer Ecke unseres kleinen Wohnzimmers mit meiner Puppenstube, und mein Vater steht an seinem Reißbrett und zeichnet. Ich höre das Rascheln des Papiers und das Kratzen des Stiftes. Es riecht süßlich nach Tusche. Ich habe es geliebt. Es war so friedlich und still wie sonst nie in unserem Haus.

Du musst wissen, meine Mutter hat einen adligen Hintergrund, und alle nannten sie deshalb die Gräfin. Sie hat das Haus samt Bauunternehmen geerbt, und mein Vater führte die Firma weiter. Das war alles nicht so einfach in der DDR. Selbstständigkeit war so gut wie ausgeschlossen. Die Stasi war immer in der Nähe, wir lebten praktisch mit ihr. Unsere Nachbarn sagten dann: „Sie waren wieder da." Meine Mutter kann, wenn es darauf ankommt, unglaublich „gräflich" sein. Das hat schon manchen eingeschüchtert. Vielleicht hatte diese überhebliche Art Anteil daran, dass wir nicht enteignet wurden? Aber das kann ich nur mutmaßen, da müsste man vielleicht in die Stasiakten schauen? Ich habe für mich entschieden – ich brauch das nicht und mein Vater wollte es nicht, und meine Mutter kann es nicht mehr. Durch ihre Krankheit war meine Mutter früh invalidisiert, durfte also in den Westen reisen und die Familie in Baden-Württemberg besuchen. Dann hieß es: „Ihr Armen im Osten, ihr habt es ja so schwer mit dem Haus und allem." Nach der Wende hörte sich das ganz anders an. Die Vermögensverhältnisse hatten sich geändert, jeder wollte jetzt was vom Kuchen abhaben. Das hat Neid und Missgunst gesät. Dabei war alles geklärt, meine Oma hatte alles schon lange meiner Mutter überschrieben. Und deren Motto war „Das Haus muss in jedem Fall gehalten werden!". Und es hat ja auch geklappt. Das Verrückte war, wir konnten immer in den Westen sehen, konnten fast rüberspucken. Und in der Nacht des Mauerfalls liefen wir über die Glienicker Brücke und sahen unser Haus zum ersten Mal von der anderen Seite. Da kommen mir noch heute die Tränen. Sorry. Bin sonst nicht so weinerlich ... Haste ja schon gemerkt!

Diese Nacht vergisst wohl niemand. Ich studierte in Magdeburg und wohnte im Studentenheim. Mit einer Kommilitonin lag ich vor dem Fernseher, als Schabowski diesen berühmten Zettel vorlas. Wir zogen uns irgendwas über und rannten zur Polizei: „Was müssen wir tun? Wir wollen rüber! Was brauchen wir da? Einen Stempel?" Die waren völlig überrumpelt, wussten von nichts, schmetterten uns ab. Ich überlegte nicht lange und fuhr mit dem nächsten Zug nach Potsdam. Und in den Morgenstunden rannten mein Bruder und ich über die Brücke rüber in den Westen. Das war der Wahnsinn. Unsere erste Westberliner Tour dauerte drei Tage. Meine Eltern kamen noch dazu, und wir besuchten alte Freunde. Es war traumhaft. Wir hatten ja immer Westgeld im Haus, und das haben wir in diesen drei Tagen voll auf den Kopf gehauen.

In nicht allzu ferner Zukunft wird Potsdam wieder meine Homebase sein. Ich freu mich drauf. Ich liebe diesen Geruch nach Kiefernwald, Sand und Wasser. Es ist der Geruch meiner Kindheit. Und wie schön, ich werde wieder in der Nähe alter Freunde sein. Meine beste Freundin lebt in Berlin. Wir kennen und lieben uns seit dem Sandkasten und telefonieren mindestens einmal in der Woche, wir sind seelenverwandt. Und seit meine Tochter in Berlin studiert, sehen wir uns oft. Heimat ist für mich, wo meine Menschen sind. Wir sind ja öfter umgezogen, lebten mal in Frankfurt und jetzt im Thüringischen. Mich einer neuen Umgebung anzupassen, war nie ein Problem, die Neugier war immer stärker. Aber ich konnte nirgends wurzeln. Ich bin Potsdamerin und fürchte, ich hab auch was Preußisches. So 'ne Disziplin: kühl und vernünftig und nicht aufgeben. Wenn andere in Panik geraten, werde ich ruhig. Und ich kann mich nicht fallenlassen. Es geht einfach nicht. Ich würd es gerne lernen. Ist schwer, echt schwer. Keine Ahnung, wie mich das verändern, was es mit mir machen würde, wenn ich mal nachgebe? Als ich meiner besten Freundin vom Tod meines Vaters erzählte, bot sie an zu kommen, mir zur Seite zu stehen, zu helfen, mich zu trösten. Ich aber lehnte ab: „Danke, ich muss das und das tun, ich muss zu meiner Mutter, ich muss mich um die Beerdigung kümmern und, und, und ..." Tja.

Dabei habe ich schon einen Sieg über mich errungen, ich habe meinen erlernten Beruf an den Nagel gehängt. Es hat lange gedauert, aber nun bin ich frei und kann das machen, was ich schon immer wollte – nähen. Ich nähe Taschen und verkaufe sie im Internet. Es läuft. Ich nähe seit ich denken kann. Meine Oma zeigte mir schon als kleines Kind, wie man mit einer Nähmaschine umgeht. Aus Stoffresten fummelte ich Puppenkleider. Später kreierte ich Klamotten für Schulfreunde und besserte so mein Taschengeld auf.

Abitur durfte ich nicht machen – als Tochter von Unternehmern, die ihren Klassenstandpunkt nicht deutlich zum Ausdruck bringen konnten – eben typisch DDR. Also wollte ich Schneiderin werden. Aber es gab nur die Möglichkeit, in der Industrie zu lernen, und da waren meine Eltern dagegen. Das waren ihre Standesdünkel: „Was willst du da? Du kannst ja viel mehr! Dafür bist du viel zu klug!" Diesen letzten Satz höre ich schon seit meiner Kindheit. Ich wurde ausschließlich für meine Klugheit gelobt. Meine Mutter gab damit richtig an. Dabei wünschte ich mir nichts sehnlicher als für mein handwerkliches Können gelobt zu werden. Ich bin eigentlich ein haptischer Mensch. Gut, aber was sollte ich machen ohne

Abi? Damals war das wirklich ein Problem. Heute kannst du dich überall einarbeiten, wenn du die Begabung und den Willen hast. Davon bin ich überzeugt. Aber unter DDR-Verhältnissen hattest du kaum Chancen. Mein Vater machte den Vorschlag, artverwandt mit seinem Beruf Bauzeichnerin zu werden. Vielleicht hat er gehofft, ich würde später die Firma übernehmen? Ich fand die Idee gut, zumal ich ins Internat gehen konnte. Meine Eltern waren entsetzt: „Warum ziehst du aus? Was versprichst du dir davon? Sind wir dir so lästig?" Ja, mir war manches lästig. Dieses ständige Rücksichtnehmen, dieses sich zurücknehmen müssen. Ich wollte frei sein, wollte was erleben, Jungs treffen. An diese Internatszeit habe ich die besten Erinnerungen. Ich blühte auf. Da hab ich erst mal gemerkt, wie bürgerlich mein Zuhause war, wie dieser adlige Hintergrund den Ton in unserem Zusammenleben angegeben hatte. Wie eine Zwiebel schälte ich mich, eine Haut nach der anderen. Der Vergleich ist lustig, ich mag keine Zwiebeln. Ich hatte meinen ersten Freund und für damalige Verhältnisse recht früh Sex. Und ich hatte auch einen zweiten Freund. In dieser Zeit war ich – glaube ich – immer verliebt.

Nach der Lehre erwartete man von mir, dass ich studiere. Ich glaubte, das schöne lockere Leben ginge so weiter, und bewarb mich für ein Ingenieurstudium in Magdeburg. Und da begann der Albtraum. Dieses Fach war nicht mein Ding, mir fehlte jegliche Begabung für Zahlen, das hatte ich vorher nie zum Problem werden lassen. Es war auch nie wichtig gewesen, aber jetzt. Zudem konnte ich es nicht ertragen, eine schlechte Note zu bekommen, das kam für mich einem Versagen gleich. Ich litt während des ganzen Studiums, hab es aber zu Ende gebracht, und zeitgleich mit dem Mauerfall hatte ich mein Diplom und einen Arbeitsplatz im Osten in der Tasche. Da sich bald abzeichnete, dass dieser Job nicht krisensicher war, bewarb ich mich in einem Westberliner Ingenieurbüro.

Und da traf ich meinen Mann. Er war vom Stammbüro in Hessen delegiert, um die Berliner Filiale aufzubauen. Es war Liebe auf den ersten Blick. Bei meinem Einstellungsgespräch konnte ich ihm kaum in die Augen sehen, fühlte mich ertappt, dachte, der merkt, was los ist, und nimmt dich nicht. Als er mir am Ende die Hand hinhielt und fragte, ob ich Lust auf den Job hätte, hab ich wohl mit dem Kopf geschüttelt und gleichzeitig ja gesagt. So hat er mir das später beschrieben. Ich war durch den Wind, ich, die immer cool sein wollte! Es hat nicht lange gedauert, und wir waren ein Paar. Aber verliebt sein und gemeinsam in einer Firma zu arbeiten, ist nicht gut. Das Problem löste sich erst mal, als ich schwanger wurde. 92 kam unsere Tochter auf die Welt. Meinem Mann wurde eine neue Stelle angeboten, und so zogen wir nach Frankfurt, und dort wurde unser Sohn geboren. Ich habe diese Zeit mit meinen Kindern genossen. Der Job war fast vergessen. Irgendwann aber taktet sich alles so ein, dass du wieder freie Zeit hast und dich fragst, was du damit machen möchtest. Wieder arbeiten? Ich bewarb mich bei einer Baufirma und wurde genommen. Anfangs war ich sogar stolz – Kinder und Beruf, alles unter einem Hut. Aber es dauerte nicht lange, und die alten Probleme stellten sich ein: Stress, Versagensängste und Albträume aus vergangenen Zeiten. Versteh, wenn du so ein Bauprojekt betreust, geht es um viel Geld, da kannst du dir keinen Fehler leisten, und in diesem männerdominierten Beruf willst du dir auch keinen leisten. Eigentlich gab es keinen Grund zum Unglücklichsein – ich hatte alles: einen tollen Mann, gesunde Kinder, Job, Geld – alles. Aber es ging mir immer schlechter, und ich musste mir professionelle Hilfe holen, begann eine Therapie. Zum

Glück, sage ich heute. Allein hätte ich das nicht geschafft. Ich hatte eine fette Depression. Als ich begriff, dass nur mein Job die Ursache war, kündigte ich. Und seitdem nähe ich wieder, nun also Taschen, und bin glücklich damit.

Inzwischen wohnen wir im Thüringischen. Mein Mann arbeitet viel von zu Hause – er oben in seinem Zimmer, ich unten in meinem, und zum Essen treffen wir uns in der Küche. Klingt märchenhaft, nicht? Doch wir streiten auch, aber weniger als früher. In den ersten Jahren haben wir uns viel gefetzt, so kann man das ruhig sagen. Ich wollte immer Gleichberechtigung. Er kannte das anders von zu Hause, klar, er war eben einer aus dem Westen. Da war es normal, dass die Frauen sich dem Arbeits- und Liebesleben des Mannes unterordneten. Aber wir haben das gut hingekriegt, wir sind 'ne gute Ost-West-Mischung mit guter Streitkultur. Unsere Kinder haben davon profitiert. Unsere Tochter hat sich viel mit meinem Mann angelegt, da flogen die Fetzen. Sie ist sehr temperamentvoll. Nun studiert sie Geografie wie ihr Vater und lebt in Berlin. Berlin ist für sie die tollste Stadt der Welt. Mein Sohn ist das ganze Gegenteil von ihr, besonnen, nachdenklich, still. Aber er will nach dem Abi in zwei Jahren auch in Berlin studieren. Soll er. Sie sollen sich ausprobieren, wir schreiben ihnen nichts vor. Wir geben ihnen das Gefühl von Freiheit und die Sicherheit, dass hier jederzeit die Tür offen steht.

Wenn wir wieder allein leben, mein Mann und ich, dann wollen wir eine lange große Reise machen, vielleicht sogar um die Welt. Es ist ein Traum von uns, und ich bin sicher, wir werden ihn uns erfüllen.

Eva-Maria | 51

In so einem Moment schaust du auf dein Leben,
und fragst dich: War alles gelogen? Wo komme ich
eigentlich her? Von einem Moment auf den anderen
hatte sich meine Welt verändert.

„Und jedem Anfang wohnt ein Zauber inne ...“

Dieses Gedicht von Hermann Hesse begleitet mich schon
seit frühster Jugend, und je älter ich werde, umso lieber wird
es mir. Jeder Abschied ist auch ein Anfang – ich hab viele davon – sie haben mich geprägt.

Ja – in welche Familie bin ich hineingeboren? Erst mal haben wir gemeinsame Wurzeln – wir alle sind Kriegskinder
und Kriegsenkel. Ich bin sicher, diese Tatsache hat sich noch
nicht „verwachsen“, sie prägt still – kann man das so sagen –
unsere Biografien.

Ich glaube, unsere Familie muss mal sehr wohlhabend gewesen sein – es gab so was wie Dünkel –, das spürte man in
vielen Situationen. „Das geht aber nicht aus diesem Raum
heraus“, sagte meine Großmutter immer, wenn bei Tisch
familiäre Dinge besprochen wurden. Bei uns gab es Struk-
turen, Tagesabläufe, Regeln. Eine davon war: Wir Kinder
durften bei Tisch sprechen, ja, es war sogar erwünscht. Dann
fiel nicht selten der Satz: „Seht ihr, wir lassen euch mitreden.
Das war uns früher nicht erlaubt!“ Wenn einer von uns eine
Aufgabe bekam – den Tisch zu decken zum Beispiel – und
auch nur leise stöhnte, dann hieß es gleich: „Wir mussten
früher ganz andere Arbeiten verrichten“, oder: „Wenn du
wüsstest, wie das früher war!“ Stöhnen war schon zu viel, es
war nicht erlaubt. Egal, was wir anmerkten, immer wurde
uns eine viel schlimmere Geschichte um die Ohren gehau-
en. Nur meine Großmutter argumentierte nicht so – sie lä-
chelte und sagte leise: „Danke, dass du hilfst.“ Das war viel

wirkungsvoller, denn wir legten uns dann richtig ins Zeug. Sie war das heimliche Oberhaupt der Familie – hatte ganz selbstverständlich dieses Aristokratische, Stolze und war dabei herzensgut und vor allem gebildet. Sie war klein und zart und trug einen Kurzhaarschnitt, der sie jung, ja beinah frech wirken ließ. Ich liebte sie.

Sie hat mich geprägt – mich unter ihre Fittiche genommen und in mir diese wahnsinnige Neugier geweckt, die bis heute nicht versiegt ist. Wir hörten zusammen Opernradio, und anschließend rieten wir, um welche Oper es sich handelte. Sie las mir ihre Kinderbücher vor und lehrte mich die Sütterlinschrift. Später in der Schule wunderte man sich, weil ich mich so „altmodisch" ausdrückte – ich hatte ihre Geschichten verinnerlicht und mir ihre Sprache angeeignet. Sie führte mich nicht nur an Musik heran, sie bestand darauf, dass ich Klavierunterricht nahm, und darüber bin ich heute sehr froh. Ich spiele oft am Abend – es beruhigt mein Gemüt – ich komme sozusagen runter und kann dabei nachdenken. Meine Großmutter hat mich mit all diesen musischen Dingen befüllt wie eine Schale, und aus der schöpfe ich noch heute. Sie hielt ihre zarte Hand schützend über mich und gab mir das Gefühl: Egal was kommt, ich bin für dich da. Und zum Glück war sie sehr lange auf dieser Welt, der liebe Gott hat es mit uns beiden gut gemeint, und ich bin sicher, wir werden uns in einem nächsten Leben wiedersehen. Ich glaube an Jesus Christus, fühle mich von ihm behütet und werde von ihm geliebt – sonst wäre ich nicht auf dieser Welt! In unserem Haus wurde immer gebetet – für eine ostdeutsche Familie eher ungewöhnlich. Wir lebten unseren Glauben öffentlich, und alle wussten, dass wir in der Kirche waren und regelmäßig den Gottesdienst besuchten. Bis heute ist es eine Befreiung, wenn ich mich Gott anvertrauen kann und er mir vergibt.

In der Schule hatte ich damit keine Probleme, dafür war ich viel zu gut. Meine Wissbegierde machte alles wett – außerdem trat ich in die FDJ ein und engagierte mich, denn ich wollte ja mein Abi machen. Lernen ist mir leicht gefallen, und noch heute bringt mir das Freude und Spaß. Mein Wissen lag bereit, war abrufbar, ich konnte es punktgenau präsentieren, wenn die Lehrer es wünschten. Das hatte den Vorteil, dass ich auch Fragen stellen konnte. Nicht alle freuten sich über meine Neugier – aber komischerweise ausgerechnet die Lehrerin in Marxismus-Leninismus diskutierte gern mit mir. „Gott wünscht doch auch eine klassenlose Gesellschaft", argumentierte ich und war überzeugt, dass die DDR der bessere von beiden Staaten ist. Das Wort Frieden hatte für mich eine Bedeutung. Aber dann kam es zu einem Zwischenfall, der mich in große Zweifel stürzte: In der 9. Klasse drückte mir meine Sportlehrerin eine ungefüllte Handgranate in die Hand und befahl, damit zu werfen. Ich schaute sie an, dann auf die Granate und sagte fassungslos: „Aber das sieht doch aus wie eine Handgranate!" – „Ja, und die wirfst du bitte jetzt so weit wie möglich!" – „Nö, die werf ich nicht", und damit ließ ich das Ding fallen. Sie schüttelte mit dem Kopf, hob sie auf und hielt sie mir hin: „Das geht nicht, du musst sie werfen, sonst muss ich dir eine Fünf geben!" Jetzt schüttelte ich mit dem Kopf: „Das Ding werfe ich nicht, ich bin für den Frieden und spiele nicht mit Kriegsgerät, geben Sie mir einen Ball!" So langsam verlor sie die Geduld, denn alle Mitschüler hatten sich um uns versammelt und hörten gespannt zu. „Wenn du nicht wirfst, bekommst du eine Fünf!" – „Das sagten Sie bereits. Es ändert nichts an meinem Entschluss, ich werfe nicht mit Handgranaten, es ist gegen meine Überzeugung. Schwerter zu Pflugscharen – daran halte ich mich!" Du, ich war über mich erschrocken. Keine Ahnung, wo das plötzlich herkam. Nun schrie sie: „Du verrätst unser Land, du willst deine Heimat nicht verteidigen!" Ich stand nur da, zuckte mit den Schultern und sagte immer wieder: „Ich mach das nicht."

Du glaubst nicht, was das für ein Nachspiel hatte. Es wurde eine Vollversammlung einberufen, und ich sollte mich vor der gesamten Schule für mein Fehlverhalten entschuldigen. Ich wurde öffentlich an den Pranger gestellt. Der Direktor drohte: „Das wird Folgen für dein ganzes Leben haben!" Es wurde eine richtige Hetzjagd eröffnet, in jeder Situation bekam ich es zu spüren, und meine Mitschüler wussten auch nicht so recht, wie sie sich verhalten sollten. Aber ich blieb standhaft. Als ich zu Hause davon berichtete, haute mein Vater auf den Tisch und sagte nur: „Jetzt ist Schluss" und ging zum Telefon. Was und mit wem er sprach, hörte ich nicht, auf jeden Fall war danach alles wie vorher. Das Thema wurde von den Lehrern gemieden, der Vorfall vergessen, ich war nicht mehr die Ausgestoßene. Warum erfuhr ich erst viele Jahre später.

Mein Vater, ja. Er war ein sehr charismatischer Mensch – humorvoll, offen, großzügig, weltgewandt – man konnte ihm nichts abschlagen und auch nicht böse auf ihn sein. Meine Mutter liebte ihn sehr, noch heute behauptet sie, eine gute Ehe geführt zu haben. Aber in Wirklichkeit hat sie gelitten, denn er war ein notorischer Fremdgänger, und es gab immer andere Frauen neben ihr.

Meine Mutter war Ingenieurin und arbeitete erfolgreich in einem großen Betrieb, als sie meinen Vater kennenlernte. Sie heirateten, er begann Architektur zu studieren, und sie verdiente das Geld. Ihr Vater hatte als junger Mensch davon geträumt, Architekt zu werden. Das ging aus vielen Gründen nicht, und so war er glücklich, dass jemand in die Familie kam, der seinen Traum verwirklichte. Später war er stolz, denn mein Vater war erfolgreich und bekam große Aufträge, arbeitete an vielen wichtigen Projekten mit. Als dann wir Kinder auf die Welt kamen, ich zuerst, dann mein Bruder und zuletzt meine Schwester, blieb meine Mutter zu Hause, und nun war es umgekehrt – mein Vater verdiente das Geld. Sie war nun abhängig von ihm, sowohl emotional als auch wirtschaftlich, und das hat sie sehr verändert.

Als Kind hat man ja ein Gespür dafür, wenn etwas nicht stimmt. Man kann es nicht benennen, und die Erwachsenen geben einem mit ihrem Verhalten Rätsel auf. „Mama, warum weinst du wieder? Warum ist Papa nie da?" – „Ich hab eine leichte Erkältung Kind, deshalb sind meine Augen rot, und dein Vater muss viel arbeiten und hat deshalb wenig Zeit für uns." – „Und warum hab ich als Einzige in der Familie rote Haare?" – „Weil du was ganz Besonderes bist." Und das wurde mit einem Kuss besiegelt. Meine Mutter konnte meinen Fragen lächelnd ausweichen – sie hatte immer eine Antwort parat. Nur einmal blieb ihr nichts anderes übrig, als sich der Wahrheit zu stellen. Ich brauchte für irgendwas meine Geburtsurkunde, keine Ahnung, und in der stand bei Vater ein mir fremder Name. So erfuhr ich mit zweiundzwanzig, dass mein Vater nicht mein Vater war! Meine Mutter begann sofort zu weinen: „Wir wollten es dir ja sagen, aber nie war der richtige Zeitpunkt. Immer kam was dazwischen. Aber er liebt dich genauso wie seine eigenen Kinder! Glaub mir, ich habe sehr gelitten. Immer trug ich dieses verdammte Geheimnis mit mir rum." In dem Moment hasste ich sie! Alles, was sie mir erzählt hatte, waren Lügen. Meine Großmutter tröstete mich: „Ich habe dich im ersten Moment deines Lebens im Arm gehalten und liebe dich sehr." Und mein Vater sagte: „Deine Mutter wollte es dir immer sagen, aber ich wollte es irgendwie nicht. Egal, du bist meine Tochter", und damit küsste er mich auf die Stirn.

Auch meine Geschwister waren geschockt, als ich ihnen sagte: „Stellt euch vor, ich bin nicht eure richtige Schwester!" Sie starrten mich an und dann lagen wir uns in den Armen: „Uns trennt nichts, niemals, wir sind und bleiben Geschwister!" Dann überlegten wir, ob es irgendwelche Anzeichen dafür gegeben hatte – ob man mich je anders behandelt hatte als sie –, ob es in diesem Sinne Ungerechtigkeiten gegeben hatte, und kamen zu dem Ergebnis: Nein! Und für mich war klar: Mein Vater war der, der nicht mein Vater war, und ich liebte ihn.

An der Stelle muss ich unbedingt von meinen Geschwistern reden. Sie sind für mich ein Riesenschatz – ja, auch da hat es Gott gut mit uns gemeint. Wir sind alle sehr unterschiedlich, jeder kann jeden dort stehen lassen und ihn abholen, wenn es nötig ist. Wir lieben uns und halten zusammen, noch heute, wo jeder seine eigene Familie hat, telefonieren wir wöchentlich und sehen uns so oft es geht. Wenn einer ein Problem hat, wird das gemeinsam besprochen und wenn möglich gelöst. Ich kann mir mein Leben ohne sie nicht vorstellen, sie sind wie eine Quelle, aus der man frisches Wasser schöpft – ein Lebenselixier.

Unsere Eltern waren immer viel zu sehr mit sich beschäftigt – wir liefen so mit –, das hat uns sicher auch zu dem gemacht, was wir heute sind. Ich bin inzwischen selbst Mutter von drei Kindern und beobachte, wie sie miteinander umgehen. Sie machen das gut, und es beruhigt mich, denn wer weiß schon, was einmal wird?

Weil wir gerade bei Kindern sind. Mit sechzehn habe ich meinen späteren Ehemann das erste Mal geküsst. Es war die Zeit, in der mein Vater unsere Familie verließ. Er hatte sich eine zwanzig Jahre jüngere Frau gesucht und sehr schnell mit ihr ein Kind gezeugt. Die Stimmung zu Hause war schwer erträglich. Meine Mutter verfiel in eine Depression, und wir

Kinder schlichen nur noch durchs Haus. Da kam es mir gerade recht, dass ich mich verliebte.

Ein paar Orte weiter gab es eine Kaserne, da waren die sogenannten Bausoldaten beherbergt, besser eingesperrt. Sie hatten den Wehrdienst verweigert – meist aus religiösen Gründen – und wurden gezwungen, dem Staat auf andere Weise zu dienen. Sie wurden nicht geschont, mussten mit Hacke und Spaten die schwersten körperlichen Arbeiten auf allen möglichen Baustellen verrichten. Bei Verweigerung erwarteten sie harte Strafen.

Eines Tages begegnete mir einer von ihnen, und ich flüchtete mich in seine Arme. Er gab mir Sicherheit und Ruhe in diesem ganzen Chaos, lenkte mein Lebensschiff in stille Gewässer. Zwischen der 11. und 12. Klasse wurde ich schwanger. Es gab keine große Diskussion zu Hause, meine Großmutter und meine Mutter nahmen mich nacheinander in den Arm und sagten nur: „Das schaffst du!" Und mein Freund stand sowieso zu mir. Er war fünf Jahre älter und hatte schon einen Beruf – Bauzeichner. Du, ich hab alles gut hinbekommen. Na ja, irgendwann kriegte ich die FDJ-Bluse nicht mehr zu, aber von da an schrieben meine Klassenkameraden im Unterricht für mich mit, und ich lernte zu Hause weiter.

Und dann kam mein Sohn auf die Welt: Was für ein grandioses Ereignis! Er lag in meinen Armen, und ich staunte nur: Dieses Gesichtchen, diese kleinen Finger, dieses winzige Wesen war aus mir herausgekommen, was für ein Wunder! Ich liebte ihn.

Überhaupt, das Mutterdasein konnte ich bei jedem meiner Kinder genießen – es ist Freude, Vergnügen und Leidenschaft für mich, bis heute.

Gleich nach dem Abi – das hab ich übrigens trotz allem mit eins Komma eins gemacht – heirateten wir. Mein Mann war mir immer ein verlässlicher Partner und unseren Kindern ein liebevoller Vater, die Ehe war gut. Viel später erst wurde unser Zusammenleben schwierig – die Kinder waren da schon erwachsen. Ich fühlte mich alleingelassen – er war zwar immer da, aber nicht bei mir –, er lebte in einer eigenen Welt. Irgendwann begriff ich: Er ist krank, leidet an Depressionen, kapselt sich ab, lässt mich nicht an sich heran. Du, ich kann das nicht – ich kann nicht neben einem Menschen leben, ich muss mit ihm leben. Wir sind uns nicht gram – haben uns im Guten getrennt –, er will mich auf keinen Fall unglücklich sehen. Durch die Trennung fühlt er sich erleichtert, der Verantwortung für mich enthoben. Jetzt hab ich das vorweg genommen, dabei gibt's noch einiges zu erzählen. Zuerst das, was mir den Boden unter den Füßen wegriss, und dann das, was mich vor Glück in die Wolken trug – einverstanden?

Zunächst: Nach dem Abi begann ich, Archäologie in Leipzig zu studieren – es war mein Traum. Im zweiten Semester wurde ich wieder schwanger – das zweite Kind wurde geboren, und bald darauf das dritte. Mit drei Kindern das Studium durchziehen? Für mich ging das nicht. Und ich konnte mir auch nicht vorstellen, irgendwo in der Welt nach Schätzen zu suchen und meine Schätze – meine Kinder – zu Hause allein zu lassen. Ich war zu sehr Mutter. Wenn ich heute meine Familie anschaue, weiß ich: Die Entscheidung war richtig, auch wenn ich sie damals mit einem lachenden und einem weinenden Auge gefällt habe. Aber nur zu Hause hocken wollte ich auch nicht. Das war eine schwierige Zeit, ich hatte meine beruflichen Träume aufgegeben und nun keine Perspektive. Und was soll ich sagen: In unserem Ort ließ sich eine Keramikerin nieder – sie kam aus Halle von der dortigen Kunsthochschule. Wir freundeten uns an, ich besuchte sie oft in der Werkstatt, und es stellte sich heraus, dass ich handwerklich gar nicht so unbegabt bin. Ich lernte töpfern und spezialisierte mich auf „Schönes für den Garten": Blumentöpfe, Schalen, Windlichter – Gebrauchsgegenstände handgemacht. Und tatsächlich konnte ich die Sachen auch verkaufen.

Dann kam die Wende. Kurzentschlossen nahm ich einen Kredit auf, mietete zwei große helle Räume in einem neuerbauten Haus und eröffnete eine Galerie. „Kunst und Wandel". Und sie läuft immer noch gut. Bei mir stellen inzwischen Künstler aus allen Teilen des Landes aus. Sicher, es ist heute schwieriger geworden, Kunst zu verkaufen; die Menschen sind mit allem übersättigt. Deshalb sage ich meinen Kunden: „Bei mir bekommen Sie nicht nur einen besonders schönen Blumentopf oder eine Schale oder Vase – bei mir bekommen Sie ein Lächeln, gute Laune, und wenn Sie es wünschen, eine Tasse Kaffee." Mein Konzept geht auf, ich kann davon leben, und der Kredit ist abbezahlt. Kunst und Menschen – ist das nicht wunderbar? Aus mir ist eine gute Geschäftsfrau geworden, wer hätte das gedacht. Ich bin sehr stolz auf mich.

So, bis hierhin das Gute der Wende, nun die Nebenwirkungen. Ich merke gerade, es fällt mir schwer, darüber zu reden, ich hab das noch nie in Worte gefasst. Also: Anfang 1990 ruft mich meine Mutter an, ich solle sofort kommen. Sie weint und ist sehr aufgeregt. Zu Hause hält sie mir unsere Lokalzeitung hin: Sie hatten alle Stasimitarbeiter des Bezirkes namentlich in einer Liste aufgeführt und ganz oben stand der meines Vaters! „Das ist ein Versehen, das kann doch nicht sein, sie haben sich geirrt – wir hätten das doch gemerkt", klagte meine Mutter. Ich weiß nicht mehr, was ich geantwortet habe, aber an das Gefühl kann ich mich erinnern: Ein Stich in der Magengegend, und dann hörte ich plötzlich nichts mehr. Ich sah meine Mutter ihren Mund auf- und zumachen, verstand aber nichts. Es war, als wollte sich mein Verstand ausklinken ...

So, jetzt bin ich total unterzuckert, ich brauch jetzt was Süßes und nehm' nun doch ein Stück Kuchen – danke!

Weißt du, mein geliebter Vater, auf den ich immer stolz war – der ein cooler Typ und erfolgreich in seinem Beruf war –, der sollte für die Stasi gearbeitet haben? In so einem Moment schaust du auf dein Leben und fragst dich: War alles gelogen? Wo komme ich eigentlich her? Von einem Moment auf den anderen hatte sich meine Welt verändert. Alles, woran ich mich in meinem Leben festgehalten hatte, wankte. – So war das. Es gab meterweise Akten über ihn oder besser von ihm. Bald darauf wurde er sehr krank, und ich hab ihn noch einmal im Krankenhaus besucht. Auf meine Frage: „Warum?", sagte er: „Du solltest so werden, wie ich nie sein konnte!"

Entschuldigt, bin gleich wieder da.

So, nun auf zu neuen Ufern, den glücklichen. In der 12. Klasse kommt meine Tochter eines Tages in die Küche: „Ich muss mit dir reden!" Ich schaue sie aufmerksam an und sie sagt: „Du ahnst es schon, oder? Ich bin schwanger." Nicht einen Moment hab ich gezögert: „Oh meine Kleine", und nahm sie fest in den Arm, und sie begann zu weinen. „Nicht doch, mach dir keine Sorgen, das schaffen wir", und damit war die Sache klar. Eines Tages verkündete sie, zu ihrem Freund ziehen zu wollen. Das war wie ein kleiner Messerstich – aber was willst du machen, du musst die Kinder freigeben, musst sie gehen lassen. Es war abgemacht, dass er bei der Geburt dabei sein würde. Als es soweit war, saß ich zu Hause und wartete auf den erlösenden Anruf. Endlich klingelte das Telefon und ich hörte meine Tochter mit dünnem Stimmchen: „Mama, kannst du bitte kommen. Ich brauch' dich hier!" Du kannst dir gar nicht vorstellen, wie glücklich ich war und wie schnell im Krankenhaus. Ihr Freund hatte seinen Kumpel zur Unterstützung mitgenommen – beide saßen blass auf der Bank und sahen meiner Tochter zu, wie sie im Gang auf und ab ging. Ich schickte die beiden nach Hause mit dem Versprechen, sie sofort anzurufen, wenn das Kind da ist. Die Schwester riet meiner Tochter, sich noch eine Weile auszuruhen. So saß ich nach vielen Jahren wieder am Bett meines Kindes und behütete seinen Schlaf. Ich war glücklich über dieses Geschenk. Dann wurde es sehr dramatisch: Das Kind steckte fest, kam nicht raus. Die Ärzte mühten sich, und alle waren sehr angespannt. Ich habe geweint, gebetet und geschrien zu Gott, er möge mein Kind beschützen. Buchstäblich im letzten Moment machten sie einen Kaiserschnitt, und Gott sei Dank haben sie beide retten können. Meine Tochter war noch in der Narkose, und so übergab mir der Arzt das Kind mit den Worten: „Es ist ein Wunder, dass alles so gut ausgegangen ist!"

Ich nahm dieses kleine Mädchen in meine Arme, und stell dir vor, es hatte rote Haare wie ich! Die Welt um uns herum stand still – es gab nur sie und mich. Ich erzählte ihr die Geschichten, die ich von meiner Großmutter kannte, und sagte ihr, wie sehr wir uns auf sie gefreut hatten und dass ich sie liebte. Es war eine Sternstunde. Wenn ich daran denke, könnte ich gleich losheulen. Und weißt du, meine Enkelin und ich sind so was wie seelenverwandt, wir haben von Anfang an ein sehr enges Verhältnis.

Und weil wir gerade von Sternen reden – seit zwei Jahren bin ich verliebt, und auch er ist ein Seelenverwandter. So eine Liebe hab ich noch nie gefühlt. Es geht ganz tief, und gleichzeitig fühlt es sich so leicht an – das Zusammensein ist „leicht". Wir erahnen, was der andere denkt, und machen dann genau das Richtige. Ich sage nur: Sternenstaub. Er schüttet Sternenstaub über mich, und den kann ich auch gebrauchen – so viel und so lange wie möglich, denn es liegt ein Schatten über meinem Leben. Seit meiner Jugend leide ich an einer Krankheit, die mit viel Schmerzen verbunden ist. Aber inzwischen gibt es Medikamente, die sehr gut helfen. Leider bekam ich vor zwei Jahren noch eine andere Diagnose – eine Autoimmunerkrankung –, und da ist die Prognose nicht so gut. Ich weiß, dass mein Leben begrenzt ist, und es macht mich traurig. Auf der anderen Seite ist mir alles kostbar geworden – ich genieße jede Minute in vollen Zügen. Hört sich furchtbar tragisch an, ich habe keine Angst vor dem Tod, nur vor dem Sterben. Meine geliebte Oma ist ganz leise gegangen – das war ein Geschenk an mich, ich hoffe, ich schaffe das auch.

Im Moment genieße ich mein Leben. Zum ersten Mal wohne ich allein und kann machen, was ich will – meine kleine Wohnung ist meine Oase, mein Zuhause. Mein Freund wohnt in Berlin, und wenn ich bei ihm bin, ist dort mein Zuhause.

Aber meine Wurzeln sind in meiner Familie, und die ist meine Heimat.

Claudia | 38

Ich bin ein durch und durch strukturierter Mensch.
Ich schreibe genau auf, was wann, und wie am Tag zu
geschehen hat.

Ich bin ein durch und durch strukturierter Mensch. Ich
schreibe genau auf, was wann, und wie am Tag zu geschehen hat. Ich mache einen Plan für die ganze Woche, der
hängt an der Küchentür, und alles, was erledigt ist, wird
durchgestrichen. Alle haben sich daran zu halten, sonst
funktioniert es nicht. Damit sichere ich mich ab. Ich muss
mich immer auf mich selbst verlassen können. Von klein auf
habe ich gelernt, mich zu disziplinieren. Als Kind war ich
Leistungssportlerin.

Wenn ich mir heute vorstelle, meine Kinder würden so
aussortiert wie ich damals in der Kita – ich würde auf die
Barrikaden gehen! Dieses Bild hat sich in meinem Gedächtnis eingebrannt: Wir mussten uns in einer Reihe aufstellen,
und ein Mann, er hatte einen dunklen langen Bart, das weiß
ich noch genau, ging an uns vorüber und sagte nur: „Du und
du, ihr geht zum Schwimmtest – du und du zur Leichtathletik – und du gehst zum Radfahren." Wir wurden wie ...,
ich sage mal krass wie Vieh, begutachtet und eingeteilt nach
Größe und Beschaffenheit. Ist das nicht schrecklich? Und das
soll gut gewesen sein, so was wird nachgetrauert? Das war
doch menschenverachtend. Ich reg mich schon wieder auf,
entschuldige. Jedenfalls, ich hatte täglich Schwimmtraining,
bin Brust geschwommen. Zum Ausgleich gab's einmal in der
Woche Leichtathletik. Es gehört 'ne Menge Disziplin dazu,
sonst wird das nichts. Du willst ja dann auch gut sein, an
Wettkämpfen teilnehmen, und das durftest du nur, wenn du
die Woche davor auch geschwommen bist. Du, das machst
du dann, da fragst du nicht, das ist alles ganz normal. Wenn

wir am Ende aus dem Wasser kamen, stand der Trainer mit einem Tablett am Rand und auf dem lagen unsere „Vitamine": Für jeden 'ne hellbraune und 'ne rosa Pille. Die hast du vor seinen Augen in den Mund gesteckt, bist zum Becken, hast mit der Hand Wasser geschöpft und das Zeug geschluckt. Mit Sicherheit war das Chlorwasser harmlos gegen die Pillen. Heute weiß ich, dass es kontinuierliches Doping war. Zum Glück hat es bei mir keinen Schaden angerichtet. Oder? Haha. Aber ich habe später Mädchen getroffen, die länger geschwommen sind als ich, die sahen aus, das glaubst du nicht. Arme, und ein Kreuz wie Schwarzenegger ...

Mit elf bekam ich meine Tage. Das Problem war, ich kam mit den Tampons nicht klar. Von einem auf den anderen Tag war meine „Karriere" beendet. Das bedeutete: Plötzlich war ich von allen meinen Freunden abgeschnitten. Ich fühlte mich ausgestoßen. Darunter hab ich lange Zeit gelitten. Heute weiß ich natürlich, dass es auch mein Glück war. Und sich so früh so bedingungslos zu disziplinieren, hatte auch was Gutes.

Meine große Tochter kommt in dem Punkt ganz nach mir. Sie hat Ehrgeiz und Talent, geht dreimal die Woche zum Tanztraining und will auf die Ballettschule in Berlin. Ich fürchte, das wird klappen, sie hat einen eisernen Willen. Dann müsste ich sie hergeben, oh Gott, da tut mir gleich mein Herz weh. Sie muss dann ins Internat – mit zehn. In zwei Wochen hat sie die Eignungsprüfung, und danach entscheidet sich, ob sie zur Aufnahmeprüfung zugelassen wird. Mal sehen. Da kommen dann nicht überschaubare Kosten auf uns zu, aber so ist das. Ich möchte meinen Kindern alles ermöglichen, was in meinen Kräften steht. Sie sollen mir nicht eines Tages vorwerfen, ich hätte ihnen was versagt. Das wäre schlimm für mich. Und ich würde auch akzeptieren, wenn sie zum Beispiel kein Abi machen wollen.

Ich hab kein Abi und meine Mutter hat mich das immer indirekt spüren lassen. Kleine Bemerkungen nur, aber sie taten weh. Sie ist Lehrerin für die Oberstufe, meine beiden Geschwister haben studiert, arbeiten in anerkannten Berufen, Juristin und Ingenieur, und ich bin „bloß" Arzthelferin. Ich liebe meinen Beruf – wollte schon als Kind Krankenschwester oder so was werden –, und ich habe großes Glück mit meiner jetzigen Arbeitsstelle; meine Kollegen sind meine zweite Familie. Das haben sie mir erst kürzlich wieder gezeigt: Ich hatte vor vier Wochen einen Bandscheibenvorfall, musste sofort operiert werden und für einige Tage auch im Krankenhaus bleiben. Wie sollte das zu Hause gehen, mit den Kindern? Ohne mich! Eine Kollegin, sie wohnt nur zehn Minuten von uns, hat sofort einen Teil des Kinderdienstes übernommen. Sie holte die Kleine vom Kindergarten ab und übergab sie meinem Mann, wenn er von der Arbeit kam. Er ist viel unterwegs in seinem Job, arbeitet in Schichten, ist manchmal eine Woche weg, also bleibt alles an mir hängen. Wenn er da ist, ist das wie ein Bonus. Er hilft dann auch, unternimmt was mit den Kindern, macht am Wochenende Frühstück für mich. Aber ich im Krankenhaus – das war ein Schock für ihn. Plötzlich musste er sich um Dinge kümmern, von denen er nicht mal wusste, dass es sie gibt. Der hat gejammert und gestöhnt. Ich hab ihm angedroht: „Wenn du nicht funktionierst, trenne ich mich!" Das meinte ich ernst, ich kann keinen gebrauchen, der sich drückt. Zum Glück lief alles gut – bis aufs Geld. Du musst wissen, er fährt diese riesigen Autotransporter, diese Doppeldecker, auf denen die fabrikneuen Autos transportiert werden. Es gibt ein Prämiensystem, das heißt, er bekommt für alle möglichen Sachen einen Extrabonus, für Nachtschichten, für unfallfrei, für gute Gesundheit und, und, und. Da kommen schon mal ein paar hundert Euro zusammen, und wenn die wegfallen, haben wir ein Loch in der Haushaltskasse. Ja, leicht ist es nicht. Wir sind Normalos, müssen beide arbeiten, brauchen das Geld, um uns auch mal was leisten zu können. Aber egal, Hauptsache gesund, das ist das Wichtigste. Ich habe alles gut überstanden. Nun weiß ich auch, wie es unseren Patienten geht, wenn sie mit Schmerzen kommen. Im Krankenhaus bin ich wie eine Privatpatientin behandelt worden. Meine Kollegen kamen regelmäßig vorbei, der Chefarzt schwirrte um mein Bett herum, und meine Mutter staunte: „Das hätte ich nicht gedacht, dass du so beliebt bist, scheinbar bist du gut in deinem Job!" Da muss ich mit fast vierzig erst im Krankenhaus liegen, damit meine Mutter zu so einer Erkenntnis kommt. Jahrelang hab ich darauf gewartet – ganz schön hart. Meine Eltern waren sowieso „besonders", und heute sind sie die Meckerer vom Dienst und noch immer dunkelrot. Sie finden alles Scheiße an der Bundesrepublik, am Kapitalismus – sie stänkern an allem rum, nach dem Motto „Früher war alles besser, früher wusste man genau, wie es laufen wird": Mit zwanzig 'ne Wohnung, mit dreißig Farbfernseher und Waschmaschine, mit vierzig das Auto. Alles war überschaubar und hatte seine ganz eigene Ordnung. Und jetzt ist ihnen nichts recht. Sie wünschen sich zum Beispiel wieder Montagsdemos gegen den Staat. Ich rede mit ihnen nicht darüber, wir würden nur streiten, und das kann ich nicht gebrauchen. Meine Kinder lieben ihre Großeltern, und das soll auch so bleiben. Aber ich verbiete ihnen, vor meinen Kindern so zu reden. Das ist doch verlogen. In „ihrem" Osten hätten sie kein Haus bauen, keinen Urlaub in der Karibik oder auf den Kanaren machen können. Und du solltest mal sehen, wie anspruchsvoll sie sind. Von wegen Aldi-Schokolade. Lindt muss es sein, darunter machen sie es nicht.

Genau wie früher, da hieß es: Dein Vater ist bei der Polizei. Ich habe ihn ein einziges Mal auf der Arbeit besucht. Das war so: Erst gab es einen Pförtner, da musste jeder seinen Ausweis lassen, ich natürlich nicht, ich hatte ja noch keinen. Dann holte mich einer ab und führte mich durch endlose düstere Gänge bis vor eine gepolsterte Tür. Mein Vater kam heraus, nahm mich an der Hand und zog mich ins Zimmer. Dort stand ein riesiger Schreibtisch. Ich fragte ihn, wie der durch die Tür gegangen sei. Er lachte und sagte zu seinem Kollegen, der an einem viel kleineren Schreibtisch saß: „Das ist meine Tochter!" Und zu mir: „Schlag doch mal ein Rad!" Ich schlug ein Rad, und er strich mir über den Kopf. Jemand klopfte und trat mit einer Mappe in der Hand ein. „Genosse Ernst, ich bräuchte noch einige Unterschriften." Mein Vater schwang sich hinter den großen Schreibtisch, setzte die Brille auf und sagte: „Zeigen Sie her." Es war ganz still im Zimmer, während er die einzelnen Seiten las und unterschrieb. „Einen schönen Feierabend, Genosse Ernst." Der Mann nahm die Mappe wieder an sich, nickte mir lächelnd zu und verschwand hinter der dicken Tür. Der andere Kollege verabschiedete sich ebenfalls mit: „Schönen Feierabend, Genosse Ernst", und ging auch. Mein Vater sah sich um, nahm mich wieder an der Hand und zog mich aus dem Zimmer. Draußen am Rahmen der Tür befand sich ein rotes Etwas und auf gleicher Höhe eine Art Faden. Er legte den Faden in das rote Etwas, holte einen Stempel aus der Hosentasche und drückte beides ineinander. „Das ist ja wie in den Märchenfilmen", staunte ich, „da werden Briefe auch so zugemacht!" Mein Vater blickte mich erst an und sagte nur: „Richtig, versiegeln nennt man das!" Nie wieder haben wir über diesen Besuch gesprochen. Irgendwann war mir klar, er war gar kein Polizist, sondern ein hoher Funktionär bei der SED-Bezirksleitung ... Kann ich was dafür? Nee! Und in der Nacht der Wende waren beide, meine Mutter und er, in der Stasizentrale in Berlin Akten vernichten! Nach der Wende sind sie von der

Stadt aufs Land gezogen, weil alle Nachbarn wussten, wie sehr sie mit der DDR verbrüdert waren. Ich finde, jeder sollte eine zweite Chance haben. Leider haben sie die nur bedingt ergriffen, also materiell, nicht moralisch. Sie haben sich ein Haus gebaut und einen Mercedes gekauft ... Tja, so isses.

Wir wohnen seit drei Jahren hier in diesem Ort. Ich brauch nur eine halbe Stunde bis zur Arbeit. Während der Ausbildung wohnte ich bei meinen Eltern auf dem Dorf und musste zehn nach fünf den Bus nehmen, um in Neukölln um acht meinen Job anzutreten. Das hab ich zweieinhalb Jahre gemacht, kann ich mir heute gar nicht mehr vorstellen. Weißt du, meine Mutter beschwerte sich auch noch ständig, dass ich faul sei, zu wenig im Haushalt mache. Irgendwann hatte ich die Nase voll und zog nach Berlin. Ich hatte einen Mann kennengelernt, war verliebt und zog mit ihm zusammen nach Spandau. Inzwischen hatte ich einen Job in einer Orthopädischen Praxis am Kudamm. Zum ersten Mal musste ich keine Kompromisse machen – konnte tun und lassen, was ich wollte. Am Anfang fiel mir das sogar schwer. Ich war das nicht gewöhnt, aber es war eine tolle Zeit. So entspannt und ohne Verpflichtungen.

Dann ging das mit dem Mann in die Brüche, oder anders gesagt, ich habe Schluss gemacht. Er war mir zu chaotisch und zu unzuverlässig. Ich schwor mir damals, den nächsten Mann, der was von mir will, auf Herz und Nieren zu prüfen. Ich hatte mir wirklich eine Liste gemacht, so bin ich halt, ein Listenweib:

- Wie wohnt er?
- Ist er ordentlich?
- Wie sieht es in seinem Schrank aus?
- Ist der Kühlschrank sauber?
- Was hat er für einen Beruf?
- Könnte er eine Familie ernähren?

– Will er Kinder haben?
– Hat er einen Führerschein?
– Kann er sich ein Auto leisten?
– Ist er treu und zuverlässig?
– Wie viele Frauen gab es vor mir?

Mehr fällt mir jetzt nicht ein, aber so in etwa war mein Fragenkatalog, und der lag bereit. Es fehlte nur noch der zu Befragende. Ich war wieder zu meinen Eltern aufs Dorf gezogen, denn die Wohnung in Spandau war für mich allein zu teuer. Heute würd ich sagen, zum Glück! Vielleicht hätte ich sonst meinen Mann nicht kennengelernt. Also, einmal im Jahr gibt es den Kutschenball. Da kommen alle von den umliegenden Dörfern mit geschmückten Kutschen oder zu Pferde, es gibt einen Korso und Wettkämpfe. Die Krönung von allem ist der abendliche Ball. Ich hatte mich bereit erklärt, an der Kasse die Eintrittsgelder zu kassieren. Ein Typ sagte: „Ich bezahl nur, wenn du diesmal mit mir tanzt." Ich schaute hoch. „Dich kenn ich! Ich hab dich doch schon mal in der Disko gesehen, da hast mich auch so plump angemacht." Er grinste und fragte: „Tanzen oder nicht?" Ich: „Geld her oder kein Reinkommen!" Er: „Für dich würde ich noch mehr auf den Tisch legen", und damit gab er mir den Fünfer.

Und ich sagte: „Okay, in einer Stunde bin ich hier fertig." Aus dem einen Tanz wurden viele, und ab und an gingen wir raus eine rauchen. Zwischen zwei Zügen fragte er: „Wie wär's mit Küssen?" Ich: „Okay." Für den nächsten Tag verabredeten wir uns in der Sauna. Ihm ging der Ruf voraus, er hätte einen recht Großen, weißt schon. Das hat mich neugierig gemacht – hätte auch auf meiner Liste stehen können: Wie ist er bestückt? Haha! Und als er seine Hose auszog, dachte ich: Donnerwetter.

Seit dem Tag sind wir zusammen. Vorher habe ich ihn abgefragt, und er hat die volle Punktzahl bekommen. Tja, er wusste, worauf er sich einlässt. Seit knapp zehn Jahren sind wir verheiratet. Unsere Hochzeitsreise war wunderbar – drei Wochen Sri Lanka. Bei einem Ausflug trafen wir einen Medizinmann. Der schaute mir in die Augen und sagte: „Du bist schwanger!" Natürlich in seiner Sprache. Der Dolmetscher übersetzte es, und ich lachte und antwortete: „Davon weiß ich nichts."

In Deutschland zurück führte mich der erste Weg in eine Apotheke und dann mit einem Test aufs Klo ... Ich war tatsächlich schwanger. Ja, unsere Große ist jetzt neun und die Kleine fünf.

Wir versuchen schon einmal im Jahr, eine Reise zu machen, aber das Geld muss konsequent zusammengespart werden. Weißt du, wenn wir in unser Wochenendhäuschen fahren, dann ist das für mich kein Urlaub, da muss ich doch alles machen, Frühstück, Mittagessen, Abwaschen ... Nö, ich will schon einmal im Jahr auch richtige Ferien haben, mich an einen gedeckten Tisch setzen und bedienen lassen ... Das verstehste sicher!

Vor einiger Zeit ist mir was passiert! Heute kann ich drüber lachen. Ich traf einen Typen von früher, der mir schon immer gefallen hatte. Jetzt sah er noch besser aus, männlicher. Wir haben gequatscht, und es stellte sich heraus, dass er nicht weit von uns wohnte. Die nächsten Tage ging er mir nicht aus dem Kopf. Also fuhr ich auf dem Rückweg von der Arbeit einen kleinen Umweg, wollte sehen, wie er wohnt, einfach so. Und was passiert? Ich zu dicht an einem Bauzaun vorbei und über die ganze Beifahrerseite eine riesige Schramme – ach du Scheiße – wie soll ich das bitte schön meinem Mann erklären? Na ja, ich hab ihm dann irgendwas erzählt, er hat's geglaubt, und ich war kuriert von meinem Seitenblick, ein Sprung war's ja zum Glück nicht.

Meine Ehe ist schon ganz gut, es klappt, jedenfalls meistens. Eigentlich bin ich glücklich. Meine Kinder sind gesund und wachsen nicht so verklemmt auf wie ich. Wir laufen alle nackt voreinander rum, und wenn sie was zum Thema Sex fragen, bekommen sie auch 'ne richtige Antwort – ohne Rumeierei. Was andere von uns denken, ist mir Boulette, wir machen unser Ding.

Pläne? Ja, die hab ich schon noch oder besser Träume: Ich möchte einmal nach Brasilien und auf dem Zuckerhut stehen – und einmal nach Südafrika und vom Tafelberg auf Kapstadt schauen.

Ich hab mal eine Sendung über Mandela im Fernsehen gesehen. Der muss ein toller Mensch gewesen sein.

Wenn unsere Politiker nur ein Stückchen von ihm hätten – symbolisch natürlich – und wenn's nur ein Haar wäre, die ganze Welt wäre besser dran.

Eva | 35

Ich bin sicher: Ossis riechen sich untereinander!
Noch heute!

Mensch, nächstes Jahr werde ich fünfunddreißig. Da tickt die
sogenannte biologische Uhr. Karriere oder Kind? In meinem
Freundeskreis haben schon einige richtig Familie. Und wir,
die wir noch ohne sind, fragen uns: Muss man unbedingt
ein Kind haben? Und es dieser Welt aussetzen? Aber das ist
vielleicht auch eine Ausrede, denn zu allen Zeiten wurden
Kinder geboren, egal ob Dürre, Flut, Hunger oder Krieg. Im
Moment frage ich mich ernsthaft: Wohin geht es mit dieser Welt? All diese Menschen, die jetzt zu uns drängen, weil
ihr Land verwüstet wird durch fanatische machtgierige Verrückte – sie haben nichts anderes im Sinn, als in Frieden und
Sicherheit zu leben. Sie wollen ihren Kindern eine Zukunft
bieten, und das wollen wir doch hier auch. Wir haben einfach großes Glück. In den letzten siebzig Jahren hat es keinen
Krieg in unserer unmittelbaren Nähe gegeben. Uns geht es
gut. Noch, muss man anmerken. Denn wenn das so weitergeht mit diesem braunen Mob, dann weiß ich auch nicht.
Das politische Klima in unserem Land verändert sich, das bereitet mir Sorge, das ist echt krass. Diese Pegida-Leute, was
ist mit denen? Ich denke, die Politik kommuniziert zu wenig.
Die haben doch hauptsächlich Angst, und wer gibt das schon
gern zu? Lieber brüll ich Scheißparolen. Endlich kann ich
mal deutlich zeigen, dass ich gegen was bin. Das setzt Kräf-
te frei, und man ist ja auch nicht allein. Aber mit wütenden
Menschen kann man nicht diskutieren, die sind blind. Stell
dir vor, man bringt zwei Familienväter zusammen, einen aus
Syrien und einen aus Sachsen, und fragt: „Was eint euch?"
Ach, das ist illusorisch – mich deprimiert das Thema. Aber
ich weiß auch nicht, ob und wie ich was gegen den „Verfall

der Sitten", nennen wir es mal so, tun kann. Ich geh wählen, ich geh auf Demos, wenn ich von was überzeugt bin, ich helfe im Flüchtlingsheim beim Sortieren von Kleidung – versuche immer freundlich zu meinen Mitmenschen zu sein. Ob's was nützt?

Nein, ich bin nicht religiös. Ich bin auch nicht getauft oder so. Glaube war in der DDR gleich Staat – Gehorsam und Fleiß, darum ging es. Die Belohnung war eine gemeinsame bessere Zukunft, haha. Weißt du, das kann ich mir heute nicht mehr vorstellen. Da fällt mir eine Geschichte ein. Ich war vier oder fünf, jedenfalls ging ich in den Kindergarten, und es war ein Fest geplant, zu dem jeder einen fahrbaren Untersatz mitbringen sollte. Kurz zuvor hatte ich ein Fahrrad aus dem Westen bekommen – ein Mädchentraum – rosarot mit weißem Sattel, weißen Griffen und weißen Stützrädern. Ich war so glücklich und stolz. Die anderen Kinder tobten auf dem Hof, als ich damit vorfuhr. Plötzlich blieben alle wie angewurzelt stehen, und es wurde still. Ich wusste nicht warum, fühlte mich, als hätte ich was ausgefressen. Dann kam unsere Erzieherin und nahm meine Mutter beiseite. Sie redete auf sie ein, und ich sah, wie meine Mutter den Kopf schüttelte und dann nickte. Sie kam auf mich zu, nahm meine Hand und sagte: „Lass uns gehen." Ich weiß noch, ich hab schrecklich geweint. Später erzählte sie, dass man uns verboten hatte, das Rad in den Kindergarten mitzubringen, weil es aus dem imperialistischen Westen war. Unglaublich, aber wahr.

Eigentlich gab's in der DDR auch eine Art Klassengesellschaft: Die mit Westverwandten und also Geschenken und die ohne und also ohne Geschenke. Wir gehörten zu denen mit. Der Bruder meines Opas lebte in Düsseldorf, und wir bekamen regelmäßig Pakete. Das war immer ein Fest. Ich erinnere mich noch heute an den Geruch, den diese Pakete ausströmten – süßlich nach Kaugummi. Diese Westbeziehung hat meinem Opa manchen Karriereschritt verwehrt. Er war nicht in der Partei! Trotzdem arbeitete er als Journalist bei der Zeitung – der „Welt" –, das war eher ungewöhnlich. Von ihm hab ich viel gelernt. Er war ein ruhiger Typ, redete nicht viel. Aber wenn er was sagte, hatte es Hand und Fuß. Er liebte es, mir die Sternzeichen zu erklären. Sehr oft gingen wir ins Kosmonautenzentrum in der Wuhlheide. Ich war fasziniert und wollte damals unbedingt Kosmonaut werden.

Am Wochenende war ich fast immer bei meinen Großeltern. Ich weiß gar nicht, was meine Mutter in der Zeit getrieben hat – müsste ich echt mal nachfragen. Meine Oma ist eine kleine zierliche Frau mit einer großen Portion Temperament. Sie lebt noch, während mein Opa vor vier Jahren gestorben ist. Was mein Opa schwieg, machte sie laut und humorvoll wett. Sie waren die wichtigsten Bezugspersonen für mich. Eigentlich war das die typische Vater-Mutter-Kind-Konstellation, wenn ich mir das heute so überlege, denn bis ich neun war, kannte ich meinen Vater gar nicht und hatte ihn bis dahin auch nicht vermisst. Eigentlich komisch. Meine Mutter sprach nicht über ihn, das war kein Thema bei uns. Ist eigentlich auch nicht normal, oder? Sie hat BWL studiert und arbeitete in einem Modekombinat als Sachbearbeiterin. Wir vertrugen uns gut, meine Mutter und ich. Wenn sie abends von der Arbeit kam, erzählten wir uns unseren Tag. Streit gab es selten. Ich glaube, ich war ein artiges Kind. Brav! Zu brav? Jedenfalls hatte ich jede Menge Freiheiten, fühlte mich nie eingeengt, konnte mich ausprobieren. Nur Geschwister hätte ich gern gehabt. Da hab ich andere Kinder beneidet, die hatten immer jemanden zum Spielen.

Ja, und dann kam der Tag, an dem ich meinen Vater kennenlernen sollte. Ich war neun. Ich konnte mir ihn nicht vorstellen. Irgendwie hatte ich einen David Hasselhoff vor Augen, so 'ne Art Knight Rider, na ja. Meine Mutter hatte mich zu ihrer Schwester gebracht, wahrscheinlich wollte sie die Begegnung mit ihm vermeiden? Ich weiß noch genau, wie ich mich hinter meiner Tante versteckte. In der Tür stand ein großer Mann mit Brille und ausgebreiteten Armen. Meine Tante schubste mich langsam in seine Richtung, und er nahm mich entgegen, schaute mich an, ich glaube, er hatte Tränen in den Augen und sagte dann, dass er sich freue, dass ich so ein hübsches Mädchen sei, sein Mädchen. Dann nahm er mich in die Arme. Ich war stocksteif, glaube ich. Wie erfroren. Es war ein schrecklicher Moment. Ich würde das meinem Kind nie antun! Zum Glück entpuppte er sich als ganz umgänglicher Typ. Er gab sich große Mühe und hielt sich mit Zärtlichkeiten zurück. Heute denke ich, wie muss ihm zumute gewesen sein? Schließlich hatte er mich auch vorher nie gesehen, warum auch immer. Meine Mutter hat mir darüber bis heute die Antwort verweigert. Erst jetzt, hier im Gespräch, fällt mir das auf. Ich sollte öfter nachfragen, das ist doch wichtig! Ich werde sie gleich nächste Woche zur Rede stellen!

Langsam fasste ich Vertrauen zu meinem Vater und seiner neuen Familie. Da waren noch zwei Jungs von seiner Frau, die waren prima. Ich hatte plötzlich so was wie Geschwister, das fand ich toll. Ferien – das bedeutete für mich: Die Laube meiner Großeltern. Mit meinem Vater fuhr ich zum ersten Mal an die Ostsee. Ich kann mich erinnern, dass ich mit offenem Mund am Strand stand und nicht fassen konnte, wie groß und weit das Meer war. Und mein Opa zeigte mir später auf seinem Globus, wie klein die Ostsee ist ... haha. Ich bin sicher, schon damals beschloss ich, mir eines Tages die Welt anzusehen, in die richtig großen Meere zu tauchen. Und ich hab's wahr gemacht.

Zum Glück fiel ja rechtzeitig die Mauer. An das eigentliche Ereignis kann ich mich nicht erinnern – ich weiß nur noch, dass alle um mich herum im Freudentaumel waren und aufgeregt die Nachrichten im Fernsehen verfolgten. Meine Mutter fummelte mir meine besten Klamotten an, rosa Cordhose, Mickymauspullover – alles aus dem Westen – und dann marschierten wir los Richtung Westberlin. Ich hab so ein Bild im Kopf: Alles hat geglitzert und gefunkelt, alles bunt, und alle Leute haben sich gegrüßt, als würden sie sich kennen. Doof war für mich, dass wir so lange Schlange standen, um das Begrüßungsgeld zu bekommen. Denn gleich neben der Bank war ein Wahnsinnsspielplatz, so was hatte ich noch nicht gesehen ... Und ich durfte nicht drauf, weil ich die guten Sachen anhatte. Dafür kaufte mir meine Mutter als Trost Gummibärchen und Kaugummi.

Ja, und im darauffolgenden Sommer unternahmen wir unsere erste Reise in die weite Welt – nach Mallorca. Für mich war das traumhaft, endlich konnte ich in einem der großen Meere schwimmen – im warmen Wasser. Ich hab 'ne Kälteallergie, weißt du, das heißt, sobald ich friere, bekomme ich Pusteln auf der Haut, kann also nie lange im Wasser bleiben. Und auf Mallorca im Mittelmeer ging das plötzlich. Ich war das glücklichste Kind am Strand – wollte gar nicht mehr aus dem Wasser – und abends konntest du mir das Salz von der Haut kratzen. Dafür ging es meiner Mutter nicht gut. Sie hatte Kopfschmerzen von der Hitze und dann auch noch Durchfall. Sie war schlecht drauf, weil sie im Bett liegen musste. Da hab ich mich zum ersten Mal gegen sie aufgelehnt. Ich war sauer, weil sie nicht fit war. Zum Glück hatten wir ein Ehepaar aus Berlin kennengelernt, und die nahmen mich mit an den Strand und zum Flanieren auf der Promenade. Ich bekam meinen ersten Cocktail – natürlich ohne Alkohol – aber riesig und bunt. Ja, das war Mallorca.

Nach dem Abi war ich ein Jahr in Amerika unterwegs. Es war ein, ja, Rumexperimentieren, wenn du so willst. Work and Travel. Ich habe in San Francisco bei einer Agentur, die sich gerade im Aufbau befand, ein Volontariat gemacht. In New York durfte ich ein Filmfestival mit vorbereiten, habe die Mails gecheckt und so weiter. Das war sehr interessant, und ich hab 'ne Menge Leute getroffen. Viele auch aus Deutschland und natürlich auch aus der ehemaligen DDR. Ich bin sicher: Ossis riechen sich untereinander! Noch heute! Meine „Mädelstruppe" hier – wir sind alles Ehemalige – haben eine, keine Ahnung, wie ich das ausdrücken soll, eine spezielle Art der Kommunikation. Mit einem Wessi läuft das anders. Versteh mich nicht falsch, ich habe auch viele Westfreunde – Westfreunde in Anführungszeichen –, die ich nicht missen möchte, aber der Osten verbindet noch immer. Wie lange das dauern wird, ehe diese kleinen feinen Unterschiede verschwunden sein werden?

Jedenfalls, als ich zurückkam, wusste ich, was ich studieren möchte: Gesellschafts-und Wirtschaftskommunikation. In diesem Studium war alles enthalten, was mich interessierte: Grafik, Wissenschaft, Kunst, Wirtschaft, Strategie, Schreiben. Ich empfand das Angebot als eine Spielwiese, auf der ich mich ausprobieren konnte. Mein Opa hat mir die Liebe zur Literatur und zum kreativen Schreiben – man kann sagen – in die Wiege gelegt, und in der Schule war Deutsch sowieso mein Lieblingsfach. Diese Studienzeit war die geilste meines Lebens. Ich habe sie so genossen und genieße noch heute die Erinnerungen.

Nicht, dass ich nicht nach vorne blicke, kein Ziel habe, aber es mischt sich immer ein wenig Trauer drunter, wenn ich zurückdenke. Vielleicht, weil ich da noch um eine bittere Lebenserfahrung ärmer war?

Jetzt kommt der Teil, den ich, glaube ich, nicht wirklich

in Worte fassen kann: Nämlich die erste große Niederlage meines Lebens, die ich noch immer in den Knochen spüre. Erst schien alles bestens. Der richtige Mann tauchte auf, ein Job im Ausland winkte. Kein Wunder dachte ich, das passt. Ich bin ein Glückskind, und ich war ja auch immer brav! Und dann geht alles den Bach runter ... Ja, ich hatte nicht gelernt, Konflikte zu lösen, mit Menschen zu kämpfen, die mir widerstehen können. Entschuldige, ich muss ... kleine Pause? Ich such nur meine Zigaretten ... Eigentlich will ich nicht mehr rauchen. But: so be it.

Es fällt mir schwer, darüber zu reden. Ich habe das alles wie versiegelt in mir drin wie ein Kokon, und wenn ich wüsste, wie daraus ein Schmetterling wird ... Schönes Bild und so einfach. Alle Probleme fliegen einfach davon.

Ich suche nach Ursachen für mein Versagen, denn ich habe es nicht in den Griff gekriegt. Ich wollte zu viel und habe zu wenig von mir eingebracht. Man kann sein Glück einem anderen Menschen nicht überstülpen. Der wehrt sich, wenn er stark ist. Und plötzlich stehst du in einem Scherbenhaufen – das Bild von dir selbst ist zerbrochen.

Letztes Jahr – nach dem ganzen Scheiß – war ich allein auf Sri Lanka. Das war das Beste, was ich machen konnte. Weit weg von allem, da verändert sich der Blickwinkel. Danach habe ich mir Hilfe geholt.

Und nun versuche ich, das Bild wieder zusammenzusetzen. Es wird anders sein. Ich hoffe, ich werde damit klarkommen. Immerhin habe ich begonnen, wieder Bewerbungen zu schreiben. Mal sehen, was draus wird. Interessant wird sein, wie die Personaler auf mich – Frau Mitte dreißig – reagieren? Will die Karriere oder Kind?

Huch, da sind wir wieder am Anfang unseres Gesprächs. Ehrlich gesagt, ich weiß es nicht. Ich lass es auf mich zukommen.

Isabell | 35, Karolas Tochter

Wir sind wie Feuer und Wasser. Natürlich arbeiten wir an unserer Kommunikation und es geht auch immer besser. Aber weißt du, ich bin auch cooler geworden.

Ich hab immer ganz fest an mich geglaubt. Wenn meine Mutter versuchte, ihre Zweifel anzubringen, machte mich das richtig sauer: „Natürlich wird aus mir was, ich bin doch nicht doof!" Nur eins wollte ich nie: So werden wie sie! Auf der einen Seite bewunderte ich, wie sie das alles mit Kind und ohne Mann gemeistert hatte, auf der anderen Seite ging mir ihre Panikmache total auf den Sack. Und das ist noch heute so. Entweder wir vertragen uns oder wir streiten, einen Mittelweg gibt es nicht. Wir sind wie Feuer und Wasser. Natürlich arbeiten wir an unserer Kommunikation, und es geht auch immer besser. Aber weißt du, ich bin auch cooler geworden! So vor zehn Jahren hab ich mir ein Ziel gesetzt: Mit fünfundvierzig will ich Abteilungsleiterin sein. Und ich bin auf dem besten Wege – noch eine Weiterbildung und ein, zwei Jahre Praxis, dann bin ich es. Und schon jetzt verdiene ich mehr als meine Mutter! Bähm.

Es ist ganz schön was los gewesen in meinem Leben. Ich bin in Eisenhüttenstadt geboren. Das war damals so 'ne DDR-Stadt – am Reißbrett ausgetüftelt. Die eine Hälfte war das Stahlwerk ECO, in der anderen wohnten die Leute, die da arbeiteten. Noch heute kannst du „Reste" aus der Zeit bewundern. Wenn du in die Stadt reinfährst, siehst du links ein riesiges Tor, das war der Eingang zum Werk. Heute steht oben drüber: ECO Stahl GmbH. Früher arbeiteten fünfzehntausend Menschen dort, heute vielleicht noch dreitausend. An der Seite ist noch eine kleine Tafel angebracht: „Wir sitzen alle in einem Boot! Die Kumpel der ECO Stahl AG." Was das bedeutet, wissen wir ja. Ich kann dir das so genau beschreiben, weil ich erst kürzlich dort alte Freunde besucht habe.

Meine Mutter und meine Oma waren als Kind meine Bezugspersonen – ein Vater war nie Teil meines Lebens – und auch 'ne coole Tante kümmerte sich manchmal um mich. Also starke Frauen – keine Männer. Das prägt, du bist immer bereit zu kämpfen. Schon als Kind hatte ich 'ne große Klappe, ließ mir nichts gefallen, und wenn mir was nicht passte, dann hab ich rumgeschrien, bis es so lief, wie ich es wollte. Natürlich war ich wie alle DDR-Kinder im Kindergarten – daran habe ich aber nur eine Erinnerung: An der Wand hing ein Bild von „Onkel Honecker", so wurde er uns vorgestellt. Den mussten wir malen, und unsere Bilder wurden daneben gehängt. Mein Honecker hatte eine tiefschwarze Brille und sah irgendwie ganz böse aus – er kam nicht an die Wand. An eine dreibeinige schwarz-weiß gescheckte Kuh erinnere ich mich jetzt auch noch – das vierte Bein sah man aus der Perspektive nicht, und meine Mutter konnte das gar nicht verstehen: „Eine Kuh muss vier Beine haben, mal eins dazu!" – „Nein, das vierte ist verdeckt vom zweiten – du verstehst das einfach nicht!"

Ich kann gut malen, das nur nebenbei. Kunst war auch in der Schule neben Sport mein Lieblingsfach. Still sitzen war nicht mein Ding. Ich musste mich bewegen, was tun. Ist noch heute so. Stures Lernen macht mir keinen Spaß – ich bin Pragmatikerin durch und durch. Schon damals interessierten mich alle möglichen Geräte – ich wollte sie unbedingt benutzen und habe sie dabei meistens kaputt gemacht. Tja, so war's!

Ich denke, ich war neun, vielleicht auch zehn, als meine Mutter mir eröffnete, dass ich meinen Vater kennenlernen würde. Ich versuchte, mir diesen Vater vorzustellen und konnte mich nicht entscheiden, ob er blonde oder schwarze Haare haben sollte. Und dann stand ein Typ mit einer Glatze vor unserer Tür und sagte: „Hallo Isabell!" Ich war geschockt und schloss mich erst mal im Klo ein. Schließlich ging ich doch noch mit zum Essen in ein kroatisches Restaurant. Ich saß nur da, starrte vor mich hin und kriegte keinen Bissen runter. Und der – ich sag dir – der quatschte und quatschte so Zeug von wegen er fühlt sich schuldig, hätte sich schon viel eher melden müssen. Alles nur Ausflüchte – nichts Väterliches kam aus ihm raus. Irgendwann sagte ich: „Ich brauch keinen Vater, ich komme klar!" Bähm! Und das war's. Meine Mutter hat ihn nie wieder an uns herangelassen, zum Glück.

Als ich zwölf war, zogen wir nach Berlin. Ich war froh, fand die Stadt toll und hatte schnell neue Freunde. Die waren da alle viel cooler, und es wurde immer irgendwo gefeiert. Mit meiner Mutter lief es jetzt gar nicht mehr – sie versuchte, mich zu kontrollieren, war wie 'ne Glucke, nervte tierisch. Ich hasste sie in dieser Zeit richtig, und von meinen Freunden hörte ich ähnliche Kommentare über ihre Eltern – das stärkte mir den Rücken. Mit sechzehn hatte ich meinen ersten Freund, und kurzerhand zog ich zu ihm. Sein Vater stellte uns eine Wohnung zur Verfügung und gab uns wöchentlich einen Hunni zum Leben. Ich sage nur: Zack! Party, Party. Das war 'ne wilde Zeit. Zu meiner Mutter hatte ich jeden Kontakt abgebrochen. Ich ging aufs Gymnasium in die 11. Klasse, fühlte mich erwachsen und frei und vergaß nur einmal die Pille – jung und fruchtbar wie wir waren –, bähm war ich schwanger! Mit sechzehn wie meine Mutter! Da versuchte ich mich von ihr abzugrenzen, wollte unbedingt anders sein, und dann passierte mir das Gleiche wie ihr! Du, ich war sauer auf mich und wusste nicht, wie ich damit umgehen sollte. Also hab ich's verdrängt – so lalalalalaala –, und bis zum sechsten Monat hat's keiner gemerkt. Dann sagte der Arzt: „So langsam sollten Sie es Ihrer Mutter sagen, denn Sie sind ja noch nicht volljährig." Das war wie 'ne Ohrfeige. Mein Freund hingegen war begeistert von der Idee, Vater zu werden, und schmiedete Pläne, was er alles mit seinem Kind unternehmen wollte. Mich nervte das, und vor allem nervte er mich – schon seit einiger Zeit ging er mir auf den Sack. Waren sicher auch die Hormone, aber seine Faulheit, sein Desinteresse an allem, was mit Bildung zu tun hatte, und seine Unzuverlässigkeit taten das Übrige. Ich war nur aus einem Grund bei ihm geblieben: Ich wollte nicht zu meiner Mutter zurück! Und nun musste ich sie treffen. An diese erste Begegnung nach langer Zeit erinnere ich mich gut: Sie stand vor ihrem Haus, als ich die Straße entlangkam. Ich sah ihr entsetztes Gesicht, als sie meinen Bauch entdeckte, und wollte schon auf stur schalten, da bemerkte ich, dass sie weinte. Na ja, da ließ ich mich halt in den Arm nehmen und fand es, ehrlich gesagt, auch ganz gut in dem Moment – beinah hätte ich auch geheult. Sie war irgendwie rührend und ich gerührt und geschüttelt – hihi –, und wir verbrachten einen schönen Nachmittag. Sie kaufte mir Schwangerschaftsklamotten und versprach, sich um den Kinderwagen zu kümmern. Na ja, von da an waren wir wieder in Kontakt. Aber es dauerte nicht lange, und es war wie früher: Sie wusste alles besser, machte mir Vorschriften und verbreitete Panik, weil ich die Schule abbrach.

Es ging nicht anders, ich bekam das Kind mitten im Schuljahr, und so verließ ich nach der 11. Klasse die Schule mit einem guten Abschlusszeugnis der zehnten.

Das Kind veränderte mein Leben. Es wurde plötzlich ernst, zum Rumblödeln und Party machen war keine Zeit mehr, und es dauerte eine ganze Weile, bis sich alles eingespielt hatte. Mein Freund war, wie nicht anders zu erwarten, mit allem überfordert. Er hatte geglaubt, wir „spielen Familie" –

nur in seiner Vorstellung kam keine vollgeschissene Windel vor. Ohne Job, ohne Ambitionen, ohne Ziel hing er vor dem Fernseher. Mich kotzte das an, und so zog ich einen Schlussstrich und wir lebten nur noch als WG. Jeder hatte seinen Bereich. Ich wollte und musste was tun, wollte da raus, wollte Geld verdienen, was lernen, wollte meinem Kind was bieten. Und so ging ich zum Arbeitsamt – jemand hatte mir erzählt, dass die dort sogenannte Maßnahmen zur Integration in die Arbeitswelt vergeben. Ich sagte zu der Tante hinter dem Schreibtisch: „Ich will 'ne Maßnahme!" Die guckte wie 'ne Tusse und antwortete: „Sie haben sich doch für ein Kind entschieden, was brauchen Sie da 'ne Maßnahme?" – „Und das bestimmen Sie?" – „Nun bleiben Sie mal auf dem Teppich – hier geht's schön der Reihe nach." – „Okay, Frau Sowieso" – keine Ahnung mehr, wie die hieß: „Wissen Sie, was ich jetzt mache? Ich werde mich über Sie beschweren!" Ja, und das hab ich gemacht und zwei Wochen später hatte ich, was ich wollte, und auch einen Krippenplatz. Ich lernte mit dem Computer umzugehen, und gleichzeitig absolvierte ich ein Praktikum an der Rezeption eines Seniorenheims und wurde sogar bezahlt: Tausend Euro waren viel für mich, ich konnte für mein Kind sorgen, und das war das Wichtigste. Na ja, wenn du nichts hast, kennst du auch keine Existenzängste, so ist das. Die Arbeit machte mir großen Spaß, und ich kam mit allen gut aus, bekam Anerkennung. Das spornte mich an und ich dachte: Euch allen zeig ich's – aus mir wird noch was!

Leider wurde das Heim privatisiert – die Diakonie übernahm es und kündigte allen Mitarbeitern. Bähm! Also wieder Schulungen übers Amt, Ein-Euro-Jobs und nichts Richtiges in Aussicht. Doch dann gab's Licht am Ende des Tunnels: Ich bekam einen Ausbildungsplatz zur Bürokauffrau und zog das durch – mit allen Höhen und Tiefen. Wie immer: Praktisch lief es bestens, man war begeistert von mir, aber theoretisch war's 'ne Katastrophe – ich bin sogar einmal durch die Prüfung gerasselt. Egal, am Ende hab ich es geschafft und die Ausbildung abgeschlossen.

Jetzt fällt mir auf, ich hab noch nicht erzählt, dass ich 'nen neuen Partner hatte. Wir wohnten schon zusammen und heirateten sogar. Es lief, sowohl privat als auch beruflich – ich konnte eine Zusatzausbildung machen und dann noch eine, und bald war ich Teamchefin und verdiente wie schon gesagt mehr als meine Mutter. In der Zeit hab ich viel gearbeitet, wollte meinem Ziel näher kommen und hab kaum nach rechts und links geguckt. Arbeiten, Kind versorgen, schlafen. Auch mein Mann verdiente gutes Geld, und so richteten wir uns die Wohnung neu ein: Schicker Kühlschrank, riesiger Fernseher, neue Couch und ...

Sorry – geht nicht ... Gibst du mir bitte noch etwas Tee. Ich hab 'nen ganz trockenen Mund. Danke!

Erst denkst du, das ist nicht wahr, das ist doch Kino, das ist ein Film, aber so nach und nach sickert die Realität durch und du heulst, was das Zeug hält. Immer wieder fragst du dich, wo du falsch abgebogen bist – wo du einen Fehler gemacht hast. Du fühlst dich mitschuldig, und das ist das Schlimme! Beenden wir das Kapitel.

Für die nächsten Jahre nahm ich mir vor, Männer von meiner Liste zu streichen. Meine Tochter und ich hatten eine gute Zeit miteinander. Weißt du, wir verstehen uns ohne Worte – sie ist das ganze Gegenteil von mir: besonnen, ruhig, gut in der Schule. Ich bin stolz auf sie. Seit einem Dreivierteljahr ist sie zum Austausch in Neuseeland – meine Kleene –, und ich bin auch ein bisschen stolz auf mich, weil ich ihr das alles ermöglichen konnte.

Meine beste Freundin ließ nicht locker: „Los, komm mit zum Tanzen – komm mit ins Konzert", und damit sie Ruhe gab, sagte ich zu, als die „Beatsteaks" spielten. Wir waren zu dritt, denn sie brachte als Überraschung ihren besten Kumpel mit. Wollte die mich doch verkuppeln! Ich ließ mir nichts anmerken, machte gute Miene zum – du weißt schon –, und der Abend verlief locker und flockig bis, ja, bis ihr Kumpel seine Jacke auszog und sein Körpergeruch zu mir rüberwaberte. Ich traute meiner Nase nicht. Der roch so gut und ich dachte: Lecker! Und rückte instinktiv näher an ihn ran und atmete seinen Duft wie einen Joint tief ein – und er hatte auch die Wirkung. Haha! Plötzlich sah ich den Typ mit anderen Augen, und der Abend nahm eine ganz neue Wendung. Nach dem Konzert landeten wir zu dritt im Bett meiner Freundin – nein, nicht was du denkst, es war nichts. Wir haben rumgealbert, viel gelacht, Geschichten erzählt, uns an ihn rangekuschelt und sind so eingeschlafen. Als er mich am nächsten Morgen fragte, ob er mich anrufen könne, sagte ich sofort ja. Bähm! Wir haben uns bald wieder getroffen und sind seit dem Tag ein Paar – verrückt glücklich oder glücklich verrückt? Egal! Schon in unserer ersten Nacht war klar, dass wir zusammen Kinder haben wollen – wir legten sogar schon die Namen fest! Das Erste ist inzwischen auf der Welt – ein Mädchen, fünf Monate alt und heißt Klara. Ich bin glücklich, richtig rundum glücklich. Er ist so ein toller Vater, und so ein toller Mann! Es ist auch wieder wie im Film, aber diesmal ist es ein Liebesfilm. Ich möchte, dass es nie aufhört, denn nun bin ich da, wo ich mich immer hingeträumt habe: In einer super Beziehung mit tollen Kindern. Und was in zehn Jahren sein wird, hab ich ja schon gesagt. Noch Fragen?

Karola | 52, Isabells Mutter, Carmens Schwester

Ich glaube ja, dass jeder im Leben 'ne Geschichte hat, die er sich so bastelt, dass sie passt! Und jeder glaubt am Ende auch, dass es so gewesen sein muss. Ist das Lügen oder Überlebenstaktik?

Ich glaube ja, dass jeder im Leben 'ne Geschichte hat, die er sich so bastelt, dass sie passt! Und jeder glaubt am Ende auch, dass es so gewesen sein muss. Ist das Lügen oder Überlebenstaktik?

Ich bin jetzt zweiundfünfzig, daran ist jedenfalls nicht zu rütteln, auch wenn mich die Zahl erschreckt. Vor einem Jahr ist meine älteste Schwester gestorben. Wir standen uns nicht sehr nah, aber es hat mich getroffen und zum Nachdenken über mein eigenes Leben gebracht.

Wir waren vier Mädchen. Die zwei großen waren sehr viel älter und lebten kaum noch mit uns zusammen. Sie waren meistens bei den Großeltern und später schon in der Ausbildung. Erst bei der Beerdigung erfuhr ich, dass unser Vater nicht der ihre war und jede von ihnen auch noch einen anderen Erzeuger hatte. Vielleicht wollte mein Vater die beiden deshalb nicht im Haus haben? Das kann ich nur mutmaßen, gesprochen wurde darüber nie. Überhaupt wurde bei uns nicht gesprochen, nicht miteinander und schon gar nicht über Probleme. Meine Mutter sagte dann nur, sie habe keine Zeit. Sie arbeitete im Schichtdienst in der Fabrik und bediente irgend so eine Maschine. Und mein Vater saß in der Ecke des Zimmers – dieses Bild hab ich noch im Kopf – und las. Die Mutter verbot uns, mit ihm zu sprechen. Wir sollten ihn nicht beachten! Es hieß immer: „Wehe ihr geht zu ihm, lasst den Krumbiegel in Ruhe!" Er hieß bei uns nur der Krumbiegel. Wenn sie nicht da war, hab ich doch in seiner Nähe gespielt. Ich weiß auch noch, dass ich einmal mit ihm

Boot gefahren bin. Ich hatte so 'n kleines Kopftuch auf, das ich blöd fand. Das Wasser hat ganz doll gespritzt, und ein großer Hund war dabei, zu wem der gehörte, keine Ahnung. Und vor dem Essen wurde immer gebetet.

Aber es gab auch Gewalt im Haus. Eine Situation sehe ich klar vor mir: Mein Vater steht mit einem Stock in der Badezimmertür und droht meiner Mutter, die sich ängstlich in die Ecke drückt und fleht: „Nicht vor den Kindern, bitte nicht vor den Kindern!" Als ich vielleicht vier war, trennten sie sich. Von da an durfte nicht mehr über ihn gesprochen werden, und gebetet wurde auch nicht mehr. Sie hassen sich bis heute. Meine jüngere Schwester erzählte, dass sie dabei war, als sie sich einmal zufällig begegneten: Eisig, und ohne sich anzublicken seien sie aneinander vorbeigegangen. Von ihr weiß ich auch, dass er ein verwahrloster böser alter Mann geworden ist. Komischerweise hab ich mich an die Anordnung meiner Mutter gehalten und nie wieder den Kontakt zu ihm gesucht.

Meine Mutter hatte später einen Freund, und wenigstens der hat sie gut behandelt. Sie war eine fürsorgende, aber nicht sehr zärtliche Mutter. Seltsamerweise schlief sie meistens bei einem von uns mit im Bett. Nicht um zu kuscheln, das konnte sie gar nicht. Warum sie das tat? Keine Ahnung. Es fällt mir nur gerade ein. Sie tat alles, damit wir nach außen nicht auffielen. Die Wohnung war sauber, unsere Sachen auch, wir mussten nie hungern, sie bereitete immer alles vor, es gab auch kleine Überraschungen außer der Reihe, aber im Grunde haben wir uns selber erzogen. Eben Schlüsselkinder! Mit sehr vielen Freiheiten!

Ich musste viel büffeln in der Schule, um 'ne gute Note zu bekommen. Meiner Schwester flog alles nur so zu. Vor allem in Mathe war sie ein Ass. Sie gewann sogar Olympiaden, und die Mutter war sehr stolz auf sie. Bei jeder Gelegenheit lobte sie Carmen, so heißt meine Schwester, und ich stand doof daneben. Von mir sagte sie nur: „Wenn sie beschäftigt ist, wenn sie sich auf etwas konzentriert, dann geht's." Carmen und ich stritten immer, prügelten uns sogar, wenn es nicht anders ging. Wir waren wie Hund und Katze, als hätten auch wir nicht denselben Vater. Schade, unsere Mutter hat nie reagiert, nie versucht zu schlichten. Zugegeben war ich auch manchmal neidisch auf sie. Sie durfte viel mehr als ich. Alles, was ich mir mühsam erkämpfte, bekam sie einfach. Sie hatte immer den richtigen Riecher für alles. Sogar Sex hatte sie vor mir. Ich war im Zugzwang und nahm den Erstbesten. War leider 'ne schlechte Wahl. Danach dachte ich: Was finden denn alle so toll daran?

Beim Zweiten war das Sexuelle viel besser. Aber mit Folgen! Er war sechs Jahre älter und arbeitete auf Montage. Ich erinnere mich genau – das Kondom war geplatzt und ich sagte: „Jetzt bin ich schwanger", und er: „Quatsch!" Ich hatte so ein kribbeliges Gefühl im Bauch. Als würde ich spüren, wie die kleinen Tierchen zu meinen Eierstöcken wandern. Ich war sechzehn und ging in die 10. Klasse. Über meine Ausbildung hatte ich mir schon Gedanken gemacht. Von klein auf wollte ich was mit Tieren machen. In unserer Stadt gab's keine Möglichkeit, und so bewarb ich mich im nächstmöglichen Betrieb und der war ganz schön weit weg von zu Hause. Die Lehre konnte ich nicht gleich antreten, da ich ja schwanger war. Das war aber damals kein Problem, ich arbeitete bis zur Geburt in meinem Ausbildungsbetrieb im Büro und verdiente sogar Geld. Von meinem Verdienst, und von den tausend Mark, die der Staat für das Kind spendierte, kaufte ich die Babyausstattung. Da ich nicht volljährig war, bekam meine Mutter die Vormundschaft, und dementsprechend benahm sie sich auch. Sie bevormundete mich von vorn bis hinten. Nichts war ihr recht, was das Kind betraf. Stell dir vor, wenn mein Kind krank war, wurde nicht mir Bescheid gesagt, sondern meiner Mutter. Das ist doch absurd! Ich war zeitweise richtig sauer. Es war eine Gratwanderung. Ich brauchte sie, ja, hasste aber ihre Art, mich für unfähig hinzustellen. Irgendwann warf ich ihr sogar vor, dass ich mir gewünscht hätte, sie hätte sich damals, als ich Kind war, auch so um mich gekümmert.

Nach der üblichen Babyzeit begann ich die Ausbildung und konnte ins Internat. Mir tat das gut, ich bin richtig aufgelebt. Es war eine Befreiung, aber auch ein Fluch, denn ich sah meine Tochter nur noch am Wochenende. Immer wenn ich nach Hause kam, hatte sie was Neues gelernt, aber nicht von mir! Auf die Dauer schmerzte das, ich musste etwas tun und sprach mit meinen Lehrern. In solchen Dingen hatte man ja in der DDR viel Unterstützung. So konnte ich in einen anderen Betrieb wechseln, der näher an meinem Wohnort lag und machte dort meinen Abschluss als Facharbeiterin für Viehwirtschaft. Zwar wohnte ich wieder zu Hause, aber ich konnte mich um mein Kind kümmern. Meine Mutter hatte da schon den neuen Partner und blieb öfter über Nacht weg, alles entspannte sich. Nur die Beziehung zu meinem Freund verschlechterte sich. Eins muss ich vorwegnehmen: Er wollte das Kind, und er versprach mir damals, auf den Außendienst zu verzichten, wenn es auf der Welt ist. Tja, natürlich ging er weiter auf Montage und kam immer erst am Freitag wieder. Das Blöde war, er und seine Kollegen läuteten das Wochenende regelmäßig in der Kneipe ein. Mit Schnaps natürlich! Er versuchte sich jedes Mal mit dem gleichen Scherz zu entschuldigen: Die Aktivisten müssen erst noch „Zum Aktivisten", so hieß ihre Stammkneipe. Ich konnte darüber nicht lachen! Ehrlich. Ich hatte keine Lust mehr, mit ihm zu schlafen, die Hormonumstellung und seine Unzuverlässigkeit hatten meine Gefühle für ihn verändert.

Dann passierte eine Sache, die mir die Entscheidung erleichterte. Er stand wieder mal betrunken vor der Tür. Ich sagte ihm, er solle wiederkommen, wenn er nüchtern sei, und knallte sie vor seiner Nase zu. Das Kind schlief, und ich saß im Wohnzimmer und nähte irgendwas – keine Ahnung. Plötzlich taucht sein Kopf im offenen Fenster auf. Da ist der doch hochgeklettert, wir wohnten im ersten Stock. „Hilf mir", schrie er, „ich kann mich nicht mehr halten!" Ich stürzte zum Fenster und versuchte, ihn reinzuziehen. Aber der war viel zu schwer, und er rutschte mir durch die Finger und in dem Moment dachte ich: Na und? Er fiel in die Büsche und bewegte sich nicht mehr. Ich erschrak und dachte: Der ist tot! Vor lauter Angst und schlechtem Gewissen lief ich zum Nachbarhaus zu seinem Bruder. Als wir zurückkamen, lag er nicht mehr unter dem Fenster, sondern blutüberströmt im Bett neben unserer schlafenden Tochter! Dann kam auch gleich die „Schnelle Hilfe" – so hieß der Notdienst in der DDR –, und die nahmen ihn zum Glück mit. Ich hab mich so geschämt, es war mir so peinlich. Diese Geschichte hat mir den Rest gegeben. Ich brauchte einen Mann, auf den ich mich verlassen konnte, und nicht einen, der unberechenbar war. Das wollte ich für mich und mein Kind nicht, und so trennte ich mich endgültig von ihm.

Die neue Liebe meiner Mutter verhalf mir praktisch zu einer eigenen Wohnung. Meine Schwester lebte schon nicht mehr mit uns. Sie war zu ihrem Freund gezogen, der älter war, arbeitete und scheinbar Geld hatte. Sie kam ständig mit neuen Klamotten an. Ich muss zugeben, ich war neidisch auf ihre Freiheit, auf ihre Beziehung, auf ihre Freunde. Es war nicht leicht, so früh ein Kind zu haben.

Jedenfalls wollte meine Mutter mit ihrem Freund zusammenziehen, und so tauschten wir unsere Vierraumwohnung gegen zwei Zweiraumwohnungen. So hatte ich endlich meine eigenen vier Wände! Gleichzeitig begann ich mit dem Fernstudium zum Veterinärfacharbeiter. Diesen Beruf gibt's heute gar nicht mehr. Praktisch bedeutete es, die Tiere werden medizinisch versorgt, solange eine Behandlung durch einen Tierarzt nicht dringend notwendig erscheint. Da kam mir die Wende dazwischen.

Oh, dachte ich, jetzt fällt die Mauer. Hm. Toll! Können wir die Verwandten besuchen! Aber so richtig freuen konnte ich mich noch nicht. Es war mir alles zu unsicher. Vielleicht geht sie wieder zu? Ich hatte so ein Sicherheitsdenken. Nach ein paar Tagen bin ich dann doch mit meiner Mutter rüber. Wir standen auf dem Kudamm, und meine Mutter sagte: „Du, die sehen doch aus wie wir. Haben vielleicht bisschen bessere Klamotten, aber sonst kein Unterschied." – „Mensch Mama, sind doch auch nur Deutsche, wie sollen die denn sonst aussehen?" Dann gingen wir zu einer Bank, um für das Begrüßungsgeld anzustehen. Wenn's nach mir gegangen wäre, hätte ich drauf verzichtet. Ich hab gelitten. Es war mir so peinlich.

Was hat mir die Wende sonst noch beschert? Arbeitslosigkeit! Unser Betrieb wurde umstrukturiert. Die meisten Mitarbeiter wurden durch Maschinen ersetzt. Und mein Fernstudium konnte ich auch knicken. Zwei lange Jahre war ich arbeitslos. Es war nicht leicht, damals das Gute an den neuen Zeiten zu sehen. Versteh mich bitte nicht falsch! Mir hat es in der DDR an nichts gefehlt, und auf die Straße wäre ich nicht gegangen. Trotzdem bewundere ich die Menschen, deren Leidensdruck so groß gewesen sein muss, dass sie alles gewagt und sich durchgesetzt haben. Heute bin ich dankbar dafür! Damals habe ich noch nicht begriffen, welche Chancen die neue Ordnung mit sich bringt. In den zwei arbeitslosen Jahren habe ich vieles ausprobiert.

Auf dem Arbeitsamt saßen übrigens die gleichen Leute,

die ich aus der DDR vom Rat der Stadt kannte! Die haben sich schnell ihre Posten gesichert.

Das Jobcenter bot alle möglichen Maßnahmen an. Ich arbeitete mal als Schuh-, mal als Wurstverkäuferin, konnte mich geradeso durchschlagen mit meiner Tochter. In dieser Zeit fühlte ich mich oft allein, im Stich gelassen. Ich hätte so sehr jemanden zum Reden gebraucht. Jemanden, der mir in Erziehungsfragen half, der mir Mut machte. Ich war doch noch so jung! Als junge Mutter läufst du Spießruten. Überall lauern abschätzende Blicke, hinterhältige Bemerkungen. Beim Elternabend zum Beispiel: Alle nehmen sich wichtig, quatschen überflüssiges Zeug und fragen dann: „Was halten Sie denn davon, Sie sagen ja gar nichts!" – „Was soll ich sagen, ich höre zu!" Was sollste sonst sagen, sollste dumm quatschen? Oder im Kindergarten: „Was haben Sie denn mit dem Kind gemacht? Gestern war es doch noch ganz gesund!" Diese spießigen Besserwisser.

Beruflich ging's bald bergauf. Eine Brauerei suchte jemanden mit kaufmännischer Erfahrung. Die hatte ich zwar nicht, bin aber trotzdem hin. Im schicken Kostüm mit Stöckelschuhen schlug ich an der Rezeption auf und fragte nach dem Chef. Die dachten, ich sei wer ganz anderer, und ließen mich passieren. Ich klopfte an seine Tür und trat gleich ein. Er saß hinter seinem Schreibtisch, schaute mich verwundert an und fragte, wie er helfen könne. Ich sagte: „Ich möchte mit Ihnen über Bier reden!" Er: „Ja gerne, in einer halben Stunde, wenn es Ihnen recht ist?" Ich: „Okay, in einer halben Stunde bin ich zurück!" Er: „Danke und bis gleich!" Als ich wieder draußen auf dem Gelände stand, wurde mir erst mal klar, was da passiert war. Der Chef einer Brauerei würde in Kürze mit mir reden! Plötzlich war ich furchtbar aufgeregt. Ich mach es kurz: Er dachte, ich sei eine Vertreterin, und als ich mich ihm erklärte, lachte er und bot mir den Job an! Der Wahnsinn! Er meinte nur, wenn sie meine Vorzimmerdamen und mich überlisten, dann können sie auch verkaufen! Danach zeigte er mir den Betrieb. So wurde ich zur Außendienstmitarbeiterin einer gutgehenden Brauerei. Dabei trinke ich bis heute kein Bier! Haha! Wenn es einmal läuft, dann wirst du mutig und schaust dich nach der nächsten Herausforderung um. Die Provinz ging mir aufs Gemüt. Es wurde mir alles zu eng, ich wollte raus. Und da kam mir wieder der Zufall zu Hilfe. Meine Brauerei baute einen neuen Standort auf und zog mich nach. So landete ich in Berlin.

Für mich war das großartig, für meine Tochter weniger. Die erste Zeit der Pubertät war für uns easy going gewesen. Dafür kam's jetzt dicke. Sie entzog sich mir, kam immer öfter nicht nach Hause und wenn, dann war sie richtig maulig und granzig. Ich hatte keine Ahnung, wer ihre Freunde waren, was sie so trieb und wo sie die Nächte verbrachte. Eines Tages kam ich heim, als sie dabei war, ihre Sachen zu packen. „Ich ziehe aus", sagte sie. „Wieso und warum und wohin?", fragte ich. „Geht dich nichts an!" – „Natürlich geht mich das was an. Du bist sechzehn, ich bin deine Mutter!" – „Ich ziehe zu meinem Freund. Versuch nicht, mich davon abzuhalten!" Ich habe sie gelassen, es hatte keinen Zweck, sie zum Bleiben zu zwingen. Ich fürchtete, sie dann ganz zu verlieren. Du, das war eine schreckliche Zeit für mich. Anfangs wusste ich nicht mal, wer der Freund ist und wo er wohnt. Er hat mich dann irgendwann kontaktiert, mir seine Adresse gegeben und versichert, dass es ihr gut geht. Nach langer Zeit wollte ich sie mal besuchen und stand mit Blumen vor der Tür. Sie öffnete, schaute mich an und fragte: „Und, was willste?" – „Dich sehen." – „Jetzt haste mich gesehen!" Und damit schloss sie die Tür wieder. Wenn ich daran denke, könnte ich gleich wieder anfangen zu weinen ... Es war die schlimmste Zeit in meinem Leben.

Und dann: Eines Tages kommt mir mein Kind entgegen mit Bauch! Es war ihre Heimkehr, wenn du so willst. Von da an waren wir wieder Mutter und Tochter und ich dann bald Oma. Auch nicht schlecht, so jung Großmutter zu sein. Man ist noch fit, kann alles mitmachen, hat noch nicht so viele Wehwehchen. Haha! Ich habe ihr Schwangerschaftsklamotten gekauft und mit ihr zusammen die Babyausstattung besorgt. Irgendwann fragte ich sie vorsichtig, warum sie mit mir so gehadert hat. „Mama, ich wusste selbst nicht, ob ich Fisch oder Fleisch bin. Meinst du, mein Kind wird mal so wie ich?" Da habe ich losgeheult. Es hat mich so gerührt: „Falls es noch einen Zacken schärfer wird als du, schick es ruhig zu mir!" Dann lagen wir uns in den Armen, klingt so richtig kitschig, war aber so. Sie war für einen kurzen Moment wieder mein kleines Mädchen. Nun ist sie stolze Mutter, und sie macht das richtig gut! Die Gesellschaft hat sich gewandelt. Meine Tochter hat es als junge Mutter heute besser als ich früher.

Während sich eine Seite meines Lebens zum Guten wendete, brach an der anderen was weg. Als ich zufällig die Verkaufszahlen meiner Brauerei sah, wurde mir klar, dass es bergab ging. Und tatsächlich wurde ich gekündigt! Einfach so! Das ließ ich mir natürlich nicht gefallen. Mit Hilfe eines Anwaltes erstritt ich eine gute Abfindung. Solche unerwarteten Einschläge haben mich eher beflügelt. Ich dachte, es ist Zeit, was Neues zu versuchen. Ich machte eine einjährige Berufsausbildung zur Fremdsprachensekretärin und bekam von der Schule ein gutes Abschlusszeugnis. Leider fiel ich durch die anschließende Prüfung bei der Industrie- und Handelskammer, bekam also das Zertifikat nicht und verfügte somit über keinen beglaubigten Abschluss. Wie schon anfangs gesagt, man muss manchmal im Leben nachhelfen. Was ist schon so ein Papier? Entweder kann man es, oder man kann es nicht. Ich kann! Bei allen Bewerbungen legte ich nur das Schulzeugnis vor und keiner fragte nach dem Zertifikat. Und wie du siehst, es klappte! Meine jetzige Arbeit ist interessant. Wir erstellen Managementsysteme, das heißt, wir optimieren Prozesse und stellen für alles Mögliche Zertifikate aus. Ich organisiere Kunden, sorge dafür, dass Hygienestandards, Fristen und Normen eingehalten werden. Ehrlich gesagt, denke ich manchmal darüber nach, was ich vielleicht noch machen könnte. Ich würd schon noch mal meine Arbeit wechseln – ich bin jetzt zweiundfünfzig, da wird es nicht leichter.

In meiner Berliner Zeit habe ich nicht so viele Freunde gefunden. Ich war zu viel unterwegs und dann die Sorgen mit meiner Tochter. Also war es kein Verlust, Berlin den Rücken zu kehren und nach Frankfurt zu ziehen. Hier hab ich einen wunderbaren Freundeskreis. Anfangs schloss ich mich einer Laufgruppe an. Wir trainierten drei Mal die Woche mit dem Ziel, den Berliner Marathon zu laufen. Es hieß, wir tun's erst mal und schauen, was rauskommt! Am Ende blieb ich übrig, das heißt, ich war die Einzige, die tatsächlich am Marathon teilgenommen und ihn geschafft hat! Ich war so stolz auf mich. Die Medaille hängt auf dem Klo! Das ist keine Wertschätzung, bitte! Ich schaue sie nur gern an, wenn ich dort sitze!

Dann lernte ich einen Typen kennen, der Paragliding machte. Als ich zum ersten Mal zuschaute, war ich hin und weg. Ich wusste, das ist mein Sport, das ist mehr als Sport, das ist Freiheit pur! Und bei dem Sport begegnest du ganz besonderen Menschen. Das traut sich einfach nicht jeder! Anfangs machst du ja Trockenübungen, spielst alles am Boden durch und packst gefühlte hundert Mal dein Päckchen. Jeder Handgriff muss sitzen. Und dann fliegst du das erste Mal! Ein Traum! Du fliegst mit Kamera am Helm, damit man hinterher den Flug gemeinsam auswerten kann. Dann siehst du das alles noch mal auf dem Bildschirm und möchtest am liebsten gleich wieder los. Mein erstes Mal war ein guter Start. Ich wurde von allen gelobt. Kann aber auch passieren, dass es nicht so gut geht. Dann wirst du vom Trainer liebenswert „zum Eichhörnchen gemacht" – so nennen wir das unter uns.

Weißt du, mit der Zeit wird mir klar, dass der Job nicht alles im Leben ist. Sinnvolle Freizeit ist viel wichtiger. Gerade hab ich 'nen Mann kennengelernt! Es brennt! Wir trafen uns beim Fasching – ich ging als Teufelin und er als Tourist, also ohne Kostüm. Mal sehen, was draus wird. Ich könnte mir vorstellen ... Ach, wenn man drüber redet, wird's vielleicht wieder nichts. Vielleicht heirate ich doch noch eines Tages ... haha. Dann möchte ich mit ihm einen Hochzeitsflug machen.

Egal was wird, ich bin eigentlich ganz froh. Ich fühle mich wohl, fühle mich zu Hause, fühle mich vom Leben angenommen. Das kann man doch so sagen?

Birgit | 55, Nicolas Mutter

Ich bin oft glücklich, einfach so. Ich denk dann, heut
ist es schön oder jetzt ist es schön oder so. Dann
könnt ich singen ...

Ich bin oft glücklich, einfach so. Ich denk dann, heut ist es
schön, oder jetzt ist es schön oder so. Dann könnt ich singen ... Manchmal tu ich es auch, wenn keiner in der Nähe
ist. Auch wenn ich am Sonntag bei meinen Eltern am Mit-
tagstisch sitze, bin ich glücklich, und wenn wir zusammen in
den Urlaub fahren, ist das ebenso. Du guckst ganz erstaunt.
Ist das so seltsam? Ich lebe mein eigenes Leben, und ich tu,
was mir guttut. Und die Familienrituale gehören definitiv zu
den guten Sachen.

Seit über zehn Jahren bin ich Single. Ich kann das, ich mag
das. Ich liebe es, Zeit für mich zu haben, mich mir zu widmen,
meinen Neigungen und meinen Gefühlen nachzugeben. In
meiner Ehe fühlte ich mich immer irgendwie eingeschränkt,
konnte aber nie sagen, woran es lag. Ich mochte meinen
Mann, aber ich mochte unser Zusammenleben nicht. Das
weiß ich erst heute, damals war es nur so ein unterschwelli-
ges Unwohlsein. Und mit der Wende hat sich dieses Gefühl
in eine leichte Aggression umgewandelt. Es passierte zu viel
auf einmal. Er konnte nicht Schritt halten mit allen Veränderungen, und ich wollte was Neues. Wir hatten uns auseinandergelebt und im Guten getrennt. Heute haben wir ein
entspanntes Verhältnis, sehen uns ab und zu und treffen uns
gemeinsam mit unserer Tochter.

Die Wendezeit war für mein Leben enorm wichtig. Erst
fiel die Mauer, dann kam die Scheidung, und dann begann
ich noch mal eine Ausbildung zur Buchbinderin. Und nun
arbeite ich in meinem Traumberuf. Ich restauriere alte Bücher. Das ist wunderbar. Hinter jedem Buch steckt eine Ge-

schichte, jedes hat einen „Lebenslauf". Ich stell mir dann immer vor, wie es dem Schreiber beim Schreiben erging, wie es dem erging, der es gebunden hat, wie viele Menschen es in der Hand hielten, wie viele es gelesen haben könnten. Es ist mir immer eine Ehre, es wieder zum Leben zu erwecken. Ich behandle es wie ein rohes Ei und trage auch weiße Handschuhe dabei. Das war übrigens auch einer der Gründe, warum ich meinen ersten Beruf als Druckerin gerne aufgegeben habe. Du musstest immer einen Blaumann tragen und hattest immer schwarze Fingernägel. Wobei: Das Arbeiten mit den Händen bereitete mir schon als Kind Vergnügen. Ich bin im wahrsten Sinne eine „Hand-Werkerin". Schon in der Schule liebte ich Werken. UTP – Unterricht in der Produktion –, hieß das so? Ja, nicht wahr? Und ESP war die Theorie. Keine Ahnung, was das heißt. Jedenfalls wollte ich als Kind Tischler werden. Ich habe schon als Jugendliche alte Möbel hergerichtet. Leider gab's in meinem Jahrgang keinen Betrieb, der ein Mädchen einstellen wollte. Überhaupt: Ich hatte viele Träume als Kind. Ich wollte im Wald in einem Baumhaus leben mit vielen Tieren. Daraus entwickelte sich der Wunsch, Förster zu werden. Als man mir dann erklärte, dass ich auch Tiere erschießen müsse, war der Beruf für mich gestorben.

Ich wusste ehrlich gesagt nicht, was ich wirklich werden wollte. Zum Abi reichte es nicht, und meine Eltern galten als Intellektuelle – das waren sie nebenbei auch –, da war's nichts mit der Oberschule. Erst waren die Arbeiter- und Bauernkinder an der Reihe. Meine Mutter schrieb, und mein Vater war Lektor bei einem Verlag – beide in Berufen, die mit Büchern zu tun hatten, und sie rieten mir zu einer Druckerlehre, und die machte ich auch.

Sie ließen mir immer alle Freiheiten. So war ich einige Zeit Mitglied der FDJ, bis ich mich öffentlich gegen die Ausbürgerung Biermanns äußerte. Ich fand, man soll doch jemanden wieder in sein Land lassen, der sowieso schon Arbeits- und Auftrittsverbot hat. Wem schadete er? Die FDJ-Leiterin sah das anders. Sie signalisierte mir, dass ich mit dieser politischen Einstellung nichts auf dem anstehenden Freundschaftstreffen in Polen zu suchen hätte. Plötzlich war ich isoliert. Ich weiß nicht, ob meine Mitschüler Angst hatten oder ob es ihnen untersagt war, mit mir zusammen zu sein? Jedenfalls mieden sie mich. Meine Eltern rieten mir zur „Jungen Gemeinde". Ich wollte mir das überlegen. An Gott glaubte ich nicht, und die paar Mal, die ich in einer Kirche war, fand ich immer langweilig, und in der Schule hatte man uns versichert: Juri Gagarin hat da oben keinen Gott getroffen! Wie das so ist, ich verliebte mich zum ersten Mal, und er war Mitglied in der Kirche. Also trat ich ein und habe meine Entscheidung nicht bereut. Den ersten Freund hab ich vergessen, aber die Arbeit in der Gemeinde, für die Gemeinde, ist mir bis heute wichtig.

In unserem Ort leben viele ehemalige SED-Mitglieder. Die geraten sich gegenseitig in die Haare, kommen zu keiner vernünftigen Entscheidung, an allen Ecken krankt es. Soll die Straße repariert werden oder nicht, sollen Bäume gepflanzt werden oder nicht, soll der Bahnhof saniert werden oder nicht – so geht das seit Jahren. Nichts schaffen sie, meckern nur. Weißt du, die genießen alle Vorteile der Wende, sie verreisen, hamstern ihre Renten ein, aber eins wollen sie nicht: Es darf im Kapitalismus nicht schöner sein als in der DDR!

Da ist die Gemeinde eine willkommene Alternative. Nicht, dass es bei uns keine Probleme gibt. Das „Bodenpersonal" könnte modernisiert – dem heutigen Leben angepasst werden. Diese ganzen alten Rituale kommen mir manchmal so hohl vor. Auf der anderen Seite bin ich selber ganz schön, ja, wie soll ich sagen, altmodisch. Ja, das trifft es. Drei Sätze begleiten mich schon mein Leben lang: „So etwas macht man nicht! Das gehört sich nicht! Was sollen die Leute denken?" Zum Glück habe ich den letzten Satz für mich gestrichen. Was andere über mich denken, ist mir egal. Aber die beiden anderen lebe ich nach wie vor und habe sie auch an meine Tochter weitergegeben. Sie genießt das Leben in vollen Zügen. Sie war in ihrer Ausbildung zur Hotelfachfrau eine Zeit lang in Österreich und ist sowieso viel gereist – hat mehr von der Welt gesehen als ich. Nun ist sie selbstständig, macht Catering, betreut Veranstaltungen gastronomisch, und es läuft gut. Ich bewundere sie. Wir treffen uns regelmäßig in Berlin – für sie die schönste Stadt der Welt. Ich glaub, sie macht das richtig.

Dass ich noch so sehr mit meinen Eltern verwoben bin, ist ja auch nicht normal. Aber ich bin es gerne, das ist das Verrückte. Sie sind meine wichtigsten Bezugspersonen. Mit ihnen kann ich alles besprechen, sie wissen immer eine Antwort. Ich kann den Gedanken nur schwer ertragen, dass sie eines Tages sterben werden. Davor fürchte ich mich am allermeisten. Aber es wird so kommen. Wie ich dann leben werde? Was mache ich sonntags? Wie und mit wem fahre ich in den Urlaub?

Machen wir Schluss. Ich will an was anderes denken.

Nicola | 28, Birgits Tochter

Bin ich eine Ostfrau? Weiß ich, was läuft? Ich bin von beidem. Ich bin eine ostsozialisierte Westfrau.

Ich kann einfach meine Klappe nicht halten. Das war schon immer so und wird auch so bleiben.

In unserer Familie wurde alles diskutiert! Und das heftig und zum Glück! Es hat mich geprägt, ist ein nützliches Erbe. Vor allem mit meinem Vater habe ich gestritten. Als ich fünf war, verließ er uns, ging zu einer anderen Frau. Die Trennung meiner Eltern ... Allein die Erinnerung daran schnürt mir die Kehle zu ...

Es war nicht so, dass ich meinen Vater verlor, nein. Wir sahen uns regelmäßig, ich fuhr sogar mit seiner neuen Familie in den Urlaub, aber es war nicht dasselbe. Ich hätte mehr Vater gebraucht. Vielleicht hab ich mich auch deshalb regelmäßig mit ihm angelegt. Er wollte mich zu jemandem erziehen, der ich nicht sein wollte. Ich wollte eine dreiviertellange Hose tragen und keine lange, ich wollte die Haare offen tragen und nicht zu einem Pferdeschwanz, ich wollte Punk – wollte dickköpfig sein können. Ich wollte mich einfach in keine Schublade stecken lassen. Noch heute haben wir unterschiedliche Vorstellungen, aber er macht keinen Druck mehr. Er will einfach nur, dass ich glücklich bin.

Und ich bin glücklich. Ich mag mich inzwischen so, wie ich bin. Das ist ja nicht selbstverständlich, das muss man sich erarbeiten. Meine beste und älteste Freundin, wir kennen uns seit siebzehn Jahren, hatte schon immer dieses Selbstverständnis. Sie liebt sich, wie sie ist, das finde ich total cool. Es hat mich beeindruckt, ich war beinah neidisch darauf. Heute bin ich nicht mehr so die harte Nudel, kann viel mehr zulassen, habe von ihr gelernt, und wir sind noch mehr Freunde als früher. Natürlich hatten wir auch unsere Brüche. Aber gerade das verbindet – genau wie Zeit. Das „Miteinanderwachsen" macht 'ne gute Beziehung für mich aus.

Mit meiner Mama bin ich ganz eng. Ich bewundere ihre Sanftheit – dagegen bin ich eine Dampfwalze, und das ist in Ordnung so! Sie hat Druckerin gelernt, arbeitet aber heute in der Staatsbibliothek und restauriert Bücher. Sie hatte einfach keine Lust mehr auf schwarze Hände und wechselte nach der Wende in eine Tätigkeit, in der sie weiße Handschuhe tragen darf. Sie weiß, was sie will, und setzt es still in die Tat um, und ich mach es laut, brauch immer ein Gegenüber mit dem ich mich messen kann. Aber mit ihr habe ich mich kaum gestritten, es gab keinen Anlass. Sie war immer verständnisvoll, ich musste nie Sorge haben, wenn was schiefgelaufen war oder wenn ich mit einer schlechten Note nach Hause kam. Sie sagte nur: „Das klären wir", oder: „'ne bessere Note wäre schön gewesen." Kein Druck – kein Streit. Mit ihr hat einfach mehr zusammengepasst als mit meinem Vater. Außerdem waren wir ja nur zu zweit! Ich bin noch heute ein Mutti-Tierchen und steh auch dazu.

Nach der Wende hatte sie große Zweifel, ob sie im Westen allein mit Kind zurechtkommen würde. Aber die Sorge war unbegründet, mein Vater hat sich gekümmert. Ich bin sehr froh, dass meine Eltern das so gut hinbekommen haben, dass wir uns alle verstehen und auch zusammen unter einem Dach sein können. Durch die drei Ehen meines Vaters habe ich vier unechte Geschwister, und ich liebe sie alle! Seine erste Frau nach meiner Mutter hat eine Tochter, seine zweite Frau verunglückte leider, hinterließ auch eine Tochter, und mit seiner jetzigen Frau hat er noch mal einen Sohn und eine Tochter, sie sind heute acht und zwölf. Und wir können alle zusammen zum Beispiel Geburtstag feiern. Auch meine Mama ist dann dabei! Ist das nicht toll? Das ist wirklich Patchwork! Ich finde das unglaublich, und es ist wahr! Meine

Familie ist mir sehr wichtig. Trotzdem sehne ich mich nicht nach Kind und Kegel, ich liebe meine Freiheit.

Mit meinem Freund bin ich seit vier Jahren zusammen, trotzdem wohnt jeder für sich. Er hat zwei Kinder und lebt mit der Kindsmutter in einer Wohngemeinschaft, und ich habe meine eigene „Höhle". Ich brauche das, muss mich zurückziehen können. Manchmal, wirklich ganz selten, fliegt mich der Wunsch nach Zusammenwohnen an. Aber genauso schnell ist er wieder davongeflattert. Wir sind glücklich so, wir respektieren uns. Wir arbeiten meistens zusammen. Er ist freiberuflicher Koch, und ich bin freiberufliche Kellnerin.

Siehst du, über meinen Job hab ich noch gar nichts erzählt. Aber vielleicht haken wir erst mal die Schule ab. Ich war faul, hatte keine Lust auf Schule. Ich hab nur das Nötigste gemacht, um meine Ruhe zu haben. Und da ich ja Punk sein wollte, hab ich in der Zeit auch gekifft. Nicht wenig. Das „Null-Bock" habe ich mir nicht anmerken lassen. Aber die Rache folgt auf dem Fuße! Irgendwann verlor ich den Überblick und blieb sitzen, das war in der 11. Klasse. Mein Vater natürlich entsetzt, meine Mutter: „Das arme Kind!" Zum Glück bestand er darauf, dass ich weitermache, und so wechselte ich in eine Ganztagsschule mit Internat. Für seine Beharrlichkeit in dem Punkt bin ich ihm bis heute dankbar. Diese Niederlage hat was mit mir gemacht, in meinem Kopf legte sich ein Schalter um. Alles was im Leben einschneidend ist – ist gut!

Plötzlich war ich für mich selbst verantwortlich und entwickelte sogar Ehrgeiz. Ich wollte alles schaffen, und es sollten auch noch gute Noten dabei herauskommen. Heute ärgert es mich, dass ich so viel Zeit vergeudet habe. Immer wieder fehlt es mir an Wissen, ich muss es mir mühsam aneignen. Dann denke ich, wie blöd, dass du in den ersten Jahren so 'ne faule Socke warst. Aber das ist Geschichte. Trotzdem habe ich mein Abi mit zwei gemacht, zur Freude meines Vaters. Er wolle auch, dass ich studiere, am liebsten Ingenieur oder so was wie er. Aber darauf hatte ich keinen Bock. Ich hatte überhaupt keine Vorstellung, in welche Richtung es beruflich mal gehen könnte. In frühster Jugend wollte ich Nonne werden. Ich glaube, wegen der Kostümierung. Dann Schauspielerin, lustig nicht wahr? Ich galt immer als Klassenclown, Quatschmacherin und spielte in einer Theater-AG am liebsten die Bösen. Im Bösen kann man alles ausleben, was sonst verborgen bleiben würde. Für mich fühlte es sich an, als würde ich auf diesem Weg in meine Mitte kommen.

Gut, also nach dem Abi wusste ich nicht, wie es weitergehen sollte. Und da kommt wieder meine beste Freundin ins Spiel. Sie hatte kein Abi und war nun Hotelfachfrau. Warum nicht, dachte ich und machte erst mal ein Praktikum; ich wollte ja nicht die Katze im Sack kaufen. Es gefiel mir, und so begann ich eine Lehre im Steigenberger zu ebensolcher Fachfrau wie meine beste Freundin. Und ich habe es nicht bereut. Ich mag meinen Beruf, heute mehr denn je. Zunächst ging ich für ein Jahr in die Alpen nach Österreich. Weißt du, als Flachlandnudel plötzlich in den Bergen, über keinen kannste drübergucken, und wenn die Sonne dahinter verschwindet, ist es düster. Nee, ich bin nicht der Bergtyp. Ich brauch auf lange Sicht die weite Sicht – am liebsten das Meer –, aber mit einem See bin ich auch schon zufrieden.

Die Landschaft allein war es nicht, es war das Zusammenspiel von vielen Faktoren, das mir diese Zeit so schwer machte. Eine, na ja, Beinahfreundin holte mich in dieses Wellnesshotel in Ö, sie war dort Hausdame und bot mir die Assistenz an. Warum nicht dachte ich, kommste mal raus. Aber es entwickelte sich alles ganz anders. Da hab ich das erste Mal erkannt, welche Ansprüche ich an mich und den

Beruf stelle. Gute Arbeit leisten, die beste, wenn es irgendwie geht, und ohne Kompromisse, das will ich. Ich hab mich sozusagen selbst überrascht. Plötzlich erkennst du, wie du und wer du bist.

Meine Vorgesetzte hatte diese Ansprüche nicht. Das war der kleine feine Unterschied zwischen uns. Und schon nach kurzer Zeit gerieten wir aneinander. Für mich wurde der Aufenthalt fast unerträglich. Zurück in Berlin kamen unerwartet andere Probleme. Ich fand nicht wieder rein, alles fühlte sich so fremd an. Ich kann dir nicht sagen, was das war. Auf jeden Fall weiß ich seitdem, dass ich nicht mehr ins Ausland zum Arbeiten will. Verreisen ja, immer, aber nicht mehr für lange Zeit aus Berlin weg. Berlin ist meine Heimat, hier bin ich zu Hause. Punkt. Also hab ich zwei Dinge aus der Zeit mitgenommen: Ich akzeptiere nur hundert Prozent bei der Arbeit, und ich will und muss nicht ins Ausland, um mich gut zu fühlen.

Nach Österreich arbeitete ich ein Jahr bei einer Personalfirma: Hauskeeping. Die haben uns ausgebeutet, das hat mich so angewidert, das hab ich nicht ausgehalten. Ungerechtigkeit bringt mich sowieso auf die Palme und wenn du in so einer Mühle drin steckst und dich nicht wehren kannst – alles, was in die Tiefe geht, ist ein Abgrund. Nee, dachte ich, du musst was ändern. Also hab ich den Schritt in die Selbstständigkeit gewagt. Und gewonnen! Es war die beste Entscheidung meines Lebens. Inzwischen mach ich das vier Jahre und es läuft. Ich bin stolz auf mich, auf meine Arbeit. So vieles ist mir in Fleisch und Blut übergegangen – diesen Ausdruck verwendet mein Vater gern, weiß auch nicht, warum der mir jetzt unterkommt. Ich staune, was und wie ich selbstverständlich entscheide und was ich alles kann. Und ich bin immer bereit, noch dazuzulernen. Aber das Wichtigste: Ich kann es mir leisten, einen Job nicht anzunehmen, wenn er mir nicht gut erscheint, wenn die Umstände oder das Geld nicht stimmen. Lieber sitz ich mal bei Wasser und Brot, als für Leute zu arbeiten, die mir nicht zusagen. Du musst deinen Marktwert kennen, musst dich gut verkaufen. Ich bin froh, eine Frau zu sein, nicht zu verwechseln mit Emanze, und ich kann gut für mich sorgen! Man kann die Männer, ich sag mal austricksen, indem man sich ihre Denkweise zu eigen macht, sich offensiv in Verhandlungen zeigt. Die Manager sind ja meistens Männer und knallhart, und wenn dann eine kommt, die ihnen widerspricht, nicht von ihrer Forderung abweicht, finden die das sogar gut. Dann haben sie sofort Respekt, jedenfalls erlebe ich das so.

Ach ja, die Männer. Meine Erfahrungen in Sache Liebe sind übersichtlich. Ich gebe mich nicht so gern aus der Hand. Meinen ersten Freund hatte ich mit siebzehn. Er gehörte der Truppe an, mit der ich immer herumhing. Abgesehen vom Sex – wann ist der schon toll am Anfang – war es eine perfekte erste Liebe. Er war zuvorkommend, zuverlässig, aufopfernd – das ganze Paket stimmte. Ihn verließ ich für einen anderen Jungen aus der Truppe, und der hat mir das Herz gebrochen. Nach einem Jahr hat er aus heiterem Himmel am Telefon Schluss gemacht. Weißt du, wenn man schon seinen Panzer ablegt, sich öffnet und dann kommt einer mit einem Messer und sticht zu ... Ich hatte lange daran zu knabbern, sechs Jahre habe ich keinen mehr an mich rangelassen. Zum Glück traf ich dann doch einen, der mir gefiel, und er wurde für einige Zeit mein Liebhaber. Wirklich nur das, was anderes wollte ich nicht von ihm.

Und dann tauchte er auf, der Mann, der wirklich ein Mann ist, um einiges älter, aber noch jung genug. Ich glaube, ich liebe ihn. Wir haben uns bei der Arbeit kennengelernt. Klar, er ist auch ein Ossi. Sein Vater war ein hohes Tier bei der Stasi. Das hat ihm seine Jugend ganz schön versaut, da kaut er noch heute dran, aber so nach und nach arbeitet er alles auf. Mit 'ner Westfrau würde das nicht gehen, sagt er, er braucht mich, die Ostfrau, die weiß, was läuft. Bin ich eine Ostfrau? Weiß ich, was läuft? Ich bin von beidem. Ich bin eine ostsozialisierte Westfrau.

Meine Großeltern mögen meinen Freund sehr, und wenn wir sie besuchen, kommt meistens das Thema Osten auf den Tisch und wird sozusagen verspeist. Ihm hilft das, denn sie wissen um die Dinge. Sie hatten auch Probleme unter dem alten Regime, obwohl sie als Kulturschaffende eine gewisse Narrenfreiheit genossen. Wenn ein einfacher Arbeiter schlecht über den Staat geredet hätte, wäre er sofort in den Knast gegangen, während Leute aus der Kultur schon mal 'ne Lippe riskieren konnten, da passierte nicht gleich was. So berichten sie. Mich interessieren diese Dinge, ich will wissen, wo ich herkomme, warum „meine Menschen" so sind wie sie sind. Ich glaube, es wird in den Schulen zu wenig über die ehemalige DDR gelehrt. Es kommen viel zu oft die zu Wort, die ihr hinterhertrauern, weil sie jetzt nicht klarkommen. Mein Freund hat mit seinem Vater über dessen Vergangenheit nie reden können. Dieser verweigert sich und pocht bis heute darauf, dass seine DDR vergewaltigt worden – einer Verschwörung zum Opfer gefallen sei. Wie krank ist das denn?

Ich bin sehr froh, jetzt und hier zu leben, alle Freiheiten zu haben, Entscheidungen selbst treffen zu können. Früher, also vor der Wende, wäre ich nicht klargekommen, ich wär wahrscheinlich ausgereist oder abgehaun. Übrigens, in der Nacht der Wende wurde ich mutterseelenallein in der Wohnung zurückgelassen. Meine Mama ist mit meinen Großeltern nachts rüber über die Bornholmer zum Kudamm, und ich lag unbewacht in meinem Bett und schlief. Immer wenn vom Mauerfall die Rede ist, plagen meine arme Mama

Schuldgefühle: „Ich hab mein Kind allein gelassen!" Und meine Oma sagt dann immer: „Ja, diese unbewachte Nacht ist nicht spurlos an ihr vorüber gegangen, man merkt es." Na ja, für Außenstehende ist das vielleicht nicht so witzig, aber wir haben unseren Spaß.

Da nehme ich doch gleich mal das Wort Spaß, um auf eine Sache überzuleiten – ist bisschen plump, ich weiß. Also, schon während der Ausbildung habe ich am liebsten die Bar gemacht – für Spätaufsteher wie mich sowieso das Beste. Und Spirituosen sind Wundermittel, nicht wegen des Alkohols, sondern weil man mit ihnen zaubern kann. Die Leute, auf die du an einer Bar triffst, sind immer in einer besonderen Situation – halbprivat – es entstehen interessante Gespräche, die man woanders so nicht führen würde. Und manchmal ist da sogar jemand, bei dem man sich vorstellen könnte, ihn auch an einem anderen Ort wiedertreffen zu wollen.

Mein Freund ist, wenn er will, ein leidenschaftlicher Koch – ich bin eine leidenschaftliche Barfrau und zusammen ergibt das: Molekulare Erdbeer-Margaritas mit Flüssigstickstoff im Betonmischer gemixt! Du lachst, verstehe ich, weil es ungewöhnlich klingt – ist es auch. Das Ganze dauert ungefähr zwanzig Minuten, ist laut und spritzt und schmeckt! Wir sind bisher die Einzigen mit der Nummer, und wir müssen sie ausbauen – jetzt ist sie einfach noch zu kurz. Trotzdem werden wir immer öfter gebucht, bei Betriebsfeiern oder Partys. Es ist jedes Mal ein Vergnügen, die ungläubigen Gesichter der Leute zu beobachten, wenn wir mit unserer Gerätschaft auftauchen. Sie können sich nicht vorstellen, wie und was passieren wird, und hinterher sind sie total aus dem Häuschen und dann bald betrunken. Geht übrigens auch mit anderen Früchten, aber Erdbeeren sind so schön blutrot – das beeindruckt mehr, wenn es spritzt.

Ja, scheinbar treibt es mich doch auf die Bühne ... haha. Keine Ahnung, was daraus wird. Auf jeden Fall sehe ich da einen Weg, noch mal was Neues anzufangen, noch einmal raus aus der Gastronomie in eine andere Berufung, klingt gut, Berufung. Noch weiß ich nicht genau, wie und was es sein könnte, aber im Hinterkopf brodelt es.

Der Leidensdruck ist noch nicht groß genug, um endgültig auszusteigen, ich liege sozusagen auf der Lauer – mit dem Gefühl kann ich gut leben!

Josefine | 19

Meine Erwartungen an mich sind enorm – nie könnte ich mich mit was Einfachem zufriedengeben!

Meine Erwartungen an mich sind enorm – nie könnte ich mich mit was Einfachem zufriedengeben! Schon immer träumte ich davon, was Großes aus meinem Leben zu machen! In der Schule war Mathe mein Lieblingsfach – ich bin nicht so der kreative Typ – ich brauche System – Regeln – Struktur und vor allem ein Ergebnis, und das gibt's in der Mathematik immer. Schon als Kind hatte ich einen Plan für mein Leben: Ich wollte Medizin studieren und Menschen helfen. Zunächst dachte ich an Kinderärztin – ich liebe Kinder. Aber nachdem ich ein Praktikum in einer Kinderarztpraxis gemacht hatte, entschied ich mich dagegen. Es war mir zu anstrengend, zu laut. Na ja. Dabei bin ich selber ein lauter Mensch und überfordere die Leute oft, weil ich so viel quatsche. Aber ich kann's nicht abstellen, es gehört zu mir. Egal, wenn es jemanden nervt, kann er ruhig sagen: „Halt doch mal die Gusche!" Da bin ich nicht beleidigt. Aber wenn's um was Grundsätzliches geht, kriege ich Probleme, da kann ich Kritik ganz schlecht wegstecken. Deshalb gebe ich immer alles, damit mir keiner an die Wäsche kann, und mit dieser Taktik bin ich in meinem Leben ganz gut gefahren. Meine Eltern haben mir das und vieles mehr mit auf den Weg gegeben – sie sind meine Vorbilder, und ich möchte mal so werden wie sie.

Mein Papa war zu DDR-Zeiten Offizier in der Armee – also in einem Job, der Disziplin voraussetzt. Heute ist er Kontroller beim Zoll – also im öffentlichen Dienst – er hat nur die Uniform gewechselt. Meine Mama ist auch bei dieser Behörde als Personalerin. Kennengelernt haben sie sich beim Studium in Münster, aber beide stammen aus Thüringen. Meine

Großeltern mütterlicherseits lebten früher im Grenzgebiet in der Nähe von Suhl, und mein Opa war dort Grenzer. Sie erzählen nicht viel aus der Zeit, nur dass es nicht so einfach war, sie zu besuchen. Man brauchte einen gültigen Passierschein, den musste man beantragen und zusammen mit dem Ausweis vorweisen, dann durfte man rein. Ist doch absurd – das kann ich mir ehrlich gesagt nicht vorstellen. Zum Glück sind heute die Grenzen alle offen. Überhaupt ist die DDR abstrakt für mich. Gut, es hatte alles seine Ordnung, war vorgeplant, die Regierung regelte das Leben – nur aus meiner Sicht sind die Menschen da reingequetscht worden, sie hatten keine Entfaltungsmöglichkeiten! Nee, das wäre nichts für mich gewesen.

Zu meiner Familie habe ich ein sehr inniges Verhältnis, sie ist ja nicht so groß. Großeltern, Eltern und mein Bruder. Vor allem er ist mir ganz, ganz wichtig, schließlich werden wir die beiden sein, die am Ende übrig sind. Er ist vier Jahre jünger und ein Wunschkind – sowohl von meinen Eltern als auch von mir. Ich habe mich so sehr nach einem Geschwisterchen gesehnt, aber als er dann auf der Welt war, kriegte ich Probleme. Alle guckten in den Wagen und flöteten: „Oh, ist der süß", und keiner beachtete mich mehr – ich war total eifersüchtig. Das hat sich natürlich alles gelegt, wir sind heute sehr eng miteinander, erzählen uns alles. Zum Glück, denn so richtige Freunde hatte ich nie. Ich glaube, ich war nicht sehr beliebt, galt als Streberin, und die bin ich ja auch – Abi: eins Komma null! Das war ich mir und meiner Familie schuldig, und alle waren stolz auf mich!

Meine Eltern haben sich eingerichtet, ja, so kann man das sagen, und in der Nähe von Erfurt ein Haus gebaut. Sie sind zufrieden mit dem System, so, wie es ist. Über Politik wird bei uns wenig geredet, und mich interessiert sie auch nicht sonderlich. Nur: Im September darf ich zum ersten Mal wählen! Ja, aber wen oder was? Keine Ahnung. Ich hab mich mit meinen Eltern beraten. Wir wählen auf keinen Fall SPD und auch nicht Grün – mein Papa meint, dass ich eine Partei wählen muss, die hinter der Bundeswehr steht. Das hat mich überzeugt.

Seit Oktober gehöre ich nämlich zur Bundeswehr und bin immatrikuliert für Medizin in Leipzig. Es ist genau das Richtige für mich. Ich hab mich für siebzehn Jahre verpflichtet und weiß, wie mein Leben in der Zeit aussehen wird. Auf keinen Fall werde ich in irgendeiner Landarztpraxis versauern! Nein! Weißt du, das Gesamtbild hat mich angezogen, und mein Bauchgefühl sagte: Das ist dein Weg! Es gibt eine Ordnung und eine Hierarchie, ein System, dem ich mich freiwillig unterordnen muss. Das ist Herausforderung, aber auch Sicherheit, und die brauche ich.

Die militärische Grundausbildung war krass! Du machst alles wie'n Kerl – robbst durch den Schlamm, kletterst Wände hoch, rennst durch den Wald, schläfst im Zelt. Da kannste nicht das Mädchen raushängen lassen, von wegen Kajal, nee, du musst im wahrsten Sinne deinen Mann stehen. Jetzt sage ich dir was, das dürfte keiner meiner Kameraden wissen: Als Kind habe ich Disney-Prinzessinnen geliebt, vor allem Arielle, die kleine Meerjungfrau, und meine Mama hat sie mir mal als Kuscheltier geschenkt. Das habe ich immer dabei, und wenn ich im militärischen Einsatz bin, verstecke ich es ganz hinten in meinem Spind in einem kleinen Täschchen. Es ist mein Glücksbringer und mein Stück Heimat, denn ehrlich gesagt, manchmal habe ich Heimweh. Ich lebe ja jetzt in Leipzig, und das Alleine-Wohnen nervt mich ganz schön. Meine Eltern hielten mir immer den Rücken frei, standen mit Rat und Tat zur Seite – wenn ich jetzt ein Problem habe, weiß ich nicht, mit wem ich es besprechen soll – natürlich können wir telefonieren, aber es ist nicht dasselbe, und es nimmt mich einfach keiner dabei in den Arm.

Unter meinen Kommilitonen habe ich noch nicht so rechten Anschluss gefunden – vielleicht hat das was mit der Bundeswehr zu tun? Keine Ahnung. Egal, ich habe ein Ziel, und das ist das Wichtigste, und ich bin finanziell unabhängig – werde von der Armee bezahlt! Zwar muss ich zweimal im Jahr militärische Leistungen in meiner Stammeinheit erbringen – im Truppenpraktikum: Schießen, Marschieren, viel Sport und alles Mögliche, aber da sammle ich wiederum wichtige Punkte, die später bei der Vergabe der Assistenzarztstellen eine Rolle spielen. Wir sind dreizehn Leute in unserem Zug, und jeder steht für jeden ein. Das ist was anderes als Freundschaft. Wir sind Kameraden und arbeiten im Team – egal wo, ob im Feld, im Gelände oder am Lagerfeuer. Man wächst zusammen, man hat die gleichen Probleme, man macht die gleiche Scheiße durch.

Wenn ich in den Krieg müsste? Hab ich mir noch nicht so vorgestellt, das lass ich nicht so an mich ran. Man darf nicht zu viel dran rütteln, dann werden die Entscheidungen schwerer. Ich vertraue! Ja! Auf die Befehlsgewalt. Auf jeden Fall bin ich im Sanitätsdienst und helfe dann denen, die für das Land womöglich sterben. Ich übernehme gerne Verantwortung, drücke mich nicht vor unbequemen Aufgaben. Je besser von einem gedacht wird, je mehr Verantwortung bekommst du.

Sorry, jetzt klingelt mein Handy – hab's vergessen auszuschalten –, ich mach's kurz. „Hallo Mama, ich kann gerade nicht, ich mach so ein Interview, hab ich dir erzählt. Ich meld' mich später – ich dich auch."

Entschuldigt, meine Mama und ich – wir haben was Telepathisches. Wenn ich gerade an sie denke, ruft sie an oder umgekehrt. Das ist schon verrückt. Wir sind uns sehr nah.

Früher, in der Pubertät, gab's schon mal Probleme, da war ich 'ne Zicke wie alle in dem Alter. Da gab's zum Beispiel regelmäßig Krach, weil ich nicht pünktlich zum Essen da war – das war ein Regelverstoß, denn das Abendbrot wurde gemeinsam eingenommen. Heute finde ich so was gut, weil man den Tag besprechen – sich austauschen kann. Als ich vierzehn war, hat mich das angestresst. Damals hatte ich meinen ersten Freund, und der konnte machen, was er wollte, jedenfalls kam es mir so vor, und der sagte dann immer: „Lass doch deine Alten, du bist doch keine zehn mehr!"

Mit ihm war ich so ein Jahr befreundet, dann hatte ich irgendwie keine Lust mehr. Er war mir nicht cool genug – hatte keinen Ehrgeiz. Umgekehrt war ich ihm wahrscheinlich zu anstrengend – jedenfalls verlief sich das Ganze. Na ja, so Liebesgeschichten haben im Moment sowieso keinen Platz in meinem Leben – wie soll ich die unterkriegen? Das soll nicht heißen, dass ich später keine Familie haben will! Schließlich muss ich meine Erfahrungen an meine Kinder weitergeben – so ein bis zwei plane ich schon ein.

Eine Niederlage? Muss ich überlegen, hatte ich bisher nicht. Neulich sagte ich schon zu meiner Mama: „Alles lief bisher so gut! Kommt da noch was – irgendwas, das mir den ganzen Plan kaputt macht?" Ehrlich gesagt, bereitet mir das ein wenig Sorge. Es heißt doch immer: Niederlagen machen stark. Halt, eine Geschichte fällt mir ein: Bis zur 10. Klasse hatte ich eine Freundin – die einzige in meinem Leben. Wir haben uns alles erzählt und waren sehr eng miteinander. Von einem Tag auf den anderen änderte sich ihr Verhalten, und ich erfuhr von anderen, dass sie schlecht über mich redete. Das hat mich getroffen, ich konnte mir das nicht erklären. Wir hatten uns nicht gestritten oder so. Leider haben wir das nicht klären können, sie hat sich jeder Aussprache entzogen. Das nagt an mir, weil da was Unausgesprochenes ist, etwas, das ich nicht beeinflussen kann. Macht mich auch irgendwie wütend. Ich hasse Hinterfotzigkeit! Ist echt Scheiße. Das ist doch eine Niederlage, oder? Gut, ist 'ne Weile her und hat mich vorsichtig gemacht. Ich vertraue nicht mehr so schnell – hab also was draus gelernt. Punkt.

Wo meine Heimat ist? Da, wo das WLAN sich von alleine einloggt ... haha!

Nee, ist da, wo meine Eltern leben, dort fühle ich mich wohl: immer willkommen, verstanden und sicher. Leipzig ist mein Zuhause, mehr nicht. Und die Armee ist meine Zukunft.

Romy | 29, Iris' Tochter, Margaretes Enkelin

Glück haben, was heißt das? Was brauche ich dazu?
Habe ich vielleicht schon etwas davon? Vielleicht ist
Glück, wenn man das Gefühl hat, angekommen zu
sein?

Ich bin gerade frisch verknallt. Es ist super. Ich genieße es.
Vom Konzept einer klassisch romantischen Zweierbeziehung
habe ich mich schon lange verabschiedet. Ich habe tolle
Männer getroffen, gute Zeiten gehabt, sie kamen und gingen, mal hielt es länger, mal kürzer. Die Frage ist: Was erwartet man? Ich hätte gern den großen Knall! Leider hatte ich
bisher nur lauter Pengs – im Nachhinein betrachtet. Gerade
aber habe ich das Gefühl, es hat geknallt! Mal sehen, wohin
es führt.

Jungs haben für mich immer eine große Rolle gespielt.
Ich hab schon in der Grundschule mit Knutschen angefangen. Ich war so ein richtiges Görli-Girl, hatte immer einen
Schwarm. Mit fünfzehn verliebte ich mich das erste Mal in
einen Skater mit wilden Locken. Wir trafen uns auf einer
Party. Er war zwar etwas älter, aber schüchtern, also hab ich
die Initiative ergriffen und ihn angemacht. Nach vier Jahren
Beziehung boten uns seine Eltern an, den Keller in ihrem
Haus für uns auszubauen. Spätestens da wurde mir klar, es
ist Zeit, sich zu verabschieden. Für ihn war es sicher schwer,
er blieb zurück, und ich ging nach Berlin. Ich hab gehört, er
hätte kürzlich geheiratet … na bitte.

Aus heutiger Sicht erscheint es mir kurios, wie verschie-
den seine und meine Familie war. Meine tolle Mutter – berufstätig, groß, schlank und ein bisschen verrückt, und seine
Mutter, immer Hausfrau, immer putzend, kochend, klein
und dick. Jetzt muss ich selber lachen über diesen Vergleich,
ist natürlich nicht fair, Menschen so zu beurteilen. Seine

Mutter war eine ganz liebe Frau, sie mochte mich auch, obwohl ich damals schon Ansätze zur Punkerin hatte. Blaue Haare – oh Gott! In der Schule bin ich deshalb angeeckt. Meine Mama hatte immer Verständnis für meine Ausflüge ins Extreme. Nur schlechte Noten konnte sie nicht ab, da gab's Ärger.

Ich bin ungern in die Schule gegangen, der Druck hat mir zu schaffen gemacht, ich hatte Angst zu versagen, wollte niemanden enttäuschen. Ich war ein Einzelkind, alle liebten und verwöhnten mich. Jetzt muss ich vielleicht erwähnen, dass meine Eltern sich scheiden ließen, als ich drei war. Trotzdem sah ich meinen Vater regelmäßig, verbrachte Wochenenden mit ihm, fuhr mit seiner neuen Familie in den Urlaub. Leider haben wir heute selten Kontakt. Das ist traurig, aber nicht zu ändern. Es steht viel Unausgesprochenes zwischen uns. Keine Ahnung, warum es, je älter man wird, umso schwerer ist, sich Fehler einzugestehen. Er hat mich in einigen Situationen verraten, jedenfalls habe ich mich so gefühlt. Er hatte nie wirklich Verständnis für mein Bedürfnis, anders zu sein, zum Beispiel Punk. Für mich war das eine Rebellion gegen die Spießigkeit dieser bayerischen Kleinstadt, für ihn Ausdruck von Geschmacklosigkeit. Sein Kommentar, als ich sitzen blieb: Er sei enttäuscht. Über meine Probleme konnte ich nie mit ihm reden. Dabei hatte er in seiner Jugend selbst genügend davon. Bevor er meine Mutter kennenlernte, saß er im Knast wegen asozialen Verhaltens. Er hatte sich unter Alkoholeinfluss mit den Bullen angelegt, sich gewehrt und wurde dafür verurteilt. Er war also selbst mal so was wie ein Rebell. Dann hat er meine Mutter kennengelernt und sie sofort geheiratet. Er deutete mal an, dass er nach den Erfahrungen im Gefängnis so was wie Sicherheit suchte. Hat diese Sicherheit ihn zum Spießer werden lassen? Ich müsste den ersten Schritt tun – ich weiß nicht …

Trotz Punk oder gerade deswegen war ich ein ängstliches Kind. Ich hatte Angst vor Schmerz, vor Verletzungen – ich beschreib das mal so: Es war wie Fahrradfahren ohne Stützräder, wenn man noch nicht sicher ist. Meine Mutter ging immer neben dem Rad, wenn wir mal bei dem Bild bleiben. Sie war meine Beschützerin, egal was passierte. Sie lobte mich. Alle lobten mich, ich war ja das einzige Kind in der Familie. Vielleicht wurde ich zu viel gelobt, für jeden Pups? Wenn man für eine Sache gelobt wird, ist es ein Beweis, dass man sie gut gemacht hat. Es hat lange gebraucht, bis ich dieses Loben nicht mehr vermisste.

Es fällt mir noch immer schwer, eine Entscheidung allein zu treffen, ich brauche die Korrespondenz. Liegt's am Selbstvertrauen? Ich weiß es nicht. Übrigens, meine Mama lobt mich auch heute noch, wenn ich aus ihrer Sicht „artig" bin. Haha. Wir sind sehr eng miteinander. Uns trennen zwar siebenhundert Kilometer, sie im Süden, ich im Norden, aber das ist kein Problem. Letztes Jahr, zu ihrem Fünfzigsten, waren wir zwei Wochen in Israel. Eine Traumreise, ein Traumland, da will ich auf jeden Fall noch mal für länger hin.

Nach der Scheidung von meinem Vater lernte sie einen neuen Mann kennen, auch einen Ossi, der in einer Kleinstadt in Bayern lebte. Sie heirateten, und wir zogen dort runter bevor ich in die Schule kam. Berge und Wald, ich habe keine besondere Beziehung dazu, sie sind für mich ein symbolischer Ausdruck von Enge.

Wie schon gesagt, Schule war nicht mein Ding. Ich habe viele Wechsel hinter mir, ging sogar mal auf eine katholische Mädchenschule. Da unterrichteten Nonnen, so richtig in Kutte. Das war ab der Neunten. Und es war auch die Zeit in der ich mich mit Gott auseinandersetzte. Ich wollte verstehen, warum man glaubt und wie das geht. Aber ich fand keinen Zugang zum „Himmel". Und zu den Nonnen schon gar nicht, die zitierten mich wöchentlich zur Direktion, um mich zu bekehren, wenigstens, was mein Äußeres betraf.

Meine Idole waren schon immer Typen, die nicht so richtig zu fassen waren, die zogen mich an, an denen orientierte ich mich. Ich wollte mich nicht anpassen, wollte provozieren! Deshalb wurde ich zum Punk. Das hatte zur Folge, dass viele mich nicht mochten, und das wiederum konnte ich schwer ertragen. Verrückt! Noch heute ist mir wichtig, was andere von mir denken. Ich wünschte, es wäre anders und ich könnte drüberstehen.

Vielleicht interessieren mich deshalb Menschen, die anders sind, besonders? Vielleicht auch deshalb die Berufswahl? An der Mädchenschule blieb ich in der Neunten sitzen ... Mathe und Physik waren einfach nicht meine Fächer.

Dieses Schulsystem ist sowieso aus meiner Sicht unmöglich. In der 4. Klasse muss sich ein Kind schon entscheiden, ob es aufs Gymnasium gehen will! Das ist viel zu früh, mit zehn Jahren kann man das doch noch gar nicht wissen. Also entscheiden die Eltern, und die machen es so, wie sie es für gut befinden. Bei mir war das auch so. Vor allem mein Vater bestand auf dem Abi und der Mädchenschule mit der Begründung, dass er durch seine Jugendsünden keine Möglichkeit gehabt hätte, ein Abi zu machen. Er hatte „nur" Krankenpfleger gelernt. Aber das Verrückte war, wenn er von seiner Arbeit erzählte, spürte man, wie er diesen Beruf liebte und lebte. Er war schon komisch.

Nachdem ich also an der Mädchenschule sitzen geblieben war, wechselte ich an eine Fachoberschule im Bereich Sozialwesen, und dort klappte es auch mit dem Abi. Und dann ging's ab nach Berlin ins freiwillige soziale Jahr. Das absolvierte ich in einer Einrichtung, die Menschen mit geistiger und körperlicher Behinderung betreute. Ich hatte vor allem mit Jugendlichen zu tun. Die meisten waren relativ selbstständig, aber viele auch auf Hilfe angewiesen, manchmal bei den simpelsten Tätigkeiten. Trotzdem waren sie gut drauf. Das hat mich angespornt, ich hab mich da richtig reingekniet. Ich dachte immer, wie gut es mir doch geht, ich bin gesund und kann machen, was ich will. In dieser Zeit hab ich gelernt, Respekt vor anderen Menschen zu haben. Man muss achtsam miteinander umgehen. Aber es macht mich auch wütend, wenn Leute nur an der Oberfläche kratzen und dummes Zeug quatschen. Bedeutungslosigkeiten kann ich ganz schwer aushalten. Reden nur, um nicht zu schweigen – verstehst du? Das geht gar nicht.

Nach dieser Erfahrung war klar, was ich studieren wollte: Soziale Arbeit! Ich bewarb mich überall im Land, und als ich schon am Verzweifeln war, klappte es in Lüneburg. Ich machte den „Turbo-Bachelor". Im nachfolgenden praktischen Jahr arbeitete ich in einem Wohnhaus für suchtgefährdete Jugendliche, und seit einem Jahr bin ich fertig mit der Ausbildung zur Familienhelferin. Nun betreue ich suchtbelastete Familien. Ich gehe sozusagen in die Familien rein und versuche, den Eltern zu helfen, mit ihrer Sucht klarzukommen, ohne dass die Kinder darunter leiden. Ich sag dir, das ist ein schräger Job. Man taucht in ein intimes Feld ein, muss Vertrauen aufbauen, muss eigentlich um Vertrauen buhlen, denn ohne das kann man nicht arbeiten. Viele wollen sich helfen lassen, aber genauso viele wollen es nicht. Sie sind misstrauisch, für sie ist man sofort das Jugendamt. Weißt du, jeder hat ja so seinen Lebensentwurf und wenn dazu Drogen gehören, gut. Nur die Kinder dürfen nicht mit reingezogen werden! Sollen sie ruhig substituiert bleiben, wenn sie ihr Kind aus allem raushalten. Da haste 'ne Riesenverantwortung und manchmal auch ein ungutes Gefühl. Beim zweiten oder dritten Besuch weißt du erst, ob du einen Zugang zu der Familie gefunden hast und ob sie mitarbeiten möchte. Manche sind auch sauer, weil sie sich haben erwischen lassen. Zu denen dringst du nicht durch. Manchmal denkst du auch: Mach doch mal die Bude sauber, oder geh einfach mal mit deinen Kindern ins Kino. Du bewertest und verurteilst, obwohl es dir nicht zusteht. Weißt du, es ist sowieso so eine Sache. Auffällig werden nur die, die in beengten Wohnverhältnissen leben, nicht so viel Kohle haben, die sich den Stoff am Bahnhof holen. Die anderen, die Reichen, sag ich mal, die besorgen sich den auf anderen Wegen, die haben alle Möglichkeiten, ihre Sucht zu vertuschen, deren Kinder gehen auf behütete Schulen. Da haben wir es wieder deutlich, wie Arm und Reich auseinanderdriften.

Das hat mich auch zu einer Entscheidung bewogen. Ich will andere Lebensformen kennenlernen, deshalb gehe ich im Frühjahr für ein paar Monate nach Israel in ein Kibbuz. Zwar leben die inzwischen auch nicht mehr so, wie es ursprünglich gedacht war. Die Idee war ja mal, alle sollten gleich sein, gleich behandelt werden, das Gleiche haben oder anders gesagt: Kein Privateigentum besitzen. Klingt bisschen wie Sozialismus, hatte aber damit nichts zu tun. Heute sind die Regeln etwas aufgeweicht, Besitz zum Beispiel ist meistens erlaubt. Aber das alte Prinzip gilt noch, nämlich eine Gemeinschaft mit eigenen Regeln, mit religiösen oder wirtschaftlichen Grundlagen zu sein. Als ich mit meiner Mama in Israel war, besuchten wir so ein Kibbuz, und da kam mir die Idee, dort einige Zeit zu verbringen. Ich finde das spannend und denke, es wird mir für mein Leben und für meinen Beruf wichtige Erfahrungen bringen. Ist schon toll, welche Möglichkeiten sich heutzutage erschließen, wenn man will.

Meine Oma wundert sich über alles: „Kind, warum gehst du nach Israel, dort passiert doch so viel." Sie hat sich in der ehemaligen DDR wohlgefühlt, sie erzählt nur Gutes, wenn ich Fragen stelle. „Man konnte nicht überall hin, und ich wollte es auch nicht." So sagt sie. Trotzdem hat sie mit fünfzig den Schritt gewagt und sich mit einer Praxis als Zahnärztin selbstständig gemacht. Dazu gehört 'ne Menge Mut aus meiner Sicht. „Ach", sagt sie dann nur, „was sollte ich denn sonst machen, ich musste doch irgendwie Geld verdienen, dein Opa war doch so krank." Meiner Oma ist diese ganze moderne Welt suspekt. Wenn man sie sieht, glaubt man es nicht. Äußerlich ist sie top, groß, schlank, gut gekleidet, aber innerlich superkonservativ. Und dass meine Mama mehrmals verheiratet war, kann sie schon gar nicht verstehen. Sie hatte ihr Leben lang nur diesen einen Mann und wäre gar nicht auf die Idee gekommen, sich zu trennen. Dabei hat er sie nicht gut behandelt, im Gegenteil. Meine Mama erzählt da so manche Geschichte.

Nee, ich bin schon froh, dass es keine Mauer mehr gibt. Ich kann und will mir nicht vorstellen, eingeschlossen und überwacht zu sein. Mein Vater hat nach der Wende in seine Akte geschaut, und es kam raus, dass wir von einem engeren Familienmitglied bespitzelt wurden. Das ist schon krass. Es wurde nie thematisiert, es wurde unter den Tisch gekehrt. Ich weiß bis heute nicht von wem! Übrigens war er in der Nacht der Wende in Berlin auf der Mauer! Er hätte mindestens einen Stein des Systems mit abgetragen, so betonte er immer wieder. Politisch war er gegen den Osten. Es gab wohl eine Zeit, da wollte er sogar ausreisen, aber meine Mutter wollte nicht, weil ich noch so klein war. Na ja, nun ist das Schnee von gestern, und die Zeiten ändern sich ständig. Morgen wird es nicht mehr wie heute sein. Und ich möchte mich mit ändern, noch mal was Neues lernen und noch viel von der Welt sehen.

Ich glaube einfach nicht, dass man heutzutage einen Job zwanzig Jahre machen kann. Man wird sich immer wieder neu orientieren – in Bewegung sein müssen. Das bewahrt vor Trägheit. Viele Leute heute, die in unkündbaren Jobs sitzen, langweilen sich und meckern nur noch rum. Sie schauen nicht mehr über den Zaun, versauern in ihrem Stumpfsinn. Ich will das nicht! Ich bin viel zu neugierig auf alles, was kommen könnte.

Von Hause aus bin ich optimistisch, wie meine Mama. Feuer und Flamme! Nach einer Weile kommen dann Zweifel, und ich zerdenke alles – zerkrümle es. Dann sehe ich die Krümel und weiß nicht, welches davon das richtige ist.

Wenn ich Glück habe, finde ich es. Glück haben, was heißt das? Was brauche ich dazu? Habe ich vielleicht schon etwas davon? Vielleicht ist Glück, wenn man das Gefühl hat, angekommen zu sein? Ich werde nach dem Kibbuz eine weitere Ausbildung zur Suchttherapeutin machen! Dieser Plan macht mich glücklich. Vielleicht ziehe ich dann auch wieder nach Berlin in meine Lieblingsstadt. Dort habe ich mich bisher am meisten zu Hause gefühlt.

Dort kann man abtauchen, ohne unterzugehen. Meine Mama hofft ja, dass ich irgendwann mal sesshaft werde, dann will sie in meine Nähe ziehen, das würde dann Heimat für sie werden ... Mit diesem Begriff kann ich nicht wirklich was anfangen. Sagen wir mal so: Der Mensch, mit dem ich gerade befreundet bin, der ist so was wie Heimat für mich. Punkt.

Iris | 49, Margaretes Tochter, Romys Mutter

Dann unterschrieb ich – ich konnte mich doch nicht zurückentwickeln!

Ich bin nicht kompliziert. Ich bin ein offener Mensch, komme in fremder Umgebung schnell klar. Dieser Ortswechsel von Ost nach West, von Brandenburg nach Bayern, der hat was mit mir gemacht. Überhaupt, durch die Wende hab ich mich kennengelernt. Ich hab mir auf den Grund geschaut. Und ich find mich gut, so wie ich bin!

Als die Mauer fiel, war klar, es wird sich was ändern, alles wird größer, unübersichtlicher und ich fragte mich: Was macht das mit der DDR? Alles ging viel zu schnell, man hatte keine Zeit zum Luftholen. In Nullkommanichts gab es keine DDR mehr, dafür war fast über Nacht alles im Überfluss da. Überfluss – Überdruss, jedenfalls für mich. Im guten alten Konsum standen plötzlich zwanzig Sorten Senf! Wer, bitte schön, braucht die denn? Warum soll ich mich mit solchen Entscheidungen rumschlagen: Nehme ich mit oder ohne Honig, mit oder ohne Kräuter? Das ist Zeitverschwendung! Zeitraub! Da fällt mir auf: Das Wort Konsum bekommt eine ganz andere Bedeutung – westlich betrachtet und anders betont –, Konsuum, haha. Ich will mich mit so was nicht befassen. Ich kaufe noch immer den Bautzener, und wenn er mit Honig sein soll, mische ich den dazu. Basta. So mache ich es mit allen Dingen. Ich brauche dieses Angebot nicht.

Versteh das bitte nicht falsch, natürlich bin ich froh, dass wir wieder ein Land sind, ich frei entscheiden kann, wo und wie ich leben will, in die Welt reisen kann. Und vor allem, dass meine Tochter alle Möglichkeiten hat, ihren Weg zu gehen. Bei uns früher war doch alles vorbestimmt, da hat der Staat für dich gedacht und entschieden. Das ist nach meiner

Meinung auch der Grund, warum so viele heute nicht klarkommen. Sie sind es nicht gewöhnt, sich um sich selbst zu kümmern. Aber sie hatten auch keine Zeit, es zu lernen, darum sind sie sauer und pöbeln. Endlich dürfen sie das: Pöbeln, das war ihnen in der DDR nicht erlaubt.

Übrigens, die Nacht der Wende hab ich verschlafen. Meine Tochter war damals zwei und ich aus vollem Herzen mit der Mutterrolle beschäftigt. Ich schlief abends oft mit dem Kind zusammen ein. So auch in dieser Nacht. Mein Mann kam an mein Bett, murmelte irgendwas in meinen Traum – so ist meine Erinnerung – und am nächsten Morgen war er nicht da. Dann stand plötzlich meine Mutter vor der Tür. Sie war die Einzige von uns, die aus beruflichen Gründen ein Telefon besaß, sie war Zahnärztin. Jedenfalls hatte mein Mann sie aus Berlin angerufen, um mir Bescheid zu geben, dass er die Nacht auf der Mauer verbringt. Du, ich war geschockt. Ich konnte es nicht glauben. Nie wäre mir vorher in den Sinn gekommen, dass so etwas Ungeheures passieren könnte. Für mich hatte es keine Anzeichen gegeben. Andere behaupteten ja später, sie hätten es geahnt. Ich nicht.

Am Sonntag drauf sind mein Mann und ich dann zusammen nach Berlin gefahren und durchs Brandenburger Tor gelaufen. Du, das war ein unvergesslicher Moment. Seitdem muss ich immer dorthin und da durch, wenn ich in Berlin bin. Das ist zu einem Ritual geworden. Meine Mutter wohnt ja nach wie vor in der Nähe von Frankfurt in einer kleinen Stadt, da bin ich übrigens aufgewachsen, und wenn ich sie besuche, hänge ich entweder auf dem Hin- oder auf dem Rückweg eine Berliner Nacht dran. Ich mag es, am Abend durch die hell erleuchtete Stadt zu bummeln und mich ohne Ziel einfach treiben zu lassen.

Mich hat's ja nach der Wende in eine Kleinstadt nach Bayern verschlagen, natürlich der Liebe wegen. Das war schon ein wahnsinniger Schritt für mich, so in den „richtigen Westen" zu gehen. Aber ich musste raus aus der Enge, aus dem Dunstkreis meiner Eltern, ich wollte diesen sozialistischen Kindheitsmief hinter mir lassen.

Wir wohnten in einer Dreiraumwohnung ganz oben mit Blick über die Dächer, mehr war da nicht zu sehen. Mein Bruder und ich, er ist zwei Jahre jünger, teilten uns bis zu meinem Auszug mit achtzehn ein Zimmer. Das war nicht das Schlechteste für uns, denn zwischen unseren Eltern lief es nicht so gut. In meiner Erinnerung stritten sie sich täglich und immer so laut, dass wir zusammenrückten, unter die Decke krochen oder das Kofferradio auf volle Pulle drehten. Meine Mutter war eine angesehene Ärztin und mein Vater von Beruf Dreher, also ein einfacher Arbeiter im Gegensatz zu meiner Mutter, die ja studiert hatte. Ich glaube, er war eifersüchtig auf ihren Erfolg, auf die Tatsache, dass sie das Geld nach Hause brachte, das hat an seinem Selbstwertgefühl gekratzt. Und um zu beweisen, dass er trotzdem der Herr im Haus war, hat er sie und uns herumkommandiert und leider auch schon mal geschlagen, wenn ihm die Argumente ausgingen. Ich weiß nicht, wie meine Mutter das ertragen konnte. Zu Hause fügte sie sich, duldete still, widersprach nicht. In ihrer Praxis war sie selbstbewusst und entschieden, einfach tough. Sie war für mich wie zwei Frauen. Mit achtzehn bekam ich die letzte Backpfeife von meinem Vater, weil ich nachts eine halbe Stunde zu spät gekommen war. Er hatte mir hinter der Tür aufgelauert, keine Entschuldigung abgewartet, sondern mir voll eine geknallt! Noch heute habe ich den Reflex, mir an die Backe zu greifen, wenn ich daran denke. Das war heftig!

Jetzt hab ich nur Negatives erzählt von ihm. Er konnte aber auch ein Kumpel sein, vor allem, wenn es um Sport ging. Fußball war seine Leidenschaft. Deshalb wollte er natürlich, dass sein Sohn auch Fußball spielte. Aber mein Bruder hatte absolut keinen Bock, der war eher der musische Typ. Er brachte sich das Gitarrenspielen bei, saß oft stundenlang in unserem Zimmer und übte. Unser Vater hasste es. Das hat ihr Verhältnis nicht gerade beflügelt. Dafür war er umso begeisterter, als ich mit dem Handball begann. Stolz stand er am Spielfeldrand und feuerte mich an. Ich stand im Tor! Na ja, ich war ein Meter achtzig, dünn wie ein Strich und flink; das musste auch sein, wenn du einen Ball abwehren willst. Ich war sogar mal „Beste Torwartin" der DDR und mein Vater stolz wie Bolle. Das war 'ne schöne Zeit. Mein Klub war meine zweite Familie. Wir fuhren zu Turnieren, feierten Fasching, Weihnachten, Ostern – alle möglichen Festivitäten wurden zum Anlass genommen, um zusammen zu sein. Und natürlich trainierten wir auch hart. Leider war's mit dem Abi vorbei, die Runde flog auseinander. Viele gingen zum Studium nach Berlin oder Leipzig, nur ich hatte kein Glück, bekam keinen Studienplatz. Ich wusste aber auch nicht, was ich eigentlich werden wollte. Vielleicht Lehrerin? Das ging aber nicht sofort und warten wollte ich auf keinen Fall. Da ich Abi hatte, konnte ich innerhalb eines Jahres die Lehre zur Handelskauffrau abschließen. Ich wollte nur eins: So schnell wie möglich zu Hause ausziehen, eigenes Geld verdienen, unabhängig sein! Das klappte auch, ich zog aus und mit einer Freundin zusammen.

Kaum war ich dieser „Diktatorfamilie" entkommen, sank ich auch schon in die Arme eines Mannes, der sich als der Überraschungsmann entpuppen sollte. Aber erst mal war ich verknallt und glücklich. Er kam direkt aus Bautzen, aus dem Knast. Ich lernte ihn an einem der ersten Abende nach seiner Entlassung kennen. Er fühlte sich als politisch Verfolgter. Sein Vergehen war gering im Gegensatz zu der Strafe, die er hatte absitzen müssen. Im Suff hatte er die Polizei beschimpft und sich gewehrt, als man ihn festnehmen wollte. Das reichte, um ihn in den Knast zu schicken. Eineinhalb Jahre wegen Pöbelei und Beleidigung der Staatsmacht. Unglaublich. Ich konnte das nur schwer nachvollziehen und fragte mich, wie unsicher muss ein Staat sein, dass er seine Menschen wegen solcher Kleinigkeiten ins Gefängnis schickt?

Der Mann beeindruckte mich, und so nahm ich mich seiner an, so kann man das ruhig sagen. Wir zogen zusammen und lebten glücklich und zufrieden bis ... Ja, eines Tages kommt er nach Hause und zeigt mir ein Papier: Ihre Ausreise aus der DDR ist genehmigt. Sie haben innerhalb der nächsten vierundzwanzig Stunden das Land zu verlassen! Ich war geschockt. Ich dachte, wir bauen uns ein Nest, und er hatte einen Ausreiseantrag zu laufen! Was für eine böse Überraschung, was für ein Vertrauensbruch. Ich hätte, selbst wenn ich gewollt hätte, gar nicht mitgehen können, da wir ja nicht verheiratet waren, und ich wollte auch nicht. Lange Rede kurzer Sinn. Am Ende blieb er und machte mir einen Heiratsantrag. Er nahm mir das Versprechen ab, mit ihm eine richtige Familie zu gründen, so mit Kind und Kegel. Das war eigentlich so was wie 'ne Erpressung, aber ich ließ mich darauf ein, und acht Monate nach der Hochzeit kam unsere Tochter zur Welt. Das veränderte mein Leben. Ich ließ mich voll und ganz auf die neue Rolle als Mutter ein und war unglaublich glücklich. Ich liebte dieses kleine Mädchen, diese Romy, und tat alles für sie – vielleicht auch manchmal zu viel. Mein Ehemann wurde unzufrieden, klagte über mangelnde Aufmerksamkeit, langweilte sich offensichtlich. Klar, ich stellte alles hintenan, was nicht das Kind betraf, kümmerte mich wie eine Besessene um Romy und war dabei so glücklich, dass ich nichts bemerkte. Und eines Tages lag ein Papier auf dem Küchentisch. Die nächste Überraschung: Die Scheidungspapiere. Er sagte: „Wenn du dich nicht änderst, nicht wieder so wirst, wie du mal warst, dann trenne ich mich!" Ich war gekränkt, verzweifelt, habe eine Woche hin und her überlegt. Dann unterschrieb ich – ich konnte mich doch nicht zurückentwickeln! Und ich wollte es auch nicht. So war ich bald geschieden und lebte allein mit meinem Kind und genoss es. Ich musste kein schlechtes Gewissen mehr haben, wenn ich abends um sieben schon im Bett lag neben meinem Engel.

Allerdings musste ich um das Sorgerecht kämpfen, denn er versuchte mit allen Mitteln, mir das streitig zu machen. Ich habe sogar auf Unterhalt verzichtet; ich wollte nicht von ihm abhängig sein. Ich kannte ihn ja inzwischen gut genug, um zu wissen, dass er unberechenbar war. Ich hab mir damals gesagt: Ich schaffe das! Allerdings hat Romy gelitten. Sie vermisste ihn. Wir haben dann doch noch eine friedliche Lösung für alle gefunden. Sie verbrachte ab und zu die Wochenenden bei ihm und fuhr mit ihm in den Urlaub. Ich nutzte meine Freiheit und machte den Führerschein. Dieses Gefühl, unabhängig zu sein und gleichzeitig Verantwortung zu tragen, war großartig. Mir fehlte nichts, mein Kind war der Sinn meines Lebens.

Aber wie das so ist, immer, wenn man sich gerade richtig wohlfühlt, kommt eine schwarze Wolke und verdunkelt alles. Mein Vater wurde schwer krank. Meine Mutter tat alles für ihn, opferte sich auf, aber er wurde immer unerträglicher. Sie tat mir leid. Sie klagte nicht, doch ich sah ihr an, wie sehr sie unter ihm litt. Bis heute frage ich mich, warum sie sich das alles hat gefallen lassen. Und stell dir vor: Wenn ich ihn besuchte, beklagte er sich über sie!

An einem der Wochenenden, die Romy bei ihrem Vater verbrachte, ging ich mit einer Freundin aus. Am Nachbartisch saß ein Typ, der ganz nett aussah. In so 'ner Kleinstadt kennste alle, da weißte, was es an Männern gibt. Der war fremd und das machte mich neugierig. Wir kamen ins Gespräch, und es stellte sich heraus, dass er von hier stammte, jetzt aber in Bayern lebte und für ein Wochenende seine Mutter besuchte. Es wurde ein schöner Abend. Ein paar Wochen später kam er wieder, wir trafen uns, und danach lud er mich nach Ulm ein. Ich hatte mich verliebt und es gefiel mir. Schon wenige Wochen später zogen wir nach Bayern, gerade rechtzeitig, dass Romy eingeschult werden konnte. Das war mir wichtig. Du, sie hat überhaupt nicht gefremdelt, war wissbegierig, hat schnell Freunde gefunden. Und ich war entspannt: Endlich war dieser Druck weg, als hätte ich einen zu straffen Verband um die Brust – ich war dem Einfluss meines Vaters entkommen!

Die Berge so nah, die Menschen freundlich, wenn auch ein bisschen weltfremd für meine Begriffe. Oder besser uninteressiert? Da sagte doch einer tatsächlich zu mir: „Was, du bist aus dem Osten? Ich dachte immer, ihr habt rote Haare und Pickel."

In einem Steuerbüro fand ich einen guten Job. Italienurlaube, wandern in Österreich, Theater in München, es fehlte an nichts. Eine unbeschwerte glückliche Zeit. Dann wurde ich schwanger. Mein erster Gedanke – das passt. Sein erster Spruch: „Meinst du, das passt?" Er war geschockt, und das hat mich geschockt. Sollte ich mich so getäuscht haben? Er wollte mit mir kein Kind! Er überredete mich, und am Ende hab ich es wegmachen lassen. Das bereue ich noch heute. Mit einem Strauß roter Rosen holte er mich aus dem Krankenhaus ab. Das hat mich noch mal getroffen. Wir konnten auch nicht mehr miteinander reden. Tja, es war so, als hätte jemand in einen riesigen Luftballon gestochen, und langsam aber stetig geht dem die Luft aus. Ich entfernte mich emotional immer mehr, und nach zwei Jahren ließen wir uns scheiden.

Und so wohnte ich wieder mal allein mit Kind und genoss es. Es scheint ein Schema zu geben in meinem Leben, was die Männer betrifft. Sie bringen mich immer an einen Punkt, der nach Veränderung schreit. Ich brauch bloß an meine Mutter zu denken, und schon fällt mir die Entscheidung leicht. Ich will mein Leben nicht vergeuden. Romy war damals in der Pubertät und sowieso „anti". Die Trennung war nicht ihr Problem, sondern ich. Sie zickte regelrecht mit mir. Sie fand mich doof, alles doof. Später hat sie mir erzählt, dass ihr gar nichts anderes übrig geblieben war. Alle hätten damals ihre Eltern doof gefunden, da wollte sie keine Ausnahme sein.

Ich war vielleicht zwei Jahre ohne feste Beziehung, da lernte ich Bernd auf einer Wandertour kennen. Am Abend auf der Hütte kamen wir ins Gespräch. Nächsten Tag wich er nicht von meiner Seite und reichte mir vor jedem Abgrund seine Hand! Hahaha, das ist ein tolles Bild. Ich nahm sie und fand seinen Händedruck angenehm. Ja, so kam es, dass ich mich wieder „einfangen" ließ, diesmal von einem waschechten Wessi! Wir kauften uns ein Haus am Rande der Stadt – fünf Zimmer, zwei Bäder und zwei Garagen – für jedes Auto eine. Ich stürzte mich in die neue Aufgabe, richtete nach meinen Vorstellungen das Haus ein und versuchte mich in Gartenarchitektur. In einer kleinen Firma fand ich einen neuen Job als Buchhalterin und Assistentin des Chefs, verdiente gut und fühlte mich fast bayerisch. Heute würde ich sagen: Ich wurde beinah zur Spießerin! Bernd hatte mich tatsächlich überrumpelt. Er war auch voller Überraschungen, aber die waren immer toll. Wir feierten meinen Geburtstag, und nachdem unsere Gäste gegangen waren, sagte er: „Pack deine Sachen, morgen früh fahren wir nach Venedig!" Er hatte immer was in petto. Hochzeitsreise – Mauritius, ein Wochenende nach Florenz, Verona und Oper, Theaterkarten für München. Er umwarb mich, wo er konnte, und ich fühlte mich angenommen, geliebt. Ich vertraute.

Nachdem wir geheiratet hatten, änderte sich alles. Da lernte ich den wirklichen Bernd kennen. Einen Phlegmatiker, der nur noch zu Hause sein wollte, zu nichts anderem Lust hatte, als Rasen zu mähen oder am Auto zu schrauben. Das schöne Haus wurde zu einem goldenen Käfig, und ich war die Gefangene. Wenn ich sagte: „Los, lass uns ins Kino gehen", sagte er nur: „Wozu haben wir den Superfernseher?" Wenn ich sagte: „Lass uns eine Wandertour machen wie früher", sagte er: „Wozu? Früher hatten wir das Haus noch nicht, da mussten wir wandern." Es war wie verhext. Da saß ein Mann auf dem Sofa – den hatte ich nicht geheiratet. Und wenn dieser Fremde neben mir im Bett lag, tat sich auch nichts mehr. Er drehte sich auf die Seite und schnarchte. Wir hatten kaum noch Sex und wenn, dann war er langweilig. Ich wurde immer unzufriedener, unglücklicher. Ich wollte lachen, mit Menschen zusammen sein, Spaß haben. Er verstand das nicht, sagte immer: „Wir haben doch alles, was willst du denn?" Im Film kommt an der Stelle immer ein anderer Mann ins Spiel ...

Auf einer Feier meiner Firma, den Anlass weiß ich nicht mehr, waren Freunde des Chefs eingeladen, und so kam ich mit einem der Gäste ins Gespräch. Du, für mich war er der Traummann. Groß, blond, sportlich, deutlich jünger als ich und charmant. Ich war vom ersten Moment an verknallt – ja! Er machte mir Komplimente, und ich saugte sie auf wie ein Schwamm. Ich war wie ausgehungert, schluckte alles, was er mir erzählte. Nach drei Gläsern Sekt gab ich ihm meine Handynummer. Als ich an dem Abend zu Hause im Bad vor dem Spiegel stand, erkannte ich mich nicht wieder. Ich hatte rote Wangen, meine Augen blitzten, ich strahlte förmlich. Die nächsten Tage hatte ich mein Handy überall dabei, sogar auf dem Klo. Ich wusste, ich war zu allem bereit. Dann, drei Tage nach unserer Begegnung, wir saßen gerade beim Abendbrot, klingelte mein Telefon. Unbekannt! Ich ging mit Herzklopfen ins Bad, atmete tief durch und nahm ab. Es war ganz einfach: „Wollen wir am Freitag in München essen gehen?" – „Ja!" Und das war der Beginn einer wunderschönen Affäre, die schönste, die ich je erlebt habe. Die Gespräche waren aufregend, vom Sex ganz zu schweigen. Ich genoss diese Zeit in vollen Zügen.

Irgendwann begriff mein Mann, dass ich fremdging. Ich sagte, ich könne nicht anders, ich müsse das leben. Er duldete und litt. Ab und zu fragte er: „Wie lange dauert dein Sommermärchen noch?" Ich konnte diese Frage nicht beantworten. Mir war alles egal, ich wollte diese Affäre nicht beenden. Und so kam es, dass wir die Scheidung einreichten und uns in gutem Einvernehmen trennten. Wir regelten alles gütlich. Er war traurig und tat mir auch irgendwie leid. Nach dem Scheidungstermin gingen wir zusammen frühstücken, und er sagte nur: „Meine Bequemlichkeit ist schuld, stimmt's?" Was sollte ich darauf sagen? Zum Glück fand er bald eine neue Frau. Und mit ihr läuft es so, wie er es sich vorstellt. Wir telefonieren noch regelmäßig. Überhaupt habe ich mit allen meinen Ehemaligen noch guten Kontakt. Irgendwie konnten wir alles immer friedlich regeln. Das ist für Romy sehr wichtig, denn jeder von ihnen hat sie ein Stück begleitet.

Weißt du, mein Vater war in dem Sinne nie mein Vorbild, ich hab mir immer andere gesucht zu denen ich aufschauen konnte. Meinen Trainer zum Beispiel oder meinen Deutschlehrer. Das ist mir später erst klar geworden. Romy ist es trotz allem besser ergangen. Sie hatte sozusagen drei Väter, die sie geliebt und verwöhnt haben und zu denen sie aufschauen konnte. Ich lebe wieder allein und kann mir nicht vorstellen, nochmals in eine Ehe zu schlittern. Liebhaber ja, solange sie

Schlange stehen, kein Problem. Ich bin doch noch jung. Was sind fünfzig heutzutage! Unsere Mütter und Großmütter waren da schon alt und grau. Frauen um die fünfzig sind in!

Deshalb hab ich mir auch noch einiges vorgenommen. Ich will mich beruflich verändern und werde eine Ausbildung zur Heilpraktikerin machen. Nächstes Jahr fange ich an und werde Bayern verlassen, das ist auch sicher. Ich bin nun stadttauglicher Single! Die Stadt hat ein besseres Angebot, damit meine ich nicht an Männern, die brauche ich nicht mehr zum Glücklichsein.

Ich hab eine wunderbare Tochter, sie ist meine beste Freundin. Auch wenn immer alle behaupten, das ginge nicht zwischen Mutter und Tochter. Bei uns funktioniert es. Wir sehen uns regelmäßig. Sie lebt in Hamburg – na und! Was sind schon siebenhundert Kilometer in einer globalisierten Welt? Letztes Jahr zu meinem Fünfzigsten waren wir in Israel. Es war ihr Geschenk – ist das nicht toll? Da bin ich gleich gerührt – huch ...

Zugegeben, jedes Mal, wenn wir eine gute Zeit miteinander hatten, fällt mir der Abschied schwer. Ich habe sogar das Gefühl, es wird von Mal zu Mal schwerer. Deshalb weiß ich schon heute, dass es mich dorthin verschlagen wird, wo sie einmal sesshaft sein wird. Da wird dann meine Heimat sein.

Margarete | 76, Iris' Mutter, Romys Großmutter

Weißt du, um Politik hab ich mich nie gekümmert, war nie wogegen oder wofür. Ich hab's genommen wie's war, hatte keine Probleme mit der DDR.

Ich hatte mein Leben lang die Uhr im Nacken – war immer unter Zeitdruck. Ich merke das erst jetzt, wo ich allein lebe. Ich weeß och nicht. Noch heute ertappe ich mich, wie ich zögere, ob ich unterwegs noch einen Kaffee trinke oder nicht. Dann kommt's mir in den Sinn: Klar kannste das, du kannst machen, wat du willst. Na ja, hat lange gedauert, bis ick das verinnerlicht habe.

Heute bin ick zufrieden mit meinem Leben, habe meine Freiheiten, und das ist das Wichtigste. Früher lief bei uns Tag und Nacht der Fernseher. Einen ganzen Film hab ich nie sehen können, ich hatte mit dem Haushalt und den Kindern zu tun. Wenn alles erledigt war, lief schon der nächste Film, und bei dem bin ich dann eingeschlafen. Heute suche ich mir gezielt Sendungen aus, meistens über Tiere oder ferne Länder, und dann stricke ich dabei. Aber am liebsten mache ich Kreuzworträtsel. Ick weeß och nicht. Wenn ich neue Zeitschriften gekauft habe, muss ick sofort nach Hause und mit einem Rätsel anfangen.

Einmal in der Woche gehe ich zum Yoga, und immer am Dienstag trifft sich unsere Wandergruppe. Das ist ganz nett. Ja, und drei- oder viermal im Jahr machen wir zusammen kurze Reisen in die nähere Umgebung. Das ist 'ne schöne Abwechslung, na ja. Ach so, ja: Eine Freundin hab ick noch. Wir sehen uns ein- bis zweimal im Monat zum Kaffeetrinken bei ihr oder bei mir, und mit meiner Schwägerin habe ich auch Kontakt. Wir telefonieren öfter. Einmal im Jahr kommt sie mit dem Auto aus Sachsen und einmal fahre ich mit dem Zug zu ihr. Ich habe zwar eine Fahrerlaubnis, aber Autofahren traue ich mir nicht mehr zu. Nee, sind zu viele Autos auf den Straßen, hat ja fast jeder heute ein Auto, kein Wunder also. Nee, ich komm auch ohne zurecht. So 'n bisschen muss ick ja auch rechnen. Nicht, dass das Geld nicht reicht, ich komme gut hin, aber große Sprünge kann ich mir nicht leisten. Ich hätte mich besser absichern müssen, na ja, is eben so. Entschuldige. Ich muss schnell mal die Gardine richten, kann es nicht sehen, wenn die nicht richtig hängt. So!

Ach ja. Geld war mir nie so wichtig. Ick hab ganz gut verdient früher, aber es ging alles für den Haushalt und die Kinder drauf. Übrig hatte ich am Monatsende meistens nichts. Und wenn, habe ich den Kindern eine kleine Freude gemacht. Na ja, sie sollten es besser haben als ich.

Zu meinen Eltern kann ich gar nicht viel sagen. Sie stammen beide aus Berlin Hohenschönhausen. Das war ja damals noch ein Dorf. Sie wurden noch während des Krieges geschieden, da gab es wohl so was wie Schnellscheidungen. Warum? Wieso? In der Richtung wurde nie drüber gesprochen. Meine Mutter existierte für die Familie nicht. Ich wuchs bei den Großeltern väterlicherseits auf. Als ich meine Oma einmal nach ihr fragte, sagte sie: „Diese Frau ist keine Mutter, sie ist eine Hure." – „Was ist eine Hure?", fragte ich. „Das verstehst du nicht", und damit schob sie mich aus der Küche. Viel später erfuhr ich: Sie soll fremdgegangen sein, während mein Vater im Krieg war. Ob das wohl stimmt? Ich weeß och nicht. Und warum ich nie drauf gekommen bin nachzuforschen? War blöd. Heute bereue ich das.

Ja, ich wünschte mir schon 'ne Mutter. Ich beneidete die anderen heimlich um ihre richtigen Eltern. Trotzdem kann ick sagen, dass ick 'ne behütete Kindheit hatte. Meine Oma war sehr herzlich und immer für mich da. Na ja, mein Opa war ein bisschen seltsam – sie waren eben alt und hatten so ihre Ansichten. Aufgeklärt zum Beispiel haben sie mich nicht. Über „so was" wurde nicht gesprochen, und Bücher gab es auch keine im Haus, wo ich hätte nachlesen können. Na ja, das war eben so. Wir wohnten außerhalb des Ortes, und ich hatte einen weiten Schulweg. Selten kam mich jemand aus der Klasse besuchen. Ich war fast immer unter Erwachsenen, immer ein bisschen abseits und vielleicht auch deshalb sehr schüchtern. Auch später als Jugendliche ging ich nie tanzen oder so, war nicht der Typ dafür. Hab das damals nicht so realisiert. Fällt mir nur jetzt auf, wo wir von früher reden.

49 kam mein Vater aus der Gefangenschaft. Ich sah ihn und dachte: Ja, das ist also dein Vater. Er zog nach Berlin, ich blieb bei den Großeltern. Ab und an besuchte ich ihn, dann gingen wir ins Kino oder in den Zoo, und am Abend brachte er mich zurück. Mein Leben änderte sich nicht.

Als ich dann auf die Erweiterte Oberschule kam, hatte ich zum ersten Mal eine Freundin. Endlich konnte ich mit jemandem in meinem Alter reden. Verstehst du, ick war zu dünn, hatte keinen Busen, wusste nicht, was ick mit meinen Händen anfangen sollte, fühlte mich einfach irgendwie „falsch", und meine Oma sagte immer nur: „Wenn du weiter so wächst, frisst du uns noch die Haare vom Kopf!"

Als ich dann mein Abi in der Tasche hatte, konnte ich nicht sagen, was ich studieren wollte. Sprachen interessierten mich, aber dafür war ich nicht gut genug. Die Schule schrieb Studienplätze am schwarzen Brett aus: Ich glaube Pädagogik, was Technisches und Zahnmedizin. Da dacht ick, gut, machste Zahnmedizin in Leipzig. Ick hatte ja keine Ahnung, was mich da erwartet, und zudem musste ick von zu Hause weg – das war ein großer Schritt für mich. Ja, wat soll ick sagen, es war die schönste Zeit in meinem Leben. Ich wurde lockerer, habe alles mitgemacht, ja, doch schon, das war denn so'n Jugendleben eben. Wir hockten ewig in den

Mädler-Passagen in der Milchbar oder gluckten in Auerbachs Keller, und ich ging mit zum Tanzen. Jungs waren auch im Spiel – aber nie bis zum Äußersten. Heute frage ich mich, ob meine Scheu davor etwas mit meiner Mutter zu tun hatte?

Mit vierundzwanzig war ich mit dem Studium fertig, und man bot mir hier in der Stadt eine Stelle in der Poliklinik an. Da ich auch eine Wohnung bekommen sollte, dachte ich: Det machste! Und griff zu. Ick weeß och nich. Hier war ich nun wieder fremd und schüchtern, kannte ja niemanden. Also konzentrierte ich mich nur auf die Arbeit. Während des Studiums hatte ich kaum am Patienten gearbeitet. Jetzt musste ich mich beweisen, Entscheidungen treffen, wenn einer da vor mir auf dem Stuhl saß. Anfangs war ick ganz schön aufgeregt, na ja. Das legte sich aber bald, denn ich hatte viel zu tun. Wir waren die Dienstleister des Werkes, in dem damals fünfzehntausend Menschen arbeiteten. So war das. Ja. Nee, ich hatte ein gutes Kollektiv um mich und kam mit allen aus, und so nach und nach lernte ich auch privat Leute kennen. Zu Silvester nahmen die mich mit ins Klubhaus. Es war das erste Mal nach der Studienzeit, dass ich wieder ausging. Alle tanzten, nur mich forderte keiner auf. Ick weeß noch, eigentlich wollte ich wieder gehen. Ja.

Da fiel mir am Nachbartisch ein Mann auf, der die ganze Runde unterhielt. Ich beobachtete ihn heimlich. Er sah ganz gut aus, hatte so 'ne Tolle wie Elvis – weißt schon – und machte lauter Witze. Alle lachten, vor allem die Mädchen. Plötzlich stand der vor mir: „Los, komm tanzen!" Ich schaute mich um, suchte nach der, die er meinen könnte, aber er tippte mir mit dem Finger an die Brust. „Dich mein ich", und damit zog er mich auf die Tanzfläche. Er tanzte gut, führte sicher und lachte nur, wenn ich ihm auf die Füße trat. „Dir muss man noch so einiges beibringen", flüsterte er mir ins Ohr, und ich dachte: Endlich! Ick war ja noch Jungfrau und froh, dass mich einer zur Frau machen wollte. Na ja, das war dann eben och so. Dass man vom Küssen alleine keine Kinder kriegt, det wusst' ick schon, aber von Verhütung hatte ick keine Ahnung und war sofort schwanger. „Dann heirate ich dich eben", war seine Reaktion, ja, und das machten wir auch. Ja, das war dann eben mein Mann.

Als unsere Tochter zur Welt kam, war er enttäuscht – er hatte sich einen Jungen gewünscht. Iris weinte sehr viel, war ein Schreikind, so sagt man doch. Na ja, es nervte ihn, und so ging er öfter abends mit seinen Kumpels in die Kneipe. Nach einem Jahr war ich wieder schwanger und hoffte für ihn, dass es ein Junge wird. In den letzten Wochen vor der Geburt ging er nicht mehr so oft in die Kneipe und spielte sogar manchmal mit Iris, wenn ich das Essen zubereitete. Und es wurde ein Junge! Ich war erleichtert und er stolz. Endlich hatte er seinen Thronfolger! Michael war ein pflegeleichtes Kind, weinte kaum, schlief viel und lachte alle an.

Ich bin dann bald wieder arbeiten gegangen, das war ja in der DDR so – einen Krippen- oder Kindergartenplatz hattest du sicher. Mein Pech war, die lagen jeweils am anderen Ende der Stadt. Da hieß es, um fünf aufstehen, Kinder fertig machen, zum Bus hetzen, der immer voll war, und in die eine Richtung fahren, um Iris abzugeben, dann zurück in die andere Richtung zu Michaels Krippe. Und der Dienst begann um sieben bei einer Siebenundvierzig-Stunden-Woche! Na ja gut, ick hab's genommen, wie es war, man gewöhnt sich dran.

Anfangs war mein Mann meistens auf Montage, und wir sahen uns nur am Wochenende. Da ging alles seinen Gang, und wir kamen miteinander aus. Aber als man bei ihm mit einunddreißig Diabetes feststellte, musste er seine Arbeit wechseln und war nun jeden Abend zu Hause. Das waren wir nicht gewöhnt. Weißt du, er war so jemand, der vor Leuten nett und lustig sein konnte, aber kaum waren wir allein, war er wie umgewandelt. Er meckerte und machte alle und alles schlecht. Ja, nee. Und dann seine Krankheit! Kannst dir nicht vorstellen, wie er auf die Diagnose reagierte. Mich und mein Essen machte er dafür verantwortlich und verweigerte sich allem, hielt sich an keine Regel, provozierte einen Schock nach dem anderen, indem er sich nicht spritzte oder nichts aß. „Du bist die Ärztin, spritz du mich doch. Ich kann das nicht, ich will das nicht. Und erzähl ja niemandem von der Krankheit!" Das war das Wichtigste für ihn, keiner sollte davon wissen! Ich erstellte genaue Pläne für die Zeit, in der ich arbeiten war: Ich schrieb auf, wann er wie viel zu spritzen und zu essen hatte, und er zerriss die Zettel. Wir stritten jeden Abend. Bald ging es nicht mehr nur um die Krankheit, sondern alles wurde zum Anlass genommen. Den Kindern zuliebe hielt ich mich immer zurück, denn sie hatten Angst vor ihm, verkrochen sich in ihr Zimmer, wenn er einen Streit vom Zaun brach. Vor allem Michael weinte, wenn er ihn auf den Arm nehmen wollte. Dann warf er mir vor, dass ich die Kinder gegen ihn aufhetzte – sowieso würde ich mich für was Besseres halten, weil ich studiert hatte und mehr Geld verdiente als er, er sei ja nur ein einfacher Arbeiter. – Das mit dem Geld hatte ihn schon immer geärgert, na ja, det war eben so. Es gab nichts, wofür er mich nicht verantwortlich machte. Und wenn er mit mir schlafen wollte und ich nicht mochte, bestand er erst recht darauf. Durch die Krankheit konnte er nicht mehr in die Kneipe gehen und Bier trinken, also war er meistens abends zu Hause. Einfach war das nicht. Wat sollte ick machen? Er kam doch allein nicht zurecht! Und ick dachte, besser die Kinder haben Mutter und Vater und nicht wie ich – na ja, ick weeß och nich.

Meine Tochter sagte mir erst kürzlich: „Mama, du warst für mich wie zwei Frauen. In der Praxis tough, selbstsicher, bestimmt und zu Hause die Dulderin. Warum hast du dich nicht getrennt?" Ick weeß es nich. Heute kann ich mich nicht verstehen. Man könnte meinen, ich hätte ihn geliebt, aber dem war nicht so. Ich liebte ihn nicht. Aber ich hasste ihn auch nicht, denn sonst hätte ich mich vielleicht trennen können? Ja, meine Ehe hatte viele Ecken und Kanten – ick hätte mir manches nicht gefallen lassen sollen. Tja, man hat sein Leben gelebt, kann nichts mehr rückgängig machen.

Und dann kam die Wende. In dieser Nacht schlief ich schon, als das Telefon klingelte und mein Schwiegersohn dran war: „Sag bitte meiner Frau, dass ich in Berlin auf der Mauer stehe", oder so ähnlich. Ich hatte noch nichts mitbekommen und fiel aus allen Wolken. Weißt du, um Politik hab ick mich nie gekümmert, war nie wogegen oder wofür. Ick hab's genommen, wie es war, hatte keine Probleme mit der DDR, bin da reingewachsen, hab meine Arbeit gemacht, alles ging seinen Gang. Es war mir nie so richtig bewusst, dass ich eingeschlossen war. Wie schon gesagt: Ick hab's genommen, wie es war. Jedenfalls bin ich gleich zu meiner Tochter gefahren. Wir saßen dann zusammen vor dem Fernseher, und sie war ganz aufgeregt und weinte, weil alle jubelten und sich in den Armen lagen. Na ja, ick war nie so emotional veranlagt und sah das eher mit Skepsis.

Wie sich herausstellen sollte, war die angebracht, denn unsere Poliklinik wurde bald abgewickelt. Ich wäre arbeitslos gewesen – mir blieb nichts anderes übrig – ick musste mich privat machen und das mit über fünfzig! Ick hab mich nie gedrängelt, Chef zu sein, det lag mir nich – und nun war ich's. Ein Kollege und ich gründeten eine Praxisgemeinschaft, das hieß, jeder rechnete für sich ab. Das war auch gut so, denn der Kollege ging bald pleite – hatte sich verspekuliert, hatte überall Geld angelegt und dann war's futsch.

Im Nachhinein bin ick ein bisschen stolz – was ick alles geschafft habe. Das ging ja schon los mit so 'nem Kredit. So viel Geld auf einmal – das waren Summen, die überstiegen mein Vorstellungsvermögen. Oh, du lieber Gott, dachte ick und fuhr allein auf 'ne Messe und kaufte eine Einheit für meine Praxis. Ick hab einfach allet gemacht und es lief. An Patienten mangelte es mir nicht, die waren treu und froh, dass ich geblieben bin. Anfangs ahnte ick ja nicht mal, was ick alles abrechnen konnte. Ich hab das gemacht, was ich für nötig hielt, und mir vieles entgehen lassen. Es dauerte, bis ich kapierte, wie das so läuft. Später musste ich da genauer sein, es kamen Steuern dazu, und der Kredit musste abbezahlt werden. Ick habe gemacht und gemacht, auch als die Patienten weniger wurden. Na ja, viele waren weggezogen, denn im Werk gab's nicht mehr so viel Arbeit. Zugegeben, der ganze Kram mit dem Geld hat mich am meisten genervt. Aber ick hab's geschafft, hatte am Ende keine Schulden mehr! Doch, ist schon gut, dass die Mauer gefallen ist.

Meinem Mann ging es zu der Zeit sehr viel schlechter, er musste regelmäßig zur Dialyse und ging kaum noch aus dem Haus. Ja, so war das: Die Kinder wurden selbstständig und mein Mann zum Pflegefall. Heute frage ich mich, wie ich das alles durchgehalten habe. Ick habe einfach nur funktioniert, nicht nach rechts und links geguckt. Am Tage die Praxis, am Abend der Mann – am Tage Anerkennung – am Abend die Hölle. Det kann ick ja heute ruhig so sagen, denn det war so.

Aber es gab auch schöne Momente in der Zeit: Meine Enkelin kam auf die Welt. Zu der Zeit wohnte meine Tochter ja noch hier um die Ecke, und ick konnte Romy regelmäßig sehen. Das war mein Ausgleich – wann immer ich Zeit hatte, holte ich sie zu mir oder schob sie mit dem Kinderwagen durch die Gegend. Ja, die Kleene strahlte mich an, und alles andere war vergessen. Det tat so gut. Und das ist noch heute so. Wenn sie vor meiner Tür steht, da geht's mir durch und durch. Scheinbar bin ick jetzt im Alter emotionaler geworden oder sentimentaler? Na ja, is eben so. Sie will demnächst für einige Zeit nach Israel in so'n Kibbuz. Da mach ich mir Sorgen, denn dort passiert doch immer so viel. Aber meine Romy lässt sich nicht davon abbringen.

Als meine Tochter dann mit Romy nach Bayern zog, hab ich schrecklich gelitten, denn ich sah sie nur noch selten. Ick konnte doch hier nicht so einfach weg, musste doch immer erst jemanden finden, der sich um meinen Mann kümmerte. Und der akzeptierte doch niemanden. Nee, det war schlimm. Und dann ließ sich meine Tochter auch noch scheiden! Ick dachte nur: Wie verkraftet das meine Romy? Überhaupt, das ist so'n Punkt, da mache ich mir Gedanken. Die Iris ist jetzt zum dritten Mal geschieden, und so jung ist sie auch nicht mehr. Was soll das werden? Am Ende bleibt sie noch alleine. Ick verstehe das nicht.

Aber davon darf ich nicht anfangen, das lässt sie nicht zu. Na ja, ick hab's ja och nich so hingekriegt. Mein Mann ist vor sechs Jahren gestorben.

Als ich neulich noch mal Maxie Wander gelesen habe, war ich erstaunt, wie offen die Frauen damals waren. Ick war nie so. Bis heute.

Im letzten Jahr meldete sich ein ehemaliger Studienkollege bei mir. Wie der meine Adresse rausgefunden hat – keine Ahnung. Wir hatten damals an der Uni so'n kleenen Flirt – nichts Richtiges. Jetzt wollte der mich besuchen kommen – dazu muss man sagen, seine Frau war gestorben. Ick dachte: Warum nich, bist ja och frei. Wir haben uns dann paarmal getroffen ... Na ja, nee, das verlief im Sande – ick konnte mir nicht vorstellen, mit ihm was anzufangen. Ick wusste doch gar nicht mehr, wie det geht! Haha. Für mich ist das Kapitel abgehakt. Weißt du, wenn ich nicht auf die Uhr schauen muss, Zeit für mich habe, reicht mir das.

Edith | 72, Barbaras Mutter, Franziskas Großmutter

Es hieß immer: Deine Beziehungen reichen bis ins Weiße Haus!

Stört es, wenn mein Mann dabei ist? Er setzt sich in den Sessel dort drüben. Er ist auch ganz still!

Also, fangen wir an. Kindheit ... Wenn ich an meine Kindheit denke, habe ich immer zuerst ein Bild im Kopf: Meine Mutti lauscht mit glücklichem Gesicht einer Melodie aus dem Radioapparat, und wir Kinder sitzen auf dem Boden um sie herum. Du, das waren unsere Sternstunden nach der vielen Arbeit des Tages. Anschließend sang sie uns ein Lied, wir beteten ein Vaterunser, und sie kam ans Bett und gab jedem von uns einen Gutenachtkuss. Entschuldigung, ich kann nicht daran denken, ohne zu weinen. Meine Mutti ist vor drei Jahren kurz vor ihrem Neunundneunzigsten gestorben. Sie fehlt mir jeden Tag. Die letzten Jahre haben wir sie gepflegt. Für die Enkel war sie die Oma Stock, weil sie am Schluss nur noch mit Stock laufen konnte. Aber sie war fit im Kopf. An meinen Vater habe ich keine Erinnerung, er wurde 1943 eingezogen, da war ich ein Jahr. Meine Eltern hatten nicht viel Zeit miteinander. Sie kannten sich fünf Jahre, bevor sie 34 heirateten. Bis dahin hatten sie alles Geld eisern gespart, um sich ein Bauerngut zu kaufen. 35 wurde mein Bruder geboren, dann meine Schwestern und 42 ich.

Noch vor meiner Geburt musste mein Vater in den Krieg und kam nicht zurück. Da stand meine kleene Mutti da mit vier Kindern und zehn Hektar Land. Ich war die Jüngste, das hat mich aber nicht von meinen Pflichten entbunden. Nach der Schule wurde gegessen, die Küche aufgeräumt, und anschließend arbeiteten wir bis zum Dunkelwerden auf dem Feld. Im Sommer gingen wir manchmal abends noch spazieren, wenn ich die Augen schließe, spüre ich noch heute den warmen Wind und sehe, wie sich die Ähren bewegen. Im Winter hatten wir mehr Freizeit. Klar! Da saßen wir in der warmen Küche und hörten Radio. Unsere Mutti kannte sich in der Musik aus, sie wusste sofort, welches Stück gespielt wurde. Auf diese Weise habe ich Bach lieben gelernt.

Wir mussten alle mitarbeiten, sonst hätten wir unser Soll nicht geschafft. Je nach Hektargröße waren die Bauern verpflichtet, so und so viel abzuliefern. Hattest du zum Beispiel nicht genug Eier, musstest du welche dazukaufen, um dein Soll zu erfüllen. Mit diesen Erträgen wurden die Städte versorgt, denn da wurde gehungert. Meine Tante zum Beispiel kam mit ihren drei Kindern aus Dresden für ein paar Wochen zu uns. Sie waren ausgebombt, hatten nichts mehr. Zu ihrem Glück tauchte ihr vermisster Mann eines Tages wieder auf, und sie zogen gemeinsam in die Nähe von Stuttgart.

Du, ich habe Dresden brennen sehen. Es ist ja nur bisschen mehr als dreißig Kilometer entfernt von Freiberg. Wir standen auf dem kleinen Berg hinter dem Dorf und sahen einen riesigen Feuerschein. Dieses Ereignis hat sich mir eingebrannt, im wahrsten Sinne, auch wenn ich erst drei Jahre war. Wie gesagt, Hunger hatten wir nie, 'ne Fettbemme war immer im Haus. Manchmal waren wir zwölf Leute am Tisch, und alle wurden satt.

45 im Frühjahr marschierten die Russen auf unseren Hof. Alle Hühner mussten geschlachtet, alle Vorräte geopfert werden. Nichts war mehr sicher vor ihnen, vor allem meine Mutti nicht. Zum Glück wohnte in der oberen Etage noch ein altes Ehepaar. Sie waren für uns Kinder so was wie Oma und Opa. So hatten wir einen Mann im Haus, der sich bei Gefahr vor uns stellte. Er war unser Schutzengel. Mutti ist nichts passiert! Das meiste kenne ich aus Erzählungen, dennoch habe ich eine eigene Erinnerung aus dieser Zeit. Ein Russe hat mich auf dem Arm und tanzt mit mir zu Musik

in der Küche. Er hat ganz viel Glitzer an der Jacke und auf den Schultern und schenkt mir eine runde Blechschachtel mit Schokolade.

Wir waren alle in der Kirche und noch heute gehe ich regelmäßig. Ich glaube an Gott. Auf dem Dorf war Kirche damals eher so was wie ein Verein, deshalb hattest du keine Probleme mit der Obrigkeit. In der Stadt sah das wohl anders aus, da registrierte man schon, wer der Kirche zugewandt war und wer nicht, jedenfalls haben mir das später Freunde berichtet. Es dauerte nicht lange, und der Sozialismus wurde auch auf dem Land eingeführt: Die LPGs wurden gegründet und die Bauern enteignet, wenn es sein musste mit Gewalt.

Meine Mutti ist damals sehr krank geworden. Es hat ihr schwer zugesetzt, dass alles hart Erarbeitete nun futsch war, vom Staat einfach einkassiert. Damals sind viele in den Westen gegangen. Für uns kam das nicht infrage, meine Mutti war tief verwurzelt mit Sachsen. Sie sagte immer: „Ich verlasse meine Heimat nicht, egal was kommt." Sie war so'n kleenes, zartes Hascherl, aber sie hat alles geschaukelt. Wir sangen im Chor, gingen in Konzerte und ins Theater; sie hat uns das alles ermöglicht.

Meine große Schwester war in der Schule die Beste von uns, also durfte sie studieren. Das hat die Mutti finanziell gestemmt. Ich hätte auch gern was Besseres gelernt, aber das Geld hat nur für einen gereicht. Mein Bruder musste auf dem Gut bleiben, und ich ging mit vierzehn in die landwirtschaftliche Lehre. Ich kam auf einen Hof mit vierzig Rindern. Neben mir hatten sie nur noch einen Knecht. Da hab ich geschuftet, du glaubst es nicht. Früh aufstehen, Futter holen, das Viehzeug versorgen, dann Frühstück, dann melken und dann aufs Feld. In der ersten Zeit hatten wir noch keine Melkmaschine. Und als wir dann endlich eine hatten, mussten wir dennoch die vierzig Viecher vorbereiten – Euter sauber machen, vormelken ... Sobald meine Lehre zu Ende war, bin ich von dort abgehaun. Ich hatte nur ein Ziel: Raus aus der Landwirtschaft! So wollte ich nicht enden! Das Problem war, du brauchtest dafür eine Genehmigung und die bekamst du nicht. Es gab nur einen Weg und der führte über die Hauswirtschaft. Landwirtschaft und Hauswirtschaft waren gleichgesetzt, warum – keine Ahnung. Ich fand eine Anstellung bei einem Friseur. Ein Jahr schmiss ich ihm den Haushalt, kochte, betreute die Kinder, hielt den Salon sauber, wusch die Handtücher, wohlgemerkt mit der Hand. Ich weiß, was ein Waschbrett ist! Nach dem Jahr war ich erlöst, raus aus der landwirtschaftlichen Mühle und bin zurück zu Mutti.

Ein Onkel von uns hatte einen bäuerlichen Handel, er vertrieb alles, was auf dem Land gebraucht wurde, er stellte mich ein. Bei ihm hab ich mir das Kaufmännische angeeignet: Rechnungswesen, Vertrieb usw., eben alles, was damit zusammenhängt. Ich hab mich da richtig reingekniet, es hat Spaß gemacht, und ich konnte mich wieder um Mutti kümmern. Jedes Wochenende gingen meine Schwester und ich tanzen. Da war richtig was los, und es gab einen Männerüberschuss. In Freiberg war die Bergakademie, und dort studierten nur junge Männer und die kamen zu uns zum Tanz. Sie waren anders als unsere Dorfjungs, das sah man auf den ersten Blick. Meine Schwester hatte sich schon einen geangelt, und der brachte eines Tages seinen Freund mit: Wir tauschten sofort Blicke, lange Blicke, aber es dauerte den halben Abend, bis er mich endlich zum Tanz aufforderte. Er brachte mich nach Hause ... na ja. Ich war sofort verliebt in diesen großen Kerl. Dann heiratete meine Schwester, und der große Kerl kam mit zur Hochzeit. Es war unser drittes Treffen, und schon an diesem Abend machte er mir einen Heiratsantrag. Ich hab nicht gleich ja gesagt. Aber er hat immer wieder gefragt, bis mir klar wurde, 'nen Besseren kriegste nicht! Neulich hatten wir unseren fünfundfünfzigsten Verlobungstag, ist das nicht Wahnsinn? Trotzdem haben wir uns noch immer lieb. Und du merkst, er hört uns nur zu, ist still und stört nicht … Er weiß Bescheid, er hat mich sein ganzes Leben ausgehalten, stimmt's, Herbert? Da nickt er.

Nachdem er mit seinem Studium als Chemiker fertig war, haben wir geheiratet, und kurz darauf kam unsere Tochter Barbara zur Welt. Herbert bekam einen Job in Leipzig, und so zogen wir 1967 in die Stadt. Für mich als Landei war das eine ganz schöne Umstellung. Herbert hatte durch seine Arbeit sofort Kontakte, und ich saß zu Hause mit dem Kind. Wir wohnten in einer gemütlichen Zweizimmerwohnung in einem neu errichteten Hochhaus; sehr komfortabel für damalige Verhältnisse. Unserer Tochter hatten wir die Abstellkammer zu einer Schlafstätte umgebaut. Alle Schränke raus, so passten ein Bett, ein Regal und ein Stuhl hinein. Du musst dir vorstellen, wir hatten am Anfang keinen Kühlschrank, keinen Fernseher, und die Möbel waren mehr oder weniger geschenkt oder getrödelt. Nachdem ich unser Nest eingerichtet hatte, fiel mir die Decke auf den Kopf. Ich hab gelitten, sag ich dir. Ich brauch doch Leute um mich, muss mich austauschen, muss auch mal quasseln können.

Da eröffnete ein Friseur unten in unserem Haus, und die suchten Leute, und ich sofort ran an den Speck. An einem Tag wurden alle Bewerberinnen eingeladen und mussten sich in einer Reihe aufstellen. Der Chef lief an uns entlang, zeigte mit dem Finger auf die eine oder andere und auch auf mich. Ich wurde genommen! Ich war so glücklich, und heute weiß ich, es hätte nicht besser kommen können. Ich bekam den besten Job von ganz Leipzig: Die Theke vom größten Frisiersalon der Republik wurde zu meinem alleinigen Revier!

Einhundertzwanzig Angestellte arbeiteten rund um die Uhr an sage und schreibe fünfzig Frisierstühlen! Wahnsinn! Heute undenkbar. Alle Kenntnisse, die ich mir bei meinem Onkel im Geschäft erworben hatte, waren jetzt mein Pfund. Früh um sechs machten wir auf, und schon kamen die ersten Kundinnen. Du, die ließen sich vor der Arbeit einfach nur die Haare kämmen, es kostete doch so gut wie nichts. Und ich versorgte alle mit Kaffee, Bockwurst und Brötchen, manchmal auch mit einem Sektchen. Bei mir standen sie an der Theke, tranken, rauchten und erzählten den neusten Klatsch. Unser Salon sprach sich in Nullkommanichts in der Stadt herum, und die Tatsache, dass wir schon so früh aufmachten, lockte noch ganz andere Besucher an. Die kamen aus der Nachtbar nebenan, aus dem Astoria oder dem Fürstenhof und nahmen bei mir ihren Absacker. Ich hatte meine Stammkundschaft, erfuhr und wusste alles, was in der Stadt passierte und war verschwiegen. Eine befreundete Barfrau hatte mir eingeschärft: „Egal, wer mit wem auftaucht und egal, ob einer täglich mit einer anderen kommt, du verlierst darüber kein Wort!"

Daran halte ich mich bis heute, weißt du, es geht mich doch nichts an, wer mit wem oder so. Das ist das Geheimnis in diesem Job, und wenn du dich daran hältst, öffnen sich alle möglichen Türen. Ob für ein Konzert oder eine Opernaufführung, für alles konnte ich Karten besorgen. Eines Tages kam ein Kunde und bot mir seine Wohnung zum Tausch an. Seine Frau war gestorben, und er wollte sich verkleinern. Du weißt ja, eine gute Wohnung zu bekommen, war damals fast unmöglich. Wir griffen sofort zu. Handwerker und Material zu organisieren, war ja kein Problem für mich, wie du schon ahnst. Es hieß immer: Deine Beziehungen reichen bis ins Weiße Haus! Also renovierten wir die Wohnung von Grund auf und zogen nach wenigen Wochen ein. Du siehst, wie schön es hier ist. Der Aufwand hat sich gelohnt, diese großen Räume, die Flügeltüren und das wunderbare Parkett, alles bestens in Schuss.

Aber dieser Umzug hatte auch eine Schattenseite. Plötzlich stand ich im Verdacht, für die Stasi zu arbeiten – das steckte mir ein Freund. Neider gibt es immer. Ich wurde vorsichtiger, redete nicht mehr mit jedem über alles. Tatsächlich wundere ich mich noch heute, dass die Stasi nie an mich herangetreten ist – schon komisch. Auch bei den westdeutschen Messegästen hielt ich mich nun mehr zurück, denn es ist ja bekannt, dass es auch unter denen Stasimitarbeiter gab. Ach ja, das war eine schön verrückte Zeit.

Eines Tages kommt meine Babsi – Barbara heißt in der Familie nur Babsi – und druckst rum, sie müsste uns was sagen. Sie ist ganz blass. Du, ich hab's sofort geahnt und rausgeplatzt: „Du bist schwanger!" Da hat sie losgeweint, es sei ein Unfall, der Vater sei längst über alle Berge, sie hätte ihn kaum gekannt, und sie wisse nun nicht, was sie machen solle. Wir haben zusammen geweint, hin und her überlegt und uns dann gegen das Kind entschieden. Schon am nächsten Tag hatte sie den Termin, und am gleichen Abend stand sie wieder vor der Tür: „Ich behalte es – ich kriege das Kind." Und heute sage ich: Was wäre uns entgangen! Dieses Kind hat unser Leben so bereichert, da fehlen selbst mir die Worte.

Als es so weit war, brachte ich Babsi in die Klinik, und wen wundert's – ich kannte natürlich die Hebamme. Ich sagte: „Frau Maier, ich überlasse Ihnen mein Kind, passen sie gut drauf auf!" Du, ich hab die den ganzen Tag mit meinen Anrufen genervt. Am nächsten Morgen war unser Mädchen da. Ich stehe am Bettchen und schaue in dieses süße Gesichtchen, und da niest dieses Wesen elfmal hintereinander. Ich hab gelacht und geheult, und ab diesem Moment war das meine Puppi. Nur wenn ich mal sauer bin, sage ich Franziska zu ihr, aber das kommt so gut wie nie vor. Auf dieses Mädchen kann man gar nicht sauer sein. Sie ist so toll, so begabt, so fleißig, so klug. Sie ist unser Herz.

Sie wurde von dem Pfarrer in der Nikolaikirche getauft, der, der auch die Montagsdemos unterstützte. Überhaupt, diese Zeit war so spannend. Wir waren regelmäßig dabei. Die Stimmung war unglaublich. So eine Einigkeit, so eine Solidarität, so eine Aufbruchsstimmung nach dem ganzen DDR-Mief. Und als dann plötzlich die Mauer fiel, welch eine Belohnung, denn auch wir hatten dazu beigetragen. Es waren überschwängliche, glückliche, völlig verrückte Tage.

Gleich am ersten Wochenende sind wir im Trabi nach Berlin gedüst, der Herbert, die Babsi, die Puppi und ich. Auf der Avus leierten wir die Fenster runter und schrien: „Juhu, wir sind frei, wir sind frei, wir können endlich die ganze Welt sehen!" Die Kleene hinten war ganz verängstigt, weil wir so austickten, und als wir dann endlich auf dem Kudamm ankamen, fanden wir den eher poplig. Ja, so war das.

Im Frühjahr darauf traten wir wieder zu viert unsere erste große Reise nach Amerika an: Los Angeles, San Francisco, meine Traumstadt übrigens, Grand Canyon und New York, sechs Wochen durch die Staaten! Der helle Wahnsinn, wenn ich heute daran denke. Du hattest das Gefühl, dein Leben beginnt noch mal neu. Und dieses Gefühl ist mir bis heute nicht verloren gegangen, ich hüte es, auch wenn ich nun schon zweiundsiebzig bin.

Aber es gibt noch die andere Seite der Medaille, wie man so schön sagt. Unser Salon wurde geschlossen, und ich war arbeitslos. Zum Glück kannte ich ja halb Leipzig! Eine Kieferchirurgin wollte eine Praxis aufmachen und fragte, ob ich ihre Empfangschefin werden möchte. Da hab ich sofort zugegriffen. Und auch das war eine gute Zeit; ich hab dort bis zum siebenundsechzigsten Lebensjahr gearbeitet. Umso enttäuschter war ich, als ich erfuhr, wie hoch – besser, wie tief meine Rente ist. Achthundert und ein paar Zerquetschte nach einundfünfzig Jahren Arbeit! Du, ich hab mein Leben lang mein eigenes Geld verdient, zu Salonzeiten sogar richtig viel, wegen der Trinkgelder. Und nun im Alter bin ich abhängig! Achthundert reichen nicht zum Leben und nicht zum Sterben. Das ist doch Scheiße, entschuldige, wenn ich mich so drastisch ausdrücke, es macht mich wütend. Zum Glück bin ich nicht allein, der Herbert hat eine gute Rente und wir kommen hin. Auf jeden Fall reicht es, wenn wir sparen, zum Verreisen. So weit wie letztes Jahr – da waren wir in Neuseeland – muss es nicht mehr sein. Europa reicht uns. Unsere nächste Reise planen wir mit den Enkeln nach Lissabon.

Durch unsere Lust, die Welt anzusehen, wurde uns erst mal klar: Außerhalb Deutschlands sind wir die Ausländer. Ich kann diesen Hass und diese Feindseligkeit überhaupt nicht verstehen. Das schädigt so sehr unseren Ruf als Sachsen, was da in Dresden jeden Montag los ist. Die brüllen unseren Spruch von damals und sind dabei das Gegenteil: volksfeindlich!

Da muss ich noch eine Geschichte von meiner Mutti erzählen. Es war kurz vor ihrem Tod, da fragt sie mich eines Tages: „Mäusl, wie ist eigentlich deine Einstellung zu Flüchtlingen?" – „Die ist in Ordnung", sage ich, „wenn sie sich unserer Lebensweise anpassen, habe ich nichts gegen sie." Und weiter sagt sie: „Dein Papa war ja auch Ausländer! Seine Eltern kamen ursprünglich aus Westfalen und waren Bauern. Es gab doch im Kaiserreich so einen Aufruf: Deutsche in den Osten! Dem folgten sie. Sie zogen nach Polen und kauften dort Land. Mit zwanzig verließ der Papa Pommern. Unterwegs bot ihm ein Bauer eine Anstellung, und so blieb er in Sachsen hängen. Meine Eltern hatten ganz in der Nähe einen großen Hof, es war also nicht zu vermeiden, dass wir uns eines Tages über den Weg liefen. Aus dem Zufall wurde Regelmäßigkeit; wir verliebten uns. Meine Eltern waren gar nicht einverstanden mit meiner Wahl. Auch die Dorfbewohner nahmen ihn – den Ausländer – nicht an, er wurde regelrecht diskriminiert. Uns hat das alles nicht interessiert, wir liebten uns, haben durchgehalten und entgegen aller Anfeindungen geheiratet. Obwohl er Deutscher war, verlangte man von ihm einen Arier-Nachweis! Ja, so war das damals schon."

Das hatte ich nicht gewusst, er war doch Westfale, wieso wurde er wie ein Ausländer behandelt? Ich brauch ein Taschentuch, entschuldige, es wird immer schlimmer mit der Heulerei, je älter ich werde. Die Menschen sind so vergesslich. Nach dem Krieg kamen so viele Flüchtlinge, mit nichts, mussten alles hinter sich lassen. Und es ging, es hat für alle gereicht. Damals haben wir es geschafft, warum nicht auch heute?! Seitdem frage ich mich, ob diese Fremdenfeindlichkeit ein sächsisches Phänomen ist. Was wollen die eigentlich? Unter sich bleiben? Das wird doch auf die Dauer Inzucht und nur noch schlimmer! Na ja, mit Ironie kommen wir auch nicht weiter.

Ich verlasse jetzt das Thema, es bedrückt mich, verdirbt mir die Laune, macht mich ratlos. Weißt du, es beschädigt unser Land, unsere Heimat. Wir haben doch so ein Glück. Wir dürfen hier in Frieden leben, sind endlich frei, es ist Gottes Geschenk!

Ich bin glücklich mit meiner Familie, sie gibt mir Geborgenheit, Wärme und Halt. Und ich liebe es, in Leipzig zu leben, ich bin verrückt nach Leipzig, es ist für mich die schönste Stadt auf der Welt, und ich möchte, dass sie als eine weltoffene Stadt wahrgenommen wird! So!

Barbara | 54, Ediths Tochter, Franziskas Mutter

Wenn die Mauer nicht aufgegangen wäre, dann wäre ich gegangen. Ich hab immer gesagt, ich will nicht sterben, ohne New York gesehen zu haben.

Stört es, wenn der Udo im Hintergrund läuft? Nö. Prima, ich liebe ihn. Stell dir vor, ich hab ihn mal getroffen. Das war so 94/95. Ich im Adlon mit 'nem Drink in der Lobby, und plötzlich steht Lindenberg neben mir. Ich sage zu dem: „Hallo Udo, ich wusste, dass du mir mal unterkommst." Er: „Hallo, was machsten hier?" Ich: „Lehrgang, lerne, wie man Geld anlegt, soll ich deins auch anlegen?" Er: „Nö, aber komm mit an die Bar." Ich natürlich mit. Wir haben dann noch 'ne Weile gequatscht, er hatte schon bisschen was getrunken, und ich war danach besoffen vor Glück und von drei Cocktails oder so. Seitdem bin ich noch mehr Fan, sein größter würde ich sagen. Du, der hat uns schon früher glücklich gemacht. Das war wie ein unsichtbares Band zwischen ihm und uns Fans in der Zone. Nach der Maueröffnung habe ich keins seiner Konzerte verpasst. Und ich habe alle Platten von ihm. Überhaupt haben wir konzerttechnisch nachgeholt – von Genesis über Cocker bis Springsteen. Der ist sowieso der Hammer. Wie der aussieht mit seinen achtundsechzig. Ich steh sonst nicht auf ältere Herren, aber der ist so lecker, und dann rockt der nicht unter drei Stunden mit einer Leidenschaft, die sich auf ein ganzes Stadion überträgt. Genial!

Wenn die Mauer nicht aufgegangen wäre, dann wäre ich gegangen. Ich hab immer gesagt, ich will nicht sterben, ohne New York gesehen zu haben. Zum Glück ist ja alles anders gekommen. Dem Himmel sei Dank und Pfarrer Führer von der Thomaskirche, der sich und seine Kirche in den Dienst der Sache gestellt hat. Übrigens sind meine Kinder beide von ihm getauft, das nur nebenbei. Du glaubst nicht, wie wahnsinnig das 88/89 war. Diese Stimmung bei den Montagsdemos, dieser Zusammenhalt, diese Euphorie ... Wenn ich daran denke, krieg ich gleich 'ne Gänsehaut. Dass man so 'nen Umbruch miterleben durfte, grandios! Ich habe das wunderbare Gefühl, den mitgetragen zu haben. Überhaupt leben wir doch in einem Wahnsinnsland. Deutschland ist der Hammer, meine Heimat, ich bin so glücklich, Deutsche zu sein. Die Ostsee, die Berge, überhaupt die Landschaft, die Musik, Bach, Beethoven, die Sprache, Goethe, Lessing, Schiller ... Wir haben von allem das Beste! Und dann haben wir eine Frau an der Spitze, die auch noch spitze ist. Ich liebe die Merkel, ich bewundere, wie sie mit grenzenloser Geduld und Diplomatie diese Männerwelt in Schach hält. Ich kann diese Meckerer nicht verstehen, die wissen einfach nicht zu schätzen, wie gut es ihnen geht. Wir waren doch lange genug eingeschlossen, man hat uns missbraucht für eine Utopie, die von Anfang an zum Scheitern verurteilt war. Ich habe nachgelesen, wie die da oben sich untereinander die Posten zugeschachert, wie sie sich bekämpft und uns im Zaum gehalten haben.

Wenn ich Merkel sage, dann denke ich auch an meine Oma. Das klingt erst mal bissel komisch, aber sie war für mich der beste Mensch, dem ich in meinem Leben begegnet bin. Ich hab sie geliebt, sie war für mich Vorbild in jeder Beziehung. Ich hab mich am meisten um sie gekümmert und ihr immer gezeigt, wie lieb ich sie habe. Sie hat unsere Familie zusammengehalten. Und glaub mir, so einfach war das nicht. Bei uns gibt es die unterschiedlichsten politischen Ansichten, von neutral zu schwarz über braun bis knallrot. Bei Feiern flogen die Fetzen. Aber sie thronte über allem, hat es immer geschafft, die Wogen zu glätten und war dabei gütig, gerecht und nie verletzend! Jaja, meine Oma Stock. Vor drei Jahren ist sie mit neunundneunzig gestorben. Wir hatten gehofft, sie würde hundert. Sie fehlt mir, sie fehlt uns allen. Ihr Leben war alles andere als einfach. Aber sie hatte ihren Glauben, und daraus schöpfte sie Kraft. Früher hab ich mit ihr gebetet, weil ich es schön fand. Heute glaube ich. Es ist ihr Erbe an mich, und dafür bin ich dankbar. Sie heiratete 1934. Ihren Mann ließ sie sechs Jahre warten, bis er das Geld für das Gut zusammenhatte, das sie sich dann kauften. Auf den letzten Drücker, nämlich 44, wurde er noch eingezogen und fiel. Da war sie sechsunddreißig und stand da mit einem großen Bauernhof und vier kleinen Kindern. Wie sie das gemeistert hat, ist mir noch heute ein Rätsel, mir reichen schon meine zwei. Und sie hatte nie wieder einen Mann! Unvorstellbar.

Bis 67 wohnten wir bei ihr auf dem Hof. Mich hat das geprägt. Es war ein einfaches Leben. Im Winter zum Beispiel glitzerten an den Wänden meines Kinderzimmers Eiskristalle, so kalt war es. Es gab keine Heizung, und im Erzgebirge sinken die Temperaturen nachts ganz schön. Aber ich fror nicht, ich hatte ein riesiges Federbett, unter dem ich mich verkriechen konnte.

Da fällt mir eine Geschichte von meinem Papa ein. Er hatte sich während des Studiums in unserer Scheune ein kleines Labor eingerichtet. Wenn er am Wochenende nach Hause kam, experimentierte er dort, und wir durften die Scheune dann nicht betreten. Das war auch gut so, denn eines Tages sah ich ihn blutüberströmt auf dem Küchensofa liegen. Ich muss ganz bleich gewesen sein vor Schreck, aber meine Omi winkte nur ab: „Ist nur äußerlich, da bleibt nicht mal 'ne Narbe."

Mein Papa ist ein Stiller, der diskutiert nicht gern, er fügt sich lieber. Ich glaube, damit ist er in seinem Leben besser gefahren, denn meine Mutsch ist schon sehr dominant, sie hat die Fäden in der Hand und ist es nicht gewöhnt, dass man ihr widerspricht. Das hat mir später ganz schön Probleme gemacht, aber dazu kommen wir noch.

Ich mochte das Dorf, du konntest frei herumlaufen, wie toll ist das für Kinder! Auf jedem Hof gab es Katzen, Hunde, Hühner und mindestens eine Kuh. Unsere Nachbarn hatten sogar zwei Pferde, das war für mich das Größte. Ich durfte sie bürsten, füttern und oft abends in den Stall bringen. Schon damals beschloss ich, Tierärztin zu werden. Weißt du, das Landleben hat mich geerdet. Ich bin ein praktischer Mensch, nicht zimperlich, kann anpacken. Siehst ja, ich bin groß und kräftig. Meine Oma sagte immer: „Du bist ein Prachtweib." Heute sehe ich das auch so, und es stört mich nicht, wenn ich ein paar Pfund zu viel habe. Mein Mann liebt mich so, wie ich bin! Früher wollte ich immer dünn sein, habe mit meinem Gewicht gekämpft. Schrecklich. Ich erinnere mich an eine peinliche Situation: Ich wollte bei einem Freund aufs Motorrad steigen, es ging nicht – ich kriegte das Bein nicht hoch, die Hose war zu eng. Das Gesicht von dem hättest du sehen müssen ... Haha.

67 zogen wir nach Leipzig. Wir Landeier also in der Stadt und auch noch in einem Hochhaus. Krass! Die Wohnung hatte nur zwei Zimmer, also wurden kurzerhand die Schränke in der Abstellkammer rausgerissen und somit passten ein Bett, ein Stuhl und ein Bücherregal hinein und ich natürlich. Dort hab ich lange gewohnt! Mein Papa war zufrieden mit seiner Arbeit, ich fand die Stadt und die Schule toll, nur meine Mutsch war unglücklich. Sie hatte keinen Job. Zuletzt hatte sie in der „Bäuerlichen Handelsgenossenschaft" meines Onkels viele verantwortungsvolle Aufgaben, und nun sah sie sich auf dem Abstellgleis. Sie war jung, hübsch, knackig und eine Macherin. Welche Fügung, unten im Haus wurde ein Frisiersalon eröffnet. Sie bewarb sich für die Tages-Bar und wurde auch prompt genommen. Ganz Leipzig kam bald

vorbei, trank bei ihr Kaffee oder ein Sektchen, rauchte 'ne Zigarette und quatschte mit ihr. Sie war bekannt wie 'n scheckiger Hund, war bald so was wie 'ne Institution und hatte überall Beziehungen. Mutsch konnte alles besorgen, von Karten für besondere Konzerte und Veranstaltungen über Handwerker bis hin zu Baumaterialien. Und das alles ohne Parteizugehörigkeit! Das muss man sich vor Augen halten! Und sie war beliebt! Ihre Arbeitszeit ging von früh halb sechs bis eins und dann noch mal ab vier bis acht. Für mich war das genial, denn wenn ich aus der Schule kam, war sie für mich da. Und wenn sie wieder runterging, konnte ich machen, was ich wollte. Ich durfte immer Leute mitbringen, wir hatten ein offenes Haus. Ich würd' sagen, ich war ein verwöhntes, dickes, beliebtes Einzelkind.

Du, Leipzig war damals schon spannend. Durch die Messe waren wir auch kulturell gut versorgt. Und ich hatte Glück mit meinen Lehrern. Sowohl in Deutsch als auch in Kunst und Musik hab ich unglaublich viel mitnehmen können. Unser Zeichenlehrer gründete im Dimitroff-Museum eine Art Kinder-Klub. Jede Woche stellte ein anderer Künstler seine Werke vor, also Maler, Musiker, Schriftsteller. Heute würde man Workshop dazu sagen. Das hat meinen Horizont sehr erweitert, ich hab das alles aufgesogen wie ein Schwamm. Auch mein Musiklehrer hat so was wie einen Grundstein gelegt. Der spielte zum Beispiel eine Platte vor, und wir mussten bestimmen, welches Werk, welcher Komponist, welche Tonart und so weiter. Ich kann heute sagen: Damals hab ich was fürs Leben gelernt.

Natürlich wurde ich nicht zum Abi zugelassen – wir gehörten schließlich durch meinen Papa zur Intelligenz, und die stand hintenan im Arbeiter-und-Bauern-Staat. Mit einem Notendurchschnitt von eins Komma zwei und kein Abi! Also kam erst mal eine Ausbildung infrage. Da ich Veterinärmedizin studieren wollte, musste was Passendes her. Aber einen solchen Platz gab es angeblich nicht, und so setzte sich meine Mutsch vierzehn Tage im Rathaus vor die Tür der Verantwortlichen und drohte, nicht eher wegzugehen, bis sie einen Ausbildungsplatz für mich bekäme. Und es klappte. Und so wurde ich Melkerin, Zootechnikerin, Mechanisatorin und in die Milchproduktion eingeführt; in der LPG „Eintracht" im Nachbarort. Klingt toll, was? Hab ich durchgezogen, immer mein Ziel vor Augen, Tierärztin zu werden. Nach zwei Jahren war ich fertig, und mein Onkel wusste, dass ich nun an der Bergakademie in Freiberg mein Abi nachmachen konnte. So kam es auch, alles ging glatt und der Vorteil war – ich war vorimmatrikuliert, konnte also 81 endlich mit dem Studium beginnen.

Eineinhalb Jahre war ich glückliche Studentin, dann wurde ich kurz vor dem Physikum geext. Ich hatte die Prüfung in Stochastik nicht geschafft. Mathe war nie mein Lieblingsfach, und die Vorbereitungen aufs Abi an der Akademie waren nicht so umfassend, wie sie hätten sein müssen. Jedenfalls stand ich da. Übrigens wurde Stochastik als Exmatrikulationsgrund zwei Jahre später abgeschafft, dafür sorgte mein damaliger Professor. Bei ihm hatte ich meine Diplomarbeit angemeldet: Akkupunktur in der Tiermedizin. Der mochte mich zum Glück und besorgte mir einen Job als Tierpflegerin in der Chirurgie. Nach einem Jahr stellte ich einen Antrag auf Re-Immatrikulation und konnte ab dem dritten Semester noch mal einsteigen. 88 machte ich das Staatsexamen, und nach zwei Jahren Pflichtassistenz war ich 1991 fertige Tierärztin, Traumberuflerin. Denn inzwischen hatte sich alles gewendet, wie wir wissen, und nun gab's keine Jobs. An der Uni zu arbeiten keine Chance und selbstständig – wovon?

Was sollte ich machen, ich musste ja Geld verdienen. Also bewarb ich mich bei einer Pharmaziefirma und vertrieb ein

Jahr lang Herz-Kreislauf-Medikamente in Praxen. Da hab ich gutes Geld verdient – ich kann verkaufen, die Leute vertrauen mir, das ist sehr wichtig bei so einer Arbeit. Dann bekam ich einen neuen Chef, und wir konnten uns von der ersten Sekunde an nicht ausstehen. Also kündigte ich und wechselte zu einer Investmentfirma. Da war ich die einzige Frau unter Männern. Was ich da erlebt habe ... Ich sag dir, da bin ich fast vom Glauben abgefallen. Diese männerdominierte Firmenhierarchie und wie über Frauen geredet wurde, vor allem über die eigenen, das glaubst du nicht. Eben Männer unter sich. Ich kannte so was nicht. Im Osten mussten sowohl Männer als auch Frauen arbeiten, da gab es keine Hausfrauen, über die man sich lustig machen konnte. Da sind Galaxien zwischen Ost und West.

Diese Erfahrung hab ich verinnerlicht! Damals schwor ich mir, mein Geld selbst zu verdienen, immer frei und niemals abhängig zu sein! Eins muss ich noch erwähnen, natürlich habe ich auch tolle Westfrauen kennengelernt. Frauen sind sowieso toll, siehste doch an meiner Familie ... Gut, bissel Eigenlob schadet nicht, ist manchmal ganz erfrischend. So, das war das. Haha. Fast zehn Jahre hab ich dort gearbeitet, richtig Kohle gemacht, und wer weiß, wie alles gekommen wäre, wären wir nicht für ein Vierteljahr in die Südsee gegangen. Da staunste! Klingt bissel wahnsinnig, war es auch. Das Fernsehen hat eine Familie gesucht, die eine bestimmte Zeit dort auf einer einsamen Insel verbringt. Sie sollte so leben wie die Einheimischen. Und deren Leben ist weiß Gott nicht leicht, das weiß ich heute! Ich dachte, warum nicht? Und bewarb mich. Und dann haben die uns von vierhundert Familien ausgewählt. Stell dir vor! Das klappte und wir ab nach Tonga. Ossis in der Südsee! Diese Erfahrung möchte ich nicht missen! Du stellst dich ganz anderen Aufgaben als in unserer zivilisierten Welt, du lernst ganz viel über dich selbst, und danach weißt du das Leben hier wirklich zu schätzen. Nee, das war wunderwunderschön und uns als Familie hat's verbunden ... Wahnsinn. Unsere Eltern waren geschockt. Sie haben versucht, uns mit allen möglichen Argumenten zurückzuhalten, sie wollten einfach nicht verstehen, dass man so eine Gelegenheit nutzen muss. Kurz, es war genial.

Die Schattenseite: Ich wurde gekündigt wegen Selbstbeurlaubung, was für ein Wort. Die haben durch mich viel verdient, ich hatte super Umsätze, und so bat ich um unbezahlten Urlaub. Nö, war nicht. Also kam ich zurück und war arbeitslos. Heute denke ich, es war gut so, denn ich musste mich neu orientieren. „Du bist doch Tierärztin", sagte mein Liebster, „mach dich auf den Weg." Und der führte mich nach England an eine Pferdeklinik, hundert Kilometer von London entfernt. Ich fuhr einfach hin und sagte: „Da bin ich, ich will was lernen." Vorher hatte ich noch einen Englischkurs besucht – haha –, ich hab keinen Stich gesehen ... Die haben mich nicht, und ich hab die nicht verstanden. Du, das war 'ne Wellnessfarm für Pferde würde ich sagen, sogar die Scheichs bringen im Sommer ihre Tiere dorthin! So was siehste nur einmal: Viertausend Pferde im Galopp, und die besten und teuersten der Welt. Vollblüter, bei denen sind die Beine definiert, wunderwunderschön und schweres edles Warmblut. Traumhaft! Irgendwie erbarmten sich dann doch drei Ärzte und nahmen mich mit auf ihre Touren, und ich durfte ihnen bei allen möglichen Sachen assistieren. Als ich zurückkam, hospitierte ich noch in der Tierklinik, und dann wagte ich den Schritt mit nichts als einem Kredit in der Tasche und kaufte ein Röntgen- und ein Ultraschallgerät und eröffnete meine mobile Großtierpraxis. Es dauerte zwei Jahre, bis sich die ersten finanziellen Erfolge einstellten. Ich muss sehr viel arbeiten, es geht langsam aber stetig bergauf, ich werde empfohlen, mach Bereitschaftsdienste, und wenn es erforderlich ist, behandle ich auch Kleintiere. Ich kann gerade so davon leben, für die Rente tut das nichts. Aber ich liebe meine Arbeit! Ich kann nicht ruhig schlafen, wenn ich weiß, einem Tier geht es nicht gut.

Weißt du, ich mach viel aus dem Bauch heraus, bin zu wenig strukturiert. Daran arbeite ich schon seit ich denken kann. Aber wär's anders könnte ich auch nicht so leben, wie wir es tun. Wir leben volles Risiko! Das Leben ist verrückt! Meine Kinder sind gesund! Uns geht es gut! Guck mal, wir haben es doch herrlich hier. Dieses Haus gehört zwar auch noch der Bank, aber irgendwann auch nicht mehr. Wir hatten großes Glück. Der Frau, der wir es abgekauft haben, gefiel mein Mann, weil er große Ähnlichkeit mit ihrem Idol hat: André Rieu. Dafür hat sie auf einhundertfünfzigtausend verzichtet. Hammer! Ich kann sie verstehen, ich schwärme auch für meinen Liebsten. Überhaupt, über Männer haben wir noch gar nicht gesprochen. Zum ersten Mal war ich in der 6. Klasse verknallt. Da war ich gerade mal schlank und braun, einfach schweinesüß. Überhaupt, ich glaube, das war meine „dünnste" Zeit. Bis zur 5. Klasse bin ich geschwommen – Leistungssport – und ich war die beste Handgranatenwerferin der Schule. Wenn ich mir heute überlege, dass wir statt mit Kugeln oder Bällen mit Handgranaten um uns geworfen haben. Manche Sachen erscheinen mir heute so absurd, so – ich finde gar keine Worte.

Jedenfalls: Ferienlager. Und der Typ: braun, schlank, blond. Wir haben uns angeschmachtet und einmal miteinander getanzt. Er fragte mich, in welche Klasse ich ginge. Ich sagte kühn: „In die achte dort und dort." Er: „Du, in die achte dort und dort gehe ich, also müsste ich dich kennen." Das war mir sehr peinlich. Aber schlimm daran war eigentlich, was daraus gemacht wurde. Plötzlich wurde ich öffentlich angeprangert. Lügen gehöre sich nicht in unserer Gesellschaft, für einen Pionier schon gar nicht und so weiter. Du glaubst nicht, was das für ein Theater war.

Ich habe nie mit meiner Meinung hinter dem Berg gehalten, hab immer gesagt, was ich denke. So habe ich es zu Hause gelernt, und so erziehe ich auch meine Kinder. Gott sei Dank haben sie heute so viel Freiheiten und Möglichkeiten. Ich achte aber darauf, dass sie bei allem geerdet bleiben. Mein Sohn zum Beispiel soll kein Macho werden! Der soll schon jetzt lernen, seine Hemden selbst zu bügeln. Und meine Franziska ist sowieso sehr selbstständig, schon von klein auf. Sie wollte immer alles alleine machen. Bis heute. Sie ist 'ne tolle junge Frau, ich bin sehr stolz auf sie.

Ihr Vater war mein erster Liebhaber. Wir hatten Sex in der Milchviehanlage während einer Weihnachtsfeier. Ich war verliebt in ihn, also war es mir egal, wie und wo, ich wollte ihn. Er hatte Wahnsinnsaugen, schwarz und samtig. Wir verabredeten uns für Silvester, und er kam nicht, ließ mich sitzen. Und was soll ich sagen? Es hatte geschnaggelt, ich war schwanger. Ihn sah ich nie wieder. Das war ganz schön hart. Ich wusste nicht, was ich machen sollte. Ein Kind kriegen von einem Typen, den ich kaum gekannt, der mich auch noch verletzt hatte? Ich saß mit meinen Eltern zusammen, und wir haben alles hin und her gewälzt, eins gegen das andere abgewogen, und am Ende beschloss ich, das Kind nicht zu bekommen. Schon am nächsten Tag hatte ich einen Termin. Du konntest im Osten ganz allein entscheiden, ob du abtreibst oder nicht. Ich seh' mich noch im Wartezimmer sitzen wie auf Kohlen, und es dauerte und dauerte. Ich schaute immer wieder auf die Uhr an der Wand, dem Sekundenzeiger hinterher. Plötzlich stand ich auf und ging, einfach so. Scheiß drauf, ich kriege das Kind! Und 88 wurde Franziska geboren, meine Franzi. Ich war überglücklich und sofort verliebt in meine Tochter. Und was soll ich sagen, sie hat die sanften schwarzen Augen ihres Vaters.

Wir wohnten da schon hier in der Gegend in einem Haus mit drei Etagen. In der unteren wohnte eine Familie mit ihrem Sohn, in der Mitte meine Eltern und in der Mansarde ich. So neben dem Studium ein Kind, das ging im Osten gut. Du bekamst ja einen Krippenplatz. Außerdem hatte ich meine Eltern. Meine Mutsch stürzte sich förmlich auf die Franzi, sie wurde zu ihrem Engel, ich war als Tochter plötzlich abgeschrieben: „Du studierst, ich kümmere mich um die Puppi!" Ich war in der Zwickmühle, einerseits brauchte ich ihre Hilfe, andererseits wollte ich mir die Erziehung meiner Tochter nicht aus der Hand nehmen lassen. So langsam spitzte sich die Situation zu, und es spielten sich unschöne Szenen ab. Wenn ich sagte: „Kann ich bitte nach der Uni die Franzi abholen?", sagte sie: „Die Puppi schläft dann." – „Aber ich habe frei, ich möchte sie bei mir haben." – „Dieses ewige Hin und Her bringt sie ganz durcheinander, du kriegst sie am Wochenende."

Dann wurde Mutsch krank – Brustkrebs –, und alles spitzte sich noch mehr zu. Franzi wurde zu ihrem Lebenselexier. In dieser Zeit hat sie ausgeteilt, ich sag dir, ich hab viel schlucken müssen. Sie kann so verletzend sein, und wenn sie nicht Recht bekommt, dann haut sie drauf. Heute kann ich mich wehren, lass mir nicht mehr alles gefallen, und sie weiß das. Wir sind uns wieder sehr nah – ach, eigentlich kommen wir nicht ohne einander aus!

Ein Gutes hatte die Zeit aber doch: Ich erlebte meine sexuelle Befreiung! Es war nur eine Affäre, ich war nicht verliebt, und außerdem war er so was von rot, dunkelrot. Nee, der taugte nur zum Sex, und der war leider gut. Der Einschub musste sein, denn jetzt kommen wir zur Liebe!

In unserem Haus wohnte – wie schon gesagt – noch eine

Familie und die hatten einen Sohn, der um einiges jünger war als ich. Er begann seine Lehre, als ich schon lange fertig war mit allem. Er machte mir auf eine so rührende Art den Hof, dass ich begann, ihn mit anderen Augen zu sehen. Kein Mann war mir bis dahin mit so viel Achtung und Respekt begegnet. Eines Tages sagte er: „Wenn du mit deinem Kind auf dem Arm im Garten stehst, siehst du aus wie eine Madonna." Und ich antwortete: „Die Frau, die dich mal kriegt, kann sich glücklich schätzen." Und ich bin die Frau! Wir sind seitdem unzertrennlich und sehr glücklich. Die Franzi hat er angenommen wie sein eigenes Kind, und unser gemeinsamer Sohn wird auch bald siebzehn. Victor ist selbstständiger Tischler und Restaurator und hat gute Aufträge, zum Beispiel hat er in der Toskana eine kleine Kirche saniert. Und er baut tolle Möbel. Der Tisch, an dem wir sitzen, ist sein Werk und den kann man noch ausziehen!

Und nun „basteln" wir uns ein Hausboot zusammen. Es liegt in einem kleinen Hafen an der Ostsee. Unser Traum ist, damit über die Ostsee zu zuckeln und die anliegenden Länder zu besuchen. Die Südsee kennen wir, nun auf in die Ostsee!

Franziska | 27, Barbaras Tochter, Ediths Enkelin

Ich liebe zweihundert Prozent, ich vertraue zweihundert Prozent und ich trauere zweihundert Prozent. So bin ich halt.

Ich komme aus einer ganz wunderbaren Familie. Ich liebe sie über alles.

Meine Uroma ist das Fundament dieser Familie. Sie ist kurz vor ihrem hundertsten Geburtstag gestorben. Meine Oma Stock. Sie konnte zuletzt nur noch mit Stock laufen, deshalb nannten wir sie so. Geistig war sie fit bis zuletzt. Überhaupt, sie war für mich der liebste, tollste, gerechteste Mensch, den ich je gekannt habe und das Oberhaupt der Familie – der Häuptling, der alles zusammen gehalten hat. Sie zeigte uns, was Respekt ist: Zum Beispiel, dass man den anderen ausreden lässt, dass man nicht vorschnell urteilt, dass man immer hinterfragt, dass man sich in den anderen hineinversetzt – die berühmte Goldene Regel, die hat sie gelebt. Sie war sehr religiös. Ohne ihren Glauben hätte sie ihr Leben vielleicht auch nicht so meistern können. Vier kleine Kinder nach dem Krieg allein großziehen, als es nichts gab? Ich kann mir das schwer vorstellen. Aber sie hat es gepackt, und alle ihre Kinder sind gut geraten. Und meine Oma ist natürlich am besten von allen ... Meine Großeltern haben mich die ersten Jahre betreut, da meine Mama noch im Studium steckte, als sie mich auf die Welt brachte. Du glaubst nicht, wie toll die sind. Sie sagen immer: Du bist unsere Puppi, unser Herz. Den Namen Puppi habe ich von Anfang an. Meine Oma sagt, ich hätte im Wagen gelegen so nett und lieblich, wie eben eine Puppi. Ich hör es gern, wenn sie mich so rufen. Sie kommen mich einmal im Jahr hier besuchen. Letzten Sommer sind wir fünfzig Kilometer durchs Brandenburgische geradelt, und mein Opa ist schon achtzig! Das steckt der locker weg. Er ist sowieso der Größte, nicht nur in Zentimetern! Wenn der mich mit seinen eins neunzig im Arm hält, fühle ich mich sicher und geborgen. Er ist mein Schmusebär. Als ich noch klein war, wurde meine Oma sehr krank, Brustkrebs. Sie hat alles durchmachen müssen, Brust abnehmen, Chemo, Bestrahlung. Heute sagt sie, ich sei ihr Lebenselexier gewesen, ohne mich hätte sie es nicht geschafft. Vielleicht ist das so? Vielleicht stellt sie deshalb ihre Liebe zu mir über die zu ihrer Tochter? Früher hab ich mir die Ohren zugehalten, wenn meine Oma das sagte, weil ich ahnte, dass es meiner Mama Kummer bereiten würde. Ich wollte es nicht hören. Inzwischen haben sich die Wogen geglättet. Ich liebe meine Mama sehr, und sie weiß das. Punkt!

Meine Eltern kommen öfter nach Berlin, und dann gehen wir gemeinsam tanzen. Ja, auch wenn das ungewöhnlich ist, ich nehm' sie mit in meine Klubs. Ich hab sie angesteckt mit meinem Faible für elektronische Musik, wir sind kalkbrennerinfiziert. Dazu muss ich sagen, mein Papa und ich hatten in der Pubertät große Probleme miteinander. Er ist nicht mein richtiger Vater, nee, das ist falsch, er ist mein richtiger Vater, nur nicht mein leiblicher. Er ist acht Jahre jünger als meine Mama, also ein sehr junger Vater für mich. Sie haben sich zusammengetan, da war ich zwei Jahre. Er hat also schon sehr jung Verantwortung übernommen. Und als ich dann flügge wurde, hat's ständig gekracht zwischen uns. Meine Mama war immer auf meiner Seite, also hat's auch zwischen denen gekracht. Und dann hab ich mich bei meiner Oma über ihn beklagt, und die hat es wieder an ihm ausgelassen. Das hat dazu beigetragen, dass mein armer Papa ständig in der Schusslinie meiner Oma stand. Sie war eh gegen die Beziehung, sie fand, dass er nicht der richtige Mann für meine Mama sei. Ach, ich merke gerade, das war ganz schön kompliziert. Aber wie schon gesagt, alles hat sich auf musikalische Weise entwirrt. Kalkbrenner hat uns gerettet. Mein Papa und ich haben uns ausgesprochen. Das war vor ein paar Jahren auf einer Brücke in Venedig. Wir schauten den Gondeln nach und ganz nebenbei entschuldigte er sich. Das hat mich vom Sockel, nee, beinah von der Brücke gehauen. Ich war fix und fertig. Schließlich hab ich ihn ja auch drangsaliert. Wir haben uns in den Armen gelegen und zusammen geheult, was das Zeug hält, und mit den Tränen war aller Gram weggespült. Und nun gehen wir zusammen in die verrücktesten Klubs und rocken ab. Das ist so toll, wenn der Beat einsetzt, das holt dich ab, egal, was gerade war, zwei Stunden auf der Tanzfläche, und du siehst alles mit anderen Augen.

Ich bin sehr stolz auf meine Eltern. Sie haben sich gegen alle Widerstände als Paar behauptet und sind wirklich glücklich miteinander. Meine Mama hat das auch verdient, denn mein leiblicher Vater muss ein ganz schönes Arschloch gewesen sein. Er hat sie schnöde sitzen gelassen, als sie schwanger war. Ich kann nur ahnen, wie das für sie gewesen sein muss, denn ich hab auch grad eine Trennung hinter mir. Ich hab mich davon noch nicht erholt, die Wunden sind noch nicht geschlossen. Ich bin so verletzt, so enttäuscht – sorry –, da kommen Tränen und Wut in mir hoch. Du kannst noch so gute Voraussetzungen mitbringen, noch so gute Vorsätze haben und noch so gut erzogen worden sein – da kommt einer, und nachdem du ihm dein Herz und dein Vertrauen geschenkt hast, haut er drauf, sticht auf dich ein, dass du fast ausblutest vor Gram. Ich stehe noch immer unter Schock und weiß nicht, wie ich beim nächsten Mann reagieren werde. Auf jeden Fall wird es fundamental, er wird der Vater meiner Kinder werden.

Ich will unbedingt eine Familie haben, ich will den guten Geist meiner Familie weiter vererben. Ich stelle das über alles, auch über eine große Karriere. Aber eine kleine Karriere möchte ich trotzdem machen. Ich habe die besten Aussichten. Meine jetzige Agentur wird mich übernehmen, und sie gehört zu den besten in der Stadt. Mein Herz sagt mir, dass ich da richtig bin.

Schon als Kind wusste ich, dass ich später was draußen in der Natur machen möchte. Meine Schule hatte einen Garten. Wenn die anderen keine Lust zum Unkrautjäten oder Gießen hatten – ich war zur Stelle. Und im Schrebergarten meiner Großeltern konnte ich mich sowieso austoben. Als Kind war ich immer an der Luft und nie krank. Meine Mama meint, das kommt davon, weil sie mich im Kinderwagen stundenlang auf den Balkon gestellt hat. Es hat scheinbar geholfen. Ich bin auf die höchsten Bäume geklettert. Ich würd sagen, ich war erst Junge und später Mädchen. Spätestens in der Schule wurde mir klar, welche Vorteile es hatte, ein Mädchen zu sein. Wir spielten Fange mit den Jungs, sie mussten uns jagen. Sie rannten aber nicht jedem Mädchen hinterher, es war eine Art Auszeichnung, wenn man gefangen wurde, man war „in". Ich wurde gefangen! Weißt du, was mir noch Spaß gemacht hat? Schönschreiben! Ich hab stundenlang geübt, konnte es nicht ertragen, wenn ein Buchstabe nicht wie der andere aussah. Ich war ein liebes Kind, alle lobten mich dafür, und das ist bis heute so. Kann's nicht ändern. Isso!

Nach der Schule hab ich erst mal eine Lehre gemacht: Garten- und Landschaftsbau. Und da wurde klar, dass ein Studium folgen muss. Also hab ich in Dresden an der Uni mit Landschaftsarchitektur begonnen. Aber in Dresden kann man ja nicht leben, das ist 'ne tote Stadt und stinklangweilig. Damals war ja alles noch nicht so offensichtlich, man hat nur geahnt, dass die Dresdener anders sind. Heute weiß man, sie sind verbohrt, selbstverliebt und dabei so uninteressiert an allem. Nur nicht über den Zaun gucken, da könnte ja was

Fremdes sein, und das will man nicht. Was da jetzt so los ist, beschämt mich. Ja, ich schäme mich.

Da kommt mir Amerika in den Sinn. Ich war dort ein Jahr an der Highschool. Ich dachte im Vorfeld: Das wird mein Ding – endlich raus. Das war ja die Zeit, als es mit meinem Papa nicht so gut lief. Ich hab mich auf die vielen unterschiedlichen Kulturen gefreut, eben auf Multikulti, und dann kam ich mit einem Scheißgefühl wieder. Du glaubst es nicht: Auf dem Schulhof standen immer alle getrennt, die Schwarzen, die Mexikaner, die Amis, und keiner tut dort was, um sich anzunähern. Die kommen mit Messern und Waffen zur Schule! Jeder! Und vor allem die Schwarzen haben so einen Drang nach Aufmerksamkeit. Sie betiteln sich untereinander als Nigger, um zu zeigen, dass sie zueinander gehören. Aber warum gebrauchen sie dieses Schimpfwort? Sie degradieren sich doch selbst. Ich versteh' das nicht. Überall sind es immer die Schwarzen, die die Drecksarbeit machen, bis heute. Und das unter einem schwarzen Präsidenten!

Und da komm ich wieder auf das heutige Dresden und Pegida. Niemand von diesen armen Menschen, die zu uns kommen, nimmt einem anderen was weg. Genau das muss von der Regierung besser kommuniziert werden. Und wenn jemand Angst um seinen Job hat, dann soll er sich doch fragen, warum. Bin ich gut genug? Mache ich meine Arbeit gut genug? Ach, das ist ein bedrückendes Thema.

In Dresden hab ich es nur ein Jahr ausgehalten, dann bin ich nach Berlin gewechselt. Es gab zwar einen Zeitverlust, mir wurden nicht alle Kurse angerechnet, und ich musste insgesamt ein Jahr länger studieren, aber ich habe in anderer Hinsicht wahnsinnig gewonnen. Viele neue Freunde! Und richtig gute, treue, auf die man sich verlassen kann und die ähnlich ticken wie ich; politisch und in jeder anderen Hinsicht. Und in diese Stadt habe ich mich total verliebt. Sie hat sich von Anfang an nicht fremd angefühlt, es war eher wie nach Hause kommen. Ja, Berlin ist mein Zuhause und Leipzig meine Heimat. Ich hab ja schon einiges von der Welt gesehen – ein Jahr in Amerika zum Austausch, ein Auslandssemester in Amsterdam und mit meiner Familie ein Vierteljahr in der Südsee. Das muss ich unbedingt erzählen: Es gab eine Ausschreibung. Man suchte eine Familie, die eine bestimmte Zeit unter den Bedingungen der Einheimischen auf Tonga leben sollte. Meine Mama hatte sich einfach mal locker beworben und zack, es klappte. Unglaublich. Wir Sachsen-Ossis in der Südsee. Ich war damals sechzehn und mein kleiner Bruder acht. Du, das war der Hammer. Ohne jede Zivilisation. Ohne Handy, ohne alles. Die Erfahrung möchte ich nicht missen, sie hat mich so was von geerdet.

Siehste, da fällt mir auf, dass ich noch gar nicht von meinem kleinen Bruder gesprochen habe. Als meine Eltern mir sagten, dass ich ein Geschwisterchen bekomme, war ich ganz aus dem Häuschen. Ich hab ihn schon geliebt, als er noch im Bauch meiner Mutter war. Ich glaube, ich bin die beste Schwester der Welt, ich würde für ihn durchs Feuer gehen. Wir sind Freunde, Vertraute – wir fahren zusammen in Urlaub, ich nehme ihn mit zu meinen Freunden. Ich bin so stolz auf ihn! Und er singt im Thomanerchor. Wenn wir zu den Aufführungen gehen und ich ihn da stehen sehe – groß, blond, blauäugig, durchtrainiert, dann muss ich fast immer mit den Tränen kämpfen. Er sieht seinem, nee, unserem Papa so ähnlich.

Nicht bloß durch seine Auftritte bin ich oft in der Kirche, ich gehe auch ohne Anlass. Ich bin christlich erzogen und getauft, vom Pfarrer Führer. Das ist der, der die Montagsdemos geprägt hat, indem er seine Kirche zum Versammlungsort für die Demonstranten gemacht hat. Ich bin stolz darauf, von ihm getauft zu sein! Meine Mama war übrigens jeden Montag dabei! Ich liebe diese Wendegeschichten, wäre gern wissend dabei gewesen. Wie mir berichtet wurde, saß ich kurz nach dem Mauerfall heulend hinten im Trabi, weil die Erwachsenen so laut gegrölt und gesungen haben, als sie über die Avus fuhren.

Meine Eltern haben unter dem Regime gelitten, fühlten sich eingesperrt und hätten es nicht mehr lange mitgemacht. Sie wären gegangen, ausgereist oder sogar abgehaun! Aber so war es natürlich grandios. Meine Großeltern, meine Mama und ich sind ziemlich bald nach Amerika geflogen. Sechs Wochen mit Wohnmobil an der Westküste entlang – ihr amerikanischer Traum! Ich war erst vier, habe aber ganz konkrete Erinnerungen daran. Zum Beispiel, dass meine Mama für ein Foto viel zu dicht am Abgrund des Grand Canyon stand. Ich hatte solche Angst, dass sie runterfällt und habe furchtbar geweint. Wenn ich heute daran denke, ist sofort dieses Angstgefühl wieder da – siehste, auf meinem Arm stehen mir die Haare zu Berge. Das emotionale Gedächtnis. Dabei stand sie mindestens zehn Meter weg vom Rand. Man sieht es auf dem Foto!

Ich glaube, jemand wacht über uns. Ich habe meinen Schutzengel schon einmal deutlich gespürt. Als ich vier oder fünf war, raste ich mit meinem alten Fahrrad einen Waldweg runter. Die Bremsen versagten, und ich steuerte auf so eine rotweiße Schranke zu. Plötzlich, im letzten Moment spürte ich, wie mich was am Arm packt – spürte Hände, die mich ducken und unter der Schranke durchdirigieren. Natürlich bin ich dennoch gestürzt und hatte blutige Knie, aber wie wäre es ausgegangen, wenn ich … Nee, das war mein Schutzengel, da bin ich sicher. Nur frage ich mich, warum er mich nicht ab und an vor den Männern schützt. Versteh mich richtig, ich mag Männer, und ich hatte viel Kontakt zu ihnen. Immer wollte man mich. Mein erster Kuss dauerte fünfundvierzig Minuten! Komischerweise haben meine Männer mich oft betrogen. Möchte zu gern wissen warum, ob da ein Muster dahinter steckt. Bin ich ihnen zu unabhängig? Denken sie, ich verkrafte das besser, weil ich auf eigenen Beinen steh'?

Du musst wissen, seit der Lehre, also seit meinem fünfzehnten Lebensjahr, verdiene ich mein eigenes Geld. In letzter Zeit jobbe ich auf großen Events. Das ist eine Auszeichnung, da kommt nicht jeder ran, und du lernst viele interessante Leute kennen. Mein Exfreund, weißt schon, der mich so schrecklich enttäuscht hat, war zuletzt einfach neidisch. Ich glaube, das war auch ein Grund, warum er mir wehtun wollte oder sogar musste. Er trat beruflich auf der Stelle, hatte immer weniger Lust, was zu tun, schmiss alles nach kurzer Zeit wieder hin und nörgelte nur noch an allem rum. Und bei mir lief es immer besser.

Nun bin ich in der Einflugschneise, muss nur noch meine Arbeit schreiben und dann geht's los. Es ist sicher gut für mich, dass er weg ist, auch wenn es furchtbar weh tut. Mein Verstand sagt mir das täglich, nur mein Herz schlägt einen eigenen Rhythmus. Weißt du, ich liebe zweihundert Prozent, ich vertraue zweihundert Prozent, und ich trauere zweihundert Prozent. So bin ich halt. Ich hoffe, dass diese Trauer bald verschwindet. Ich habe so tolle Menschen um mich, die mir dabei helfen.

Ich konzentrier mich jetzt erst mal auf den Start ins Berufsleben. Und dann sehen wir weiter!

Hella | 50, Julis Mutter

Mein Mann ist sowieso der Coolste. Ich sag doch, ich bin ein Glückskind, sonst hätte ich ihn nicht getroffen.

Ich hatte so viel Glück in meinem Leben und ich hoffe, es bleibt so. Schließlich gibt's noch Wünsche und Träume, die sich, bitte schön, auch noch erfüllen sollen.

Die Maueröffnung hat uns ja ganz neue Möglichkeiten beschert. Reisen zum Beispiel. Im kommenden Frühjahr fliegen mein Mann und ich nach Kalifornien, zum ersten Mal ohne Kinder! Hoffentlich kann ich es genießen.

Unsere große Tochter ist schon mit achtzehn ausgezogen. Und dann flog sie auch gleich für ein Vierteljahr allein nach Asien, Australien und Neuseeland. Was hab ich gelitten, es war die Hölle. Und nun ist die jüngere auch soweit. In Kürze macht sie ihr Abi und danach Work and Travel durch Asien – auch allein. Mein Mann sieht das alles gelassener und hatte die Idee, dass wir zeitgleich unsere Amerikareise antreten, damit ich nicht so viel zum Nachdenken komme. Gute Idee! Mein Mann ist sowieso der Coolste. Ich sag doch, ich bin ein Glückskind, sonst hätte ich ihn nicht getroffen. Noch heute, nach so vielen Jahren, gefällt mir alles an ihm. Wenn ich am Abend sein Auto aufs Grundstück fahren höre, schlägt mein Herz ein bisschen schneller. Und wenn er mich dann in den Arm nimmt ... Ich wiederhole mich, das ist Glück, auch für unsere Kinder, sie haben ein glückliches Zuhause.

Bei mir war das anders. Meine Eltern ließen sich scheiden, als ich sechs war. Mein Vater hatte sich in eine andere Frau verliebt, und meine Mutter hat das ihr Leben lang nicht verwunden. Hinzu kommt, dass sie immer krank war. Seit ich denken kann, liegt sie auf der Couch. Die Trennung hatte ihre Depressionen noch verstärkt. Ich musste früh Verantwortung übernehmen für sie, musste abwägen, ob ich ihr dieses oder jenes zumuten konnte. Und das ist bis heute so. Eigentlich schwebt ihre Krankheit wie ein Damoklesschwert über meinem Leben. Natürlich habe ich das als Kind noch nicht so empfunden, die Sorge um sie war viel zu groß. Aber eins hatte ich verinnerlicht: Wenn ich sie „beschütze", geht's ihr besser, und somit geht es mir besser! So habe ich ihr lange verheimlicht, dass ich regelmäßig meinen Vater traf. Sie wollte das nicht, und ich vermisste ihn. Wir waren nach der Trennung in einen anderen Bezirk gezogen, aber ich ging nach wie vor in meine alte Schule in der Nähe meines Vaters. So konnte ich meine Besuche lange vor ihr geheim halten. Damals war sie noch berufstätig als Betriebskrankenschwester, später wurde sie berentet. Dann durfte sie in den Westen fahren.

Mit sechzehn legte ich ihr einen Zettel auf den Tisch: Bin im Urlaub! Und mit einer Freundin trampte ich nach Bulgarien. Wenn ich heute darüber nachdenke – ganz schön verrückt. Fragen konnte ich sie nicht, sie hätte vor lauter Sorgen nein gesagt. Natürlich war die Ungewissheit viel schlimmer für sie. Tja, Kinder sind grausam. Unterwegs lernten wir 'ne Menge interessanter Leute kennen. Ich verliebte mich in einen Franzosen, der gut Deutsch sprach, zwei Jahre älter und so verrückt nach mir war, dass er mich zu einem Fallschirmsprung einlud. Gesprungen bin ich – aber nicht in sein Bett! Zum ersten Mal küssen war mir fürs Erste genug. Ich bin gesund und um viele Erfahrungen reicher zurückgekommen. Tja, und da jammere ich, dass meine Töchter allein reisen. Ich war ja noch viel schlimmer! Ich bin per Anhalter gefahren und habe meine Mutter nicht mal eingeweiht. Zum Glück ist nichts passiert – na ja, fast nichts. Es gab eine brenzlige Situation. Wir hatten verabredet, niemals in ein Auto mit zwei Männern zu steigen! In diesem Fall hielt ein

Wagen mit nur einem, aber nach einer Weile stieg ein zweiter zu! Wir fühlten uns überrumpelt und mit Recht, denn sie fuhren plötzlich von der Straße ab in den Wald. Auf einem Parkplatz deuteten sie an: „Entweder ihr seid gefügig, oder wir lassen euch hier zurück." Wir haben unser Gepäck genommen und geschrien, sie sollen abhauen. Irgendwie sind die tatsächlich weitergefahren, und wir haben erst mal geheult. Aber wie sagt man: Wenn du vom Pferd fällst, musst du gleich wieder rauf, sonst kannst du das Reiten für immer vergessen. Also sind wir weitergetrampt, und alles ging gut.

Da wir Westverwandtschaft hatten, ich konfirmiert und unsere Familie der Kirche zugewandt war, konnte ich kein Abi machen. So begann ich eine Lehre am Berliner Bremsenwerk als Wirtschaftskaufmann. Dann kam die Wende, und glücklicherweise wurde die Berufsschule als Fachhochschule anerkannt, und ich legte nach und begann ein BWL-Fernstudium. Mein Ausbildungsbetrieb hatte schon Joint Venture hinter sich, wurde also auch übernommen, und so hatte ich meine erste Anstellung dort im Kundendienst. Nebenbei lief das Studium, das ich auch abschloss. Es machte mir viel Spaß, und die Arbeit war abwechslungsreich. Wir waren ein gutes Kollektiv, jeder für jeden! Und wir feierten auch zusammen. Meinen Chef bewunderte ich für seine Loyalität und die Art, wie er unser Team führte. Ich bin sowieso sicher, dass von den Führungsqualitäten eines Chefs sehr viel abhängt! Wenn er oder sie es gut macht, dann schlägt sich das in allen Bereichen nieder. Die Leute sind motiviert, machen ihre Arbeit gern, sind kollegial. Ich denke gern an diese Zeit, und zu einigen Kollegen von damals habe ich noch heute Kontakt. Später habe ich das nie wieder so erlebt!

Zurück zum Chef. Irgendwann sagten meine Kollegen: „Merkst du nicht, wie der dich ansieht und wie oft er in dein Büro kommt? Der findet dich gut!" Ich hatte es nicht bemerkt. Ich mochte ihn, wie schon gesagt, aber er hatte eine Freundin und ein Kind und ich einen Freund. In den war ich zwar nicht sehr verliebt, aber es war besser als ohne. Wir wohnten auch zusammen. Dann musste er zur Armee, und wir sahen uns nur selten. Wenn er auf Besuch kam, war er immer misstrauisch und ich genervt, denn er hatte keinen Grund. Ich war treu. Zwei Monate nach seiner Rückkehr trennte ich mich von ihm. Gleichzeitig verliebte ich mich in meinen Chef. Er hatte so geduldig und herzlich um mich geworben, ich konnte mich dem nicht entziehen, und er versicherte mir, er sei auch dabei, sich zu trennen. Eines Abends stand er vor meiner Tür, ich wohnte da wieder bei meiner Mutter, und flehte: „Hella, ich brauch ein Bett!" Er hatte mit seiner Freundin Schluss gemacht. Das war's dann, er hat's bekommen, und ich hab ihn nie wieder gehen lassen! Die erste Zeit kamen wir bei meiner Mutter unter, dann zogen wir in seine Wohnung. Reinhard und ich waren Tag und Nacht zusammen und sehr glücklich.

Da meine Mutter berentet war, durfte sie in den Westen fahren, das tat sie auch regelmäßig, und eines Tages kam sie nicht zurück. Sie blieb bei ihrer Schwester in Hessen. Das war ein ganz schöner Schock, hatte aber auch was Gutes – ihre Wohnung war frei. Wir „besetzten" sie, und am Ende konnten wir sie auch behalten. Im Mai 89 war meine Mutter drüben geblieben, und schon im September durfte ich sie besuchen. Warum der Antrag genehmigt wurde, ist mir noch heute ein Rätsel. Also fuhr ich nach Hessen und Westberlin. Hier muss ich erklären: Unser Haus lag dicht an der Mauer, wir wohnten im obersten Stock und hätten rüberspucken können. Als ich in Westberlin auf einer Aussichtsplattform stand, konnte ich in unserer Wohnung im Osten das Licht brennen sehen. Ich wusste, dort sitzt mein Liebster und wartet auf mich. Um nichts in der Welt wäre ich geblieben! Er holte mich nachts am Grenzübergang ab und war völlig aufgewühlt, weil ich statt wie verabredet um zehn erst um zwölf kam. Von da an waren wir nie wieder länger getrennt!

Unser Betrieb wurde nach der Wende umstrukturiert und ich als Erste aus meiner Abteilung gekündigt, weil ohne Kinder, unverheiratet und die Jüngste. Allerdings war die Geschäftsleitung so fair, mir rechtzeitig Bescheid zu geben, so dass ich schon Bewerbungen verschicken konnte. Mein Mann behielt seine Position. Heute denke ich, das Schicksal hat es gut mit uns gemeint. Wer weiß, was gewesen wäre, wenn wir auf die Dauer rund um die Uhr aufeinander gehockt hätten? So fügte es sich von selbst, dass jeder seinen Bereich, seine Arbeit hatte und wir am Abend frisch aufeinandertreffen konnten. Kann man das so sagen? Frisch? Du weißt, wie ich's meine! Vielleicht ist das einer der Gründe, warum er mir noch heute so gefällt? Und ich ihm – nicht zu vergessen. Ich weiß, auch er liebt mich! So, das musste mal gesagt werden!

Ich hatte mich im öffentlichen Dienst beworben und wurde bei der Deutschen Rentenversicherung angestellt. Ich versprach mir ähnliche Aufgaben wie in meinem alten Betrieb – Kundenkontakt, Beratung und so weiter. Dem war aber überhaupt nicht so. Den ganzen Tag rechnete ich irgendwelche Renten aus, und mein Gegenüber war immer nur der Computer. Ich war enttäuscht. Auch das Betriebsklima war eher unterkühlt. Wir wurden von den Westdeutschen wie Eindringlinge behandelt. Es war beinah so was wie Mobbing. Am Anfang wurden Ost und West einfach nicht warm miteinander. Das hat sich zum Glück geändert! Trotzdem muss ich sagen, dass es einen wesentlichen Unterschied für mich gibt. Mein Misstrauen ist stärker als früher, ich habe das Gefühl, nicht alles sagen zu können, was ich denke. Mein Privatleben lasse ich ganz außen vor, ich bin mit niemandem befreundet. Woran das liegt? Ich glaube, früher war mehr Zusammenhalt, man teilte das gleiche Schicksal und versuchte gemeinsam, das Beste draus zu machen. Aber ich will nicht jammern! Ich bin froh, dass alles so ist, wie es ist. Und mein heutiger Job ist 'ne feste Bank, gibt Sicherheit; die ist auch was wert.

Früher hab ich mich durch die Kirche und unsere Friedensgruppe immer in einer Gemeinschaft Gleichgesinnter befunden. Es war weniger der religiöse als der politische Aspekt, der mich dort hatte mitmachen lassen. Wir engagierten uns für den Frieden und zeigten das auch nach außen. Ich weiß noch, wie aufgeregt ich war, als ich zum ersten Mal mit dem Aufnäher „Schwerter zu Pflugscharen" am Ärmel auf die Straße ging. Es war ja ein Protest, und man wusste nie, ob man damit aneckte. Ich würde es so formulieren: Wir waren nicht gegen den Staat, wir waren für den Frieden.

Weil wir gerade dabei sind: Einmal hatte ich mit der Stasi zu tun. Und zwar wurde ich zur Betriebsleitung gerufen, und im Büro warteten zwei Männer: dunkler Anzug, Krawatte. Der Betriebsleiter verließ den Raum, und sie begannen, mich nach einem ehemaligen Freund zu befragen, ob ich wüsste, was der macht, wo der gerade ist, was er für Freunde hat und lauter solche Dinge. Ich hatte diesen Menschen lange nicht mehr getroffen, konnte also keinerlei Auskünfte geben. Sie waren damit nicht zufrieden und ließen Bemerkungen fallen wie: Ihre Mutter ist doch im Westen geblieben ... Sie wohnen doch illegal in ihrer Wohnung. Da ich ihnen immer wieder versicherte, nicht behilflich sein zu können, ließen sie mich gehen. Es hatte auch keinerlei Nachspiel, zum Glück. Als ich meine Akte später las, war davon kein Wort, ich war fast enttäuscht. Dafür standen viele der Texte aus der Friedensgruppe drin. Das freute mich, so hatte ich dank der Stasi ein schriftliches Andenken an diese Zeit.

So, wo waren wir stehen geblieben? Ach ja. Nachdem wir die Wohnung meiner Mutter übernommen hatten, tauschten wir die und die von Reinhard gegen eine Vierzimmer Altbauwohnung. Die war auf den ersten Blick wunderschön und auf den zweiten total verkabelt. Ohne Quatsch, noch nie habe ich so viele Drähte und Leitungen in und an den Wänden gesehen, außerdem hatte sie eine einbruchsichere Stahltür. Wir vermuteten, die Wohnung hatte konspirativen Zwecken gedient. Nach einer gründlichen Sanierung wurde sie zu unserem Liebesnest, in dem unsere erste Tochter Juli gezeugt wurde.

Wir lieben beide die Stadt, könnten nie darauf verzichten. Trotzdem beschlossen wir, uns im grünen Gürtel von Berlin ein Haus zu bauen. Wir verkauften das Grundstück, das ich von meiner Mutter geerbt hatte, und suchten ein passendes in der Nähe unserer langjährigen Freunde. In der ganzen Siedlung hier wohnen fast nur Leute, die sich schon ewig kennen. Wir sind wie eine große Familie. Langsam, aber stetig, bauten wir an unserem Haus, und kurz nachdem wir eingezogen waren, kam unsere zweite Tochter auf die Welt. Ich blieb wieder zwei Jahre zu Hause wie beim ersten Kind und genoss die Mutterrolle in vollen Zügen.

Wir lebten glücklich und zufrieden, bis Reinhard eines Tages aus heiterem Himmel, ohne Vorwarnung, nach vierundzwanzig Jahren gekündigt wurde. Ich sag dir, das war ein Schock. Er war ja da auch schon um die fünfzig, und wir hatten Kreditschulden! Ein Jahr war er arbeitslos, schrieb unzählige Bewerbungen und nichts tat sich! Das war unsere schwerste Zeit. Aber auch da war uns das Glück wieder hold! Am 23. Dezember abends klingelte das Telefon, und der Personalchef seines alten Betriebes fragte, ob er die Unterlagen meines Mannes weitergeben dürfe – eine englische Firma eröffnete eine Filiale mit Berliner Sitz, und sie suchten jemanden, der sie leiten sollte. Und es klappte! Schon am ersten Januar trat er den neuen Job mit Superkonditionen an. Es wurde unser schönstes Weihnachtsfest! Hinzu kam, dass die große Tochter meines Mannes zum ersten Mal mit uns feierte. Ich wollte das so. Sie ist ein Stück von ihm, und ich liebe ihn, also mag ich auch das Kind von ihm. Paula ist eine wunderbare junge Frau, sie ist für mich wie eine Tochter, und die Mädchen verstehen sich richtig gut mit ihr. Juli und sie treffen sich regelmäßig. Paula hat einen guten Einfluss auf sie, und nachdem sie ausgezogen war, hat mich das einigermaßen beruhigt. Du, wenn ich das leere Zimmer sah und wenn wir abends nur noch zu dritt am Tisch saßen, ich war krank vor Sehnsucht und Sorge und habe still vor mich hin geweint. Aber so ist der Lauf der Dinge – nun wird unsere Kleine auch bald ausziehen. Diesmal bin ich gewappnet!

Es wird eine neue Zeit anbrechen – wir werden wieder allein miteinander sein, mein Mann und ich, und darauf freue ich mich ehrlich gesagt auch. Wir haben zusammen noch so viel vor. Ich möchte die Orte sehen, die unsere Töchter bereist haben: Asien, Neuseeland, Australien! Und mein Mann träumt davon, mit dem Motorrad zum Nordkap zu fahren. Wenn er das macht, sollte ich vielleicht 'ne Ayurweda-Kur auf Sri Lanka machen? Keine Ahnung. Ich glaube, das trau ich mich nicht. So allein so weit weg. Vielleicht bleibe ich auch zu Hause und buddel in unserem Garten. Gut, wir werden sehen.

Es ist gut so, wie es ist. Die Wende hat uns Glück gebracht. Ich weiß noch, wie mein Mann damals aufgeregt nach Hause kam: „Die Mauer ist offen, wir müssen hin!" Ich hatte es bis dahin noch gar nicht mitbekommen, ich saß über meinen Matheaufgaben, denn tags darauf sollte ich eine Klausur schreiben. Er überredete mich, und wir sind mit unserem Trabi los zum Baumschulenweg. Auf dem Platz vor dem Grenzübergang hatten sich schon ganz viele Menschen versammelt. Wir fuhren mit unserem Auto langsam vor, sie bereiteten uns eine Gasse, und zwei junge Frauen fragten, ob wir sie mitnehmen könnten. Klar nahmen wir sie mit. Die Grenzer stempelten unsere Ausweise, und wir fuhren rüber. Der Wahnsinn! Den Ausweis habe ich übrigens aufgehoben! Wir wussten nicht so recht, wie und wohin, und ich hatte die Idee, meine Freundin in Zehlendorf zu besuchen, die ein paar Monate vorher abgehauen war. So ohne Stadtplan in einer fremden Stadt war es gar nicht so einfach, dorthin zu finden. Unterwegs fragten wir an einer Tankstelle, und der Besitzer jubelte: „Hurra, der erste Trabi! Willkommen und sucht euch was aus! Wie wär's mit 'nem Sekt zur Begrüßung?" Tatsächlich schenkte er uns 'ne Flasche Söhnlein Brillant, das weiß ich noch genau. Irgendwann standen wir vor der Tür meiner Freundin, und die fiel aus allen Wolken. Sie hatte noch nicht mitbekommen, was los war. Es wurde eine unvergessliche Nacht, und die Matheklausur nächsten Tag fiel aus! Am Wochenende darauf sind wir wieder rüber und über den Kudamm gebummelt. Man hatte noch kein Gefühl für das alles, man hoffte nur, dass es so bleibt.

Gleich im ersten Winter wurden wir mit der Friedensgruppe in die Schweiz eingeladen zu einer Art Willkommensparty. Wir hatten dafür nicht genügend Geld, also packten wir den Bus mit Lebensmitteln voll, um denen nicht auf der Tasche zu liegen. Wir fielen von einem Schock in den anderen: die Preise, die Berge, die Schönheit, der Schnee. Und als wir vom eisigen Matterhorn kommend in Mailand einfuhren, war da plötzlich Frühling! Zwanzig Grad! Der Wahnsinn! Ach, ich merke gerade beim Erzählen – ich hatte ein schönes Leben. Ein glückliches Leben. Und ich wünsche mir, dass es so bleibt.

Ich bin schon auch ein bisschen stolz auf mich. Ja! Dass ich mein Studium durchgezogen hab, dass ich das mit der Familie so gut hinbekommen hab, dass meine Kinder so gut geraten sind, dass wir dieses schöne Haus haben ... Dass ich mir eine Heimat geschaffen habe.

Und doch gibt's etwas, was mir in so einem Moment einen Stich versetzt. Die Krankheit meiner Mutter – welche Garantie habe ich, dass sie nicht vererbbar ist, dass nicht eines meiner Kinder das gleiche Schicksal ereilt? Keine! Es ist mein wunder Punkt und der einzige, über den ich mit Reinhard nicht reden kann. Er will davon nichts wissen. Entschuldige, wenn mir das in den Sinn kommt, rollen immer Tränen. Ich könnte es ja auch nicht ändern.

So. Zurück in die Gegenwart: Ich würd' sagen, ich bin da, wo ich auch gerne sein möchte! Angekommen, ja und nein, es geht ja hoffentlich so glücklich weiter! Und außerdem: Ich möchte ja auch noch Oma werden!

Susi | 53, Saschas Mutter

Wenn ick det Gefühl habe, ick werde ungerecht behandelt, gehe ick uf die Barrikaden. Det lass ick mir
nich gefallen – dann halt ick dagegen und zieh det
durch mit allen Konsequenzen.

Wenn ick det Gefühl habe, ick werde ungerecht behandelt,
geh ick uf die Barrikaden. Det lass ick mir nich gefallen –
dann halt ick dagegen und zieh det durch mit allen Konsequenzen. Ick bin damit immer gut gefahren. Schon zweimal
musst ick mir nen Anwalt nehmen, um mein Recht zu kriegen, und beide Male hats geklappt. Ging immer ums Geld.
Weißte, wenn ick meine Arbeit gut mache, dann will ick
auch gut bezahlt werden.

Heute bin ick ja mein eigener Herr, kann mir den Tag ein-
teilen und machen wat ick will. Det ist ein gutes Gefühl, aber
dafür hab ick auch viel geschuftet!

Ick arbeite gerne, und det war schon immer so. Bin auch
gerne in die Schule gegangen, hab gerne die Lehre gemacht –
wat lernen fand ick schon als Kind toll, und ick war gut. Abi
hätt ick locker machen können, wollt ick aber nich. Meine
Freundin und ick hatten uns vorgenommen, schnell Geld zu
verdienen.

Meiner Mutter war det allet egal – ick glaube, die hat nicht
mal bemerkt, det ick mit der Schule fertig war. Mein Vater
hat mir 'ne Lehrstelle besorgt, er war Möbeltischler und hat
für dieses Institut wat gebaut und erfuhr dabei, dass die aus-
bilden. Und so bin ick Biologielaborantin geworden. Wir
haben alles Mögliche untersucht – vom Vaterschaftstest bis
zur Krebsforschung – det hat Spaß gemacht. War 'ne gute
Zeit, und ick hatte meinen ersten Freund. Allet war gut bis
ick schwanger wurde. Ick war neunzehn. Meine Mutter hatte mich schon mit siebzehn bekommen und immer geklagt,

wie schwer sie es mit mir gehabt hätte. Ick mach det besser, dacht' ick. Aber det sagt sich immer so einfach.

Als meine Tochter drei Monate war, wollt ick wieder arbeiten gehn. Haha! Stell dir vor: Ick kriegte keen Krippenplatz und det im Osten! Wat machste da? Und mit meinem Freund lief es och nicht, der betrog mich. Det kann ick ja gar nicht ab – also setzte ick ihn kurzerhand vor die Tür. Det klingt jetzt so einfach, dabei hat mich det richtig gerissen – er war doch meine erste Liebe!

Ick bin ganz schön rotiert so alleene mit Kind. Aber wie det so is: Der Nächste steht schon vor der Tür. Und der hat alles für mich gemacht! Meine Mutter hat mir früher nicht mal Schulbrote geschmiert und jetzt wurde ick umsorgt, bekocht, verwöhnt. Fand ick jut. Nun konnte ich mich auf meine berufliche Zukunft konzentrieren und lernte Buchhaltung in so 'ner Erwachsenenqualifizierung, und nebenbei arbeitete ich bei der Sozialversicherung. Die waren da alle ganz schön rot – dieses sozialistische Geplapper ging mir ganz schön auf den Kranz. Im Grunde meines Herzens war ick immer gegen diesen Scheiß, behielt es aber für mich, hätte nichts gebracht. Trotzdem hab ick diese Zeit in guter Erinnerung – war irgendwie perfekt, fehlte nur noch det Wunschkind, und so setzte ick die Pille ab und schwupp war ick schwanger. Mein Wolfgang wollte eigentlich keine Kinder – aber det war mir wurscht. Ick wollte. Anders als beim ersten Kind genoß ick die Schwangerschaft und freute mich auf alles. Nicht dass ick meine Große nicht liebte, aber bei ihr war ick noch zu jung gewesen, das Leben hatte mich überrumpelt. Jetzt hatte ick bis auf meinen Freund alles im Griff. Zwar half der im Haushalt und kümmerte sich auch um det Kind – allet jut – aber irgendwas stimmte nicht. Und plötzlich fiel es mir wie Schuppen von den Augen: Er trat auf der Stelle und ick war unterwegs. Weißt du, er ist ein ganz Lieber, könnte keiner Fliege wat zuleide tun – aber er ist'n absoluter Langweiler. Nicht mal streiten konnteste mit dem. Er hatte null Bock auf alles, wat mir Spaß gemacht hätte: Wollte nicht ins Theater oder Kino – tanzen gehen schon gar nicht – der hing nur auf'm Sofa vor de Glotze. Det ging mir ganz schön auf'n Kranz. Warum ick det so lange mitgemacht habe? Möcht ick och mal wissen. Det gibt ja immer viele Gründe, warum Paare sich nicht trennen. Meine Entscheidungen dauern immer sehr lange, ick trag det mit mir rum, gehe schwanger damit, wäge ab – aber eines Tages kommts aus dem Bauch, und ick weiß: So machste det, so ist es richtig. Und so wars auch: Einmal Pillepalle genügte, und ick machte Schluss. Er hat's hingenommen, blieb ganz ruhig. Wie er eben so ist. Bis heute haben wir 'nen guten Kontakt – schließlich ist er der Vater meiner Kleinen. Zum Glück ist die 'ne gute Mischung: Hat die Ruhe von ihm und meinen Durchsetzungswillen, und die beiden sehen sich regelmäßig – allet jut.

So schnell wollt ick keinen neuen Kerl. Mir ging es bestens. Erst mal holte ick alles nach, was ick in den letzten Jahren versäumt hatte: Ging mit meinen Freundinnen tanzen, ins Kino und ins Theater – ick sog das auf wie'n Schwamm. Und setzte noch einen drauf: Ick kündigte bei der Versicherung. Die drängelten dort, ick solle in die Partei eintreten. Geht's noch? Ick bitte euch! Det ging zu weit! Eine meiner Kolleginnen war schon zur Sparkasse gewechselt und flüsterte mir, dass die noch Leute suchen. Ick stellte mich vor und wurde genommen. Das war damals ja alles noch nicht so von wegen Bewerbungen schreiben – du bist hingegangen, hast mit denen geredet, und entweder es klappte oder nicht.

Det war ein ganz anderes Arbeiten da. Wir war'n ne richtig gute Truppe – mit einigen hab ick noch heute Kontakt. Vor allem: Ick konnt mich weiterbilden! Erst zur Sparkassenkauffrau und dann zur Sparkassenfachwirtin. Was dich vielleicht besonders interessiert: Früher wurde ja nur mit Schecks gearbeitet – Gehaltschecks und so. Die Kunden mussten die bei uns einlösen. Die von der Stasi hatten blaue Schecks, und so wussten wir genau, wer bei „Horch und Guck" angestellt war.

Der Mauerfall und erst recht die Wiedervereinigung haben bei uns alles, aber auch alles auf den Kopp gestellt. Das war, wie wenn du 'nen Pullover linksrum an hast und ihn dann wendest, na ja so ähnlich. Wir waren in alles involviert, weil es ja vor allem ums Geld ging. Wir haben die ganze Währungsunion abgewickelt. Det war der Wahnsinn! Und das Ganze hatte auch Folgen bei uns in der Sparkasse: Det Team teilte sich in zwei Lager, in dafür und dagegen. Und nun konnte ja jeder laut sagen, was er denkt! Da war wat los. Und unser Aufgabenbereich veränderte sich total. Du musstest jetzt auf Teufel komm raus Verträge mit dem Kunden abschließen, und es war völlig unwichtig, ob die auch zu dem passten oder nicht. Du warst dazu angehalten, die Leute über den Tisch zu ziehen – wurdest nach deiner Erfolgsquote beurteilt und bezahlt. Det machte mir keinen Spaß. Und das Ende vom Lied: Es krachte. Gegen mich wurde eine regelrechte Kampagne gefahren. Ick will hier nicht ins Detail gehn – auf jeden Fall habe ick mir einen Anwalt genommen und gegen die Sparkasse geklagt! Das hat irre viel Kraft und Nerven gekostet, aber ick hab gewonnen und 'ne gute Beurteilung und 'ne fette Abfindung rausgeschlagen! Und natürlich hab ick gekündigt!

Machste mal wieder was Neues dachte ick mir, heuerte bei einem Immobilienmakler an, und der stellte mich ein. Zunächst fuhren wir zusammen Objekte ansehen, und er zeigte mir, wie die Dinge so laufen. Um alleine loszulegen, brauchte ick aber ein neues Auto. Ick studierte die Angebote, trieb mich in Autohäusern rum und wusste nicht so recht, konnte mich nicht entscheiden. Eines Tages steh ick mal wieder ratlos in einem Autohaus vor einem BMW, und ein Mann kommt, reißt die Fahrertür auf und sagt: „Vom Anschauen wird man nicht schlau, man muss sich hineinbegeben!" Und deutet mir mit dem Kopf, dass ick einsteigen soll. Ick machs, er schlägt meine Tür zu, geht um den Wagen und steigt auf der anderen Seite ein. „Na los, machen wir eine Spritztour. Sie müssen ihn nicht kaufen, nur ausprobieren!" Und ick starte, und das Schicksal nimmt seinen Lauf. Ick hab das Auto und den Mann ausprobiert und beide behalten! Haha! So begann vor sechzehn Jahren meine große Liebesgeschichte. Ick hab meinen Traummann doch noch gefunden. Er bringt mich zum Lachen und verwöhnt mich – wir sind auf einer Wellenlänge. Es ist ne Beziehung auf Augenhöhe, und jeder hat seine Freiheiten. Glück muss Frau haben! Mit ihm gehe ick durch dick und dünn, er stärkt meinen Rücken, auch wenn es um meine Mutter geht.

Über sie hab ick noch wenig gesprochen – dabei könnt ick dir so manches Lied singen. Ick hab acht Jahre nicht mit der gesprochen – war absolute Funkstille. Erst seit zwei Jahren reden wir wieder miteinander. Meine Mutter ist meine Mutter, ja, aber sie hat Haare auf den Zähnen, wenn es um sie geht.

Wenn ick an meine Kindheit denke, hab ick sofort ein Bild im Kopf: Sie kommt nach Hause, reißt alle Fenster auf und putzt. Sie putzt, und es ist egal, ob ick da bin oder nicht, ob ick Fragen oder Wünsche habe, die putzt. Wie schon gesagt, sie schmierte mir früh keine Brote, und es interessierte sie nicht, ob ick gut oder schlecht in der Schule war oder wat ick am Nachmittag trieb und wie es mir ging.

Sie war egoistisch, das glaubst du nicht. Bloß ein Beispiel: Wenn wir früher Westpakete bekamen, dann hat sie die Süßigkeiten alleine gegessen, da lag dann nur noch das leere Papier auf dem Tisch. Aber das ist es ja nicht alleine. Weißt du, sie trägt ihre Nase hoch oben, tut, als wär sie was Besseres, und es ist nichts dahinter. Sicher, sie hatte 'ne schwere Kindheit, und das hat sie auch immer lauthals verkündet, das war ihr Alibi für alles. Mit siebzehn ein Kind zu kriegen, war damals bestimmt kein Zuckerschlecken, und meine Oma hat sie zu Hause rausgeschmissen. Sie ist mit meinem Vater von Dresden hierher gezogen, und er hat alles versucht, dass es ihr gut geht. Mein Papa war'n einfacher Mann, ehrlich und herzensgut, und er hat sie geliebt, nee, der hat sie vergöttert. Und sie? Sie ließ ihn immer spüren, dass er ihr nicht genügte, dass sie was Besseres verdiente. Und sie verachtete ihn dafür, dass er so bescheiden war. Und mir hat se das ganze Leben ein schlechtes Gewissen gemacht nach dem Motto „Dass ich dich so früh gekriegt habe, das hat mir alles versaut". Vor Jahren hab ick ne Therapie gemacht, musste sein. Und die Psychologin hat mir geraten, mich von all dem zu befreien, und dazu gehörte auch, dass ick mir alles von de Seele geredet hab. Meine Mutter war total beleidigt, und so haben wir nicht mehr miteinander gesprochen. Vor zwei Jahren sind wir uns wieder näher gekommen, und ick bin auch froh darüber. Heute geht es mit uns ganz gut – sie ist kein anderer Mensch geworden, aber ick habe dazu gelernt. Ick kann mit der Situation besser umgehen und rege mich nicht mehr so auf.

Zu meinem Vater muss ich noch was sagen. Er hat alles für mich gemacht, wir waren ein Herz und eine Seele, und als er vor zwanzig Jahren gestorben ist – er war krank – war das ganz schlimm für mich. Ick hab ihn sehr geliebt.

Nun aber zurück in die Gegenwart, denn die ist einfach ganz toll. Seit zehn Jahren bin ick nun selbstständig, und es läuft gut. Ick hab ein Näschen für gute Grundstücke und Häuser und ein Händchen für die richtigen Käufer. Das macht mir Spaß, ick liebe den Job.

Vor einem Jahr wurde mein Freund sechzig, und wir planten ein großes Fest. „Weißt du was" sagte er, „was hältst du davon, wenn wir heiraten, nur wir beide, und auf der Party verkünden wir das als Überraschung?" So haben wir es auch gemacht, und es gab ein Riesenhallo. Zwei Tage später sind wir auf Hochzeitsreise gegangen – mit dem Traumschiff nach Südafrika. Das war supertoll, die haben da auch grade gedreht, und man konnte mal zusehen, wie so wat entsteht. Dadurch haste 'ne ganz andere Erinnerung an den Urlaub. Es war richtig schön, als die Folge im Fernsehen lief. Haben wir natürlich aufgezeichnet und werden die wohl jedes Jahr zum Hochzeitstag angucken. Haha. Solche Reisen wollen wir noch viele machen – mit dem Schiff in die ganze Welt. Was wir in de Jugend nicht konnten, machen wir jetzt auf unsere älteren Tage. Is doch allet jut!

Sascha | 21, Susis Tochter

Wir sind froh, unsere Vorstellung vom Leben verwirklichen zu können. Meine Mama betont immer wieder: In der DDR hättest du das nicht machen können. Na, zum Glück lebe ich jetzt!

Juli | 21, Hellas Tochter

Fast überall sind Männer an der Macht. Das wäre der einzige Grund, warum ich manchmal gern ein Mann sein würde, aber ein Mann mit weiblichen Eigenschaften.

Juli

Ich bin stolz, dass meine Eltern meine Eltern sind. Sie sind meine Idole. Oder sagt man das nicht so? Vielleicht Vorbilder?

Sascha

Idole find ich cool. Meine Mama ist mein Idol. Ich liebe sie sehr, und ich möchte später sein wie sie.

Juli

Ja, deine Mama ist sowieso toll, und nicht nur, weil sie uns immer lecker Essen mitbringt.

Sascha

Und weil sie unsere Wäsche, also Handtücher und Bettzeug, wäscht. Das ist richtig niedlich, wenn sie unten klingelt und ruft: „Wäscheservice meine Damen!" Wir haben hier noch keine Waschmaschine.

Juli

Dafür lädt meine Mama die WG öfter zum Essen ein. Nach der Wende hat sie sich alle möglichen Kochbücher gekauft und die verrücktesten Sachen ausprobiert. Manchmal schmeckte es richtig eklig, aber sie nahm es mit Humor. Inzwischen ist sie unsere Sterneköchin. Wir können uns alles wünschen. Das ist eine schöne Abwechslung zu Pizza und Nudeln – was anderes kriegen wir nicht hin, keiner von uns kann kochen.

Sascha

Ich wollte ja mal Köchin werden, 'ne Zeit lang habe ich jede Kochsendung geguckt. Ich fand das Endprodukt so cool, wenn alles so schick auf dem Teller angerichtet war. Aber ich bin zu faul, um es selbst zu versuchen.

Juli

Unsere Mütter verstehen sich richtig gut. Sie haben ja Töchter, die ähnlich ticken, also haben sie auch ähnliche Probleme.

Sascha

Und die Probleme kann man sogar sehen. Sie sehen schwarz mit uns, haha.

Juli

Ja, wir lieben schwarze Klamotten. Wir sind aber keine Gruftis – im Gegenteil. Als ich von meiner ersten großen Reise zurückkam, holte mich mein Papa am Flughafen mit den Worten ab: „Na, mein Dickerchen." Ich war nach dem Abi in Asien, Neuseeland, Australien, England und hatte ganz schön zugelegt. Mir war das gar nicht aufgefallen. Um das zu kaschieren, kaufte ich mir schwarze Klamotten, und dabei ist es geblieben. Inzwischen ist es mein Stil. Schwarz ist unser Markenzeichen. Ich kann mir bunt an mir gar nicht mehr vorstellen.

Sascha

Übrigens, keine andere Stadt auf der Welt ist so schwarz wie Berlin! Schwarz ist edel, sexy und undurchschaubar, auch geheimnisvoll – man bekommt Aufmerksamkeit, sieht immer gut aus, wird angeguckt und einer bestimmten Szene zugeordnet. Wirkt auch gefährlich, böse? Na ja – nein! Guck mal, wie sich die unterschiedlichen Stoffe ergänzen. Ich finde mich in Schwarz immer schön gekleidet, und es nimmt mir auch die Unsicherheit. Ich studiere Kommunikationsdesign und möchte als Abschlussarbeit ein Magazin zum Thema „Schwarz" gestalten.

Juli

Diese schwarze Ästhetik ist ja auch ein Lebensgefühl. Wir fühlen uns in der Techno-Szene aufgehoben. Wir gehen eben am Wochenende ins Berghain und kommen natürlich auch rein.

Sascha

Und wir haben unsere Haarfarben vertauscht. Ich bin in echt blond und Juli dunkel …

Juli

Wir finden, es passt! Und zu Schwarz gehören Tattoos, ganz klar. Mein erstes hab ich mir mit achtzehn stechen lassen. Meine Mutter war total dagegen und ist es noch heute. Aber sie konnte nichts machen, ich war volljährig. Sie hat zwei Wochen nicht mit mir geredet. In Thailand kam dann das nächste, ein Skorpion. Die haben da einen Mondkalender, jedes Sternzeichen hat eine Bedeutung, und Skorpion ist der Reisemond. Wenn du einmal damit angefangen hast, kannst du nicht mehr aufhören. Willi, so hieß mein erstes Kuscheltier, und Willi war das erste Wort, das ich aussprechen konnte. Er war ein Oktopus und ist seit dem Umzug verschwunden. Er war mein Freund, Wegbegleiter, Beschützer, mit ihm hab ich geredet, ohne ihn konnte ich nicht einschlafen, und nun ist er weg. Keine Ahnung, wie das passiert ist. Ich bin so traurig, ich hab sogar geweint. Mit einundzwanzig weine ich, weil mein Kuscheltier verschwunden ist! Also muss er auf meine Haut.

Sascha

Meine Mutter war am Anfang auch gegen die Stecherei. „Wenn das nicht sauber ist, du kannst dich infizieren …

denk doch mal an später", solche Argumente eben. Heute sieht sie das gelassener. Sie kann sowieso nichts machen. Hier zwischen den Fingern, das war mein erstes. Die Geburtsdaten meiner Mutter und meiner Schwester. Und das große hier auf dem Oberschenkel, das sind versteinerte Totenköpfe. Ultrageil – ein Accessoire –, ich liebe es! Ja, die sind für die Ewigkeit, das ist mir schon klar. Und wer weiß heute schon, was in zehn oder zwanzig Jahren ist? Natürlich gefällt das nicht allen und jedem. Wenn ein Typ das nicht feiert – dann lasse ich ihn auch nicht an mich ran. Im Moment ist sowieso keiner in Sicht. Wenn ich Lust auf Sex habe, dann suche ich mir einen. So ein One-Night-Stand ist okay. Aber gekuschelt wird hier.

Juli

Das ist verrückt mit uns, wenn wir Fernsehen gucken oder auch uns unterhalten, dann liegen wir alle auf dem Sofa und kuscheln. Vielleicht sind wir doch noch Küken, die Nestwärme brauchen, haha – schließlich wohnen wir erst seit einem halben Jahr zusammen. Jedenfalls, wir mögen das so, wir brauchen das, und wie Sascha schon sagt, den Sex holen wir uns woanders.

Sascha

Wir sind froh, unsere Vorstellung vom Leben verwirklichen zu können, ohne dass uns jemand reinredet. Für unsere Eltern war das nicht selbstverständlich. Meine Mama betont das immer wieder: In der DDR hättest du das nicht machen können. Na, zum Glück lebe ich jetzt!

Juli

Das kann ich nur bestätigen. Ich bin auch froh, dass ich jetzt geboren bin. Trotzdem höre ich gern die Geschichten meiner Eltern, wenn sie mit Freunden über die alten Zeiten reden. Da geht's nicht um Politik, nö, es werden lustige Sachen ausgekramt: Die alten Fotoalben, fünfmal Ungarnurlaub, die Tramper-Stories, von wegen halbnackt an der Autobahn. Westradio nur in einer Zimmerecke hören können – die wilden Siebziger eben …

Sascha

Ich finde das superspannend. Aber ich bin froh, dass ich das nicht erleben musste. Ich kann mir nicht vorstellen, so zu leben wie die früher in der DDR.

Juli

Und meine Eltern auch nicht mehr, sie lieben die neuen Zeiten. Vielleicht ist es auch ein Vorteil, dass sie beides kennengelernt haben? Dadurch schätzen sie das Heute mehr, glaube ich. Mein Papa ist mein Held. Er hat mich immer in allem bestärkt: „Mach das, Mädchen!" Diese große Reise zum Beispiel. Meine Mama ist mehr die Glucke, hat immer Angst, dass mir was passiert, ist immer in Sorge. Sie hat wohl sehr gelitten, als ich das Jahr in der Welt rumgezogen bin. Für mich war es unendlich wichtig. So hab ich mich einigermaßen kennengelernt.

Sascha

Darum beneide ich dich. Im guten Sinne natürlich. Ich hab das Gefühl, dass ich noch ziemlich wenig Ahnung davon habe, wer ich bin, was ich kann, wo es mal hingeht. Ich hab nur Wünsche und Träume. Aber ob ich da was hinkriegen werde? Mein größter ist, einmal in Berlin bekannt zu sein. Ich möchte für die Berliner Szene etwas schaffen. Es sollen mal Plakate hängen, von mir gestaltet, und die Leute sollen sagen: „Eh, das hat Sascha gemacht!" Mein Selbsterfahrungstrip ist schon eingeplant, damit ich dem Traum ein Stück näher komme, vielleicht, und meine Faulheit besiege. Ich habe für den Herbst ein Asienticket ohne Rückflug gebucht.

Ich möchte Englisch lernen, Yoga, Schwertschlucken, Feuerspeien, Leute treffen, fremde Kulturen sehen, eben

„abenteuern" und herausfinden, wer ich bin. Und natürlich werde ich mir dort auch traditionelle Sachen stechen lassen, das gehört ja dazu. Aber sie sollen mit den Erfahrungen, die ich machen werde, in Zusammenhang stehen. Dann wird mir die Reise sozusagen unter die Haut gehen, haha!

Meine Mama jammert jetzt schon, wenn sie daran denkt, dass ich für unbestimmte Zeit weg sein werde. Ich bin doch ihr Engelchen, ihre Jüngste. Ich sag dann immer: „Ich bin doch deine Tochter, vertrau mir, denn ich will so werden wie du." Ich finde meine Mama toll. Sie hat 'ne richtige Karriere gemacht, von der Chemielaborantin zur selbstständigen Maklerin. Und sie hat meine Schwester und mich allein großgezogen. Mein Vater verschwand aus unserem Leben, als ich drei war. Kann mich eigentlich kaum an ihn erinnern. Dafür hab ich einen Ersatzvater bekommen nach der Wende, und mit ihm sind wir nach Berlin gezogen. Für den Umzug hab ich ihn damals gehasst – dabei ist er ein richtig guter Beinahvater geworden. Vor der Wende lebten wir auf einem Dorf in der Nähe von Frankfurt. Ich wollte da nie weg. Ich hatte vor Berlin immer Angst, das war mir zu groß, zu wild, zu undurchschaubar. Eigentlich muss ich ihm dankbar sein, denn sonst hätte ich Juli nicht auf dem Gymnasium kennengelernt, und wir säßen jetzt nicht zusammen hier und, und, und ... Dorf ist tabu. Ich habe Berlin verstanden. Berlin ist meine Stadt. Ich bin eine glückliche Neuberlinerin.

Juli

Und ich eine glückliche Altberlinerin. Meine große Schwester hat mich rechtzeitig in die Szene eingeführt. Ich hab noch eine große Schwester aus der ersten Ehe meines Papas. Sie ist zehn Jahre älter als ich und ganz toll. Wenn sie mich früher mitgenommen hat, durfte ich schon mal eine rauchen oder ein Bier trinken. Weil ich es gerade erwähne, ich muss mir erst mal eine anstecken. Ich hoffe, es stört dich nicht? Danke. Wir rauchen alle in der WG, ist aber nur hier in unserem Gemeinschaftszimmer erlaubt.

Dagegen hatte es meine kleine Schwester nicht so leicht mit mir. Sie kann von Glück sagen, dass sie noch lebt. Ich war so eifersüchtig, so garstig zu ihr. Ich hab sie geschüttelt und gequält, hab ihr die volle Windel ins Gesicht gedrückt ... Ich war unmöglich. Sie hat drei Tage vor mir Geburtstag und bis ich vierzehn war, habe ich das Mitspielen auf ihrer Geburtstagsfeier verweigert. Wir haben uns nur angemault. Aber heute haben wir ein inniges Verhältnis, sind engste Vertraute. Ist ähnlich wie mit meiner großen Schwester damals. Wir sind eben beide Skorpion – das verbindet. Sie macht gerade ihr Abi und möchte das Gleiche studieren wie ich: Bekleidungstechnik und Konfektion.

Zum Glück kann meine Mutter schlecht was ausrangieren. Sie hat noch voll die alten Fummel von früher auf dem Boden. Da werde ich immer fündig, auch fürs Studium. Ich finde das superspannend, denn es kommt alles wieder. Zum Beispiel die Achtzigerbraut mit Schulterpolstern, oder Badeanzüge und Bikinis unter den Klamotten ist richtig Fashion. Oder die Sporty-Mode, Trainingsjacken und Hosen – richtig cool. Mal sehen, was in zehn Jahren in ist. Überhaupt, wer weiß schon, wie es weitergeht. Ich möchte darüber gar nicht nachdenken. Die Welt verändert sich, die Bedingungen werden schlechter. Es wird weniger Wasser geben auf der Erde. Und deshalb wird es Kriege geben. Die Zukunft macht mir Sorgen. Keiner weiß, wie sie aussehen wird.

Sascha

Nächste Frage: Und kann man in dieser Zukunft Kinder kriegen? Was würden die noch haben? Im Moment kann ich mir das nicht vorstellen. Ich versuche, nicht daran zu denken, ich versuche jetzt zu leben, so gut es geht und umweltbewusst. Wir trennen den Müll, wir kaufen Glasflaschen, wir heben Tüten auf – so simple Dinge eben.

Juli

Und trotzdem rauchen und trinken wir oder vielleicht gerade deswegen? Durch mein Studium habe ich Einblick in Arbeitsbedingungen in Indien zum Beispiel. Grauenhaft. Da kriegt man ein schlechtes Gewissen, wenn man sich ein T-Shirt für fünf Euro kauft. Ich achte auch darauf, woher die Lebensmittel kommen. Ich esse kein Hühnchen aus der Massentierhaltung, dann lieber gar keins. Ich kaufe keinen genmanipulierten Mais, vielleicht tu ich damit einem Bauern in Bangladesch einen Gefallen. Es wird schlechter werden, davon bin ich überzeugt, und es macht mir Angst. Die Ressourcen sind irgendwann aufgebraucht, wie Sascha schon sagte, das Wasser wird knapp, noch mehr Menschen werden bei uns in Europa Zuflucht suchen. Was können wir tun? Nicht viel, aber zum Beispiel wählen gehen. Vielleicht ist meine Stimme das Zünglein an der Waage! Wenn ich daran denke, krieg ich auch Wut. Fast überall sind Männer an der Macht. Das wäre der einzige Grund, warum ich manchmal gern ein Mann sein würde, aber ein Mann mit weiblichen Eigenschaften. Vielleicht würde sich was ändern, wenn mehr Frauen bestimmen würden, wo es langgeht?

Sascha

Ja, Frauen an die Macht. Vielleicht wäre das ein Ziel, das man sich setzen könnte. Ansonsten sieht es düster für unsere Generation aus. Das ist schon traurig.

Juli

Altwerden wäre schön. Mit oder ohne Mann, egal. Wenn ich einen treffen sollte, der mich so nimmt, wie ich bin, bitte schön. Aber abhängig möchte ich von einem Mann nie sein. Wozu studiere ich? Ich will auf eigenen Füßen stehen. Trotzdem hat man Träume: Ein ausgefülltes Berufsleben, vielleicht zwei Kinder, einen Ehemann nach Maß, Urlaube, man weiß ja nie, was kommt!

Sascha

Jetzt werden wir beinah sentimental. Ist schon interessant, wie man auf diese Weise so ins Grübeln kommt. Ich jedenfalls bin froh, eine Frau zu sein. Ich will alles, was man damit haben kann! Für mich sind Frauen das attraktivere Geschlecht. Sie erfahren mehr Wertschätzung, sie bekommen mal ein Geschenk außer der Reihe, sie können mehr aus sich machen. Nur bei einer Sache möchte ich ein Mann sein: Wenn es ums Pinkeln geht. Wir stehen mit zusammengeklemmten Beinen in der Schlange vorm Klo, und die Typen gehen an uns vorbei, holen ihren Penis raus und fertig. Ist doch ungerecht.

Juli

Jaja, Männer. Schlecht finde ich sie trotzdem nicht …

Sascha

Ich auch nicht, das weißt du doch. Ist aber interessant, was alles auf den Tisch kommt, wenn man so gefragt wird. Sonst denkt man nicht so viel darüber nach.

Trinken wir jetzt den Prosecco auf dass alles besser wird als befürchtet?

Epilog

Als Schauspielerinnen begegnete uns Maxie Wander schon sehr früh: Monika spielte die Rolle der „Rosi" am „neuen theater" in Halle, und Ulrike beschäftigte sich an der Schauspielschule mit ihren Texten.

Im Frühjahr 2016 erinnerte ein Zeitungsartikel an ein bevorstehendes Jubiläum: vierzig Jahre „Guten Morgen, du Schöne".

Das Thema ließ uns nicht mehr los, und so begaben wir uns auf die Suche nach Frauen aus der ehemaligen DDR, die bereit waren, uns ein Interview zu geben – Frauen unterschiedlichen Alters und mit verschiedenen Berufen.

- Wie haben sie sich „eingefädelt" in das neue System?
- Wie kamen sie zurecht mit ihrer neuen Rolle in einer Gesellschaft, in der sie nicht sozialisiert wurden?
- Welche Anpassungsschwierigkeiten hatten sie möglicherweise?
- Hat sich für sie der Begriff Heimat durch den gesellschaftlichen Wandel verändert?

Aber wir waren auch neugierig auf die nachfolgende Generation der Töchter und Enkelinnen, die noch zu jung gewesen waren, um das DDR-Regime bewusst mitzuerleben.

- Inwiefern wurden sie von den Erfahrungen der Älteren beeinflusst?
- Würden ihre Geschichten Gemeinsamkeiten aufweisen?

Bereits nach den ersten Interviews entpuppte sich das Projekt als Selbstläufer. Fast jede Frau hatte eine Freundin, Kollegin oder Verwandte, die sich auch mit uns treffen wollte. Auf diese Weise haben wir achtundzwanzig Interviews mit neunundzwanzig Frauen im Alter zwischen neunzehn und achtzig Jahren geführt und diese in anonymisierte, literarische Biografien umgewandelt. Uns war besonders wichtig, den Interviewpartnerinnen unvoreingenommen zu begegnen.

War es Glück, oder lag es an unserer Art, die Fragen zu stellen? Alle Frauen überraschten durch eine große Offenheit – wann erzählt man schon mal fast fremden Menschen sein ganzes Leben? Wir lachten und weinten zusammen und gingen mit dem Gefühl auseinander, beschenkt worden zu sein.

Unsere Frauen leben heute in der ganzen Republik – von Bayern über Thüringen, Sachsen, Hessen, Berlin, Hamburg bis nach Schleswig-Holstein.

Danke Hilde, Doris, Adelheid, Erika, Ruth, Nelly, Elke, Judith, Johanna, Carmen, Beate, Eva-Maria, Claudia, Eva, Isabell, Karola, Birgit, Nicola, Josefine, Romy, Iris, Margarete, Edith, Barbara, Franziska, Hella, Susi, Sascha und Juli

... sowie ein besonderer Dank an John von Düffel.

Inhalt

Umschlagabbildung vorn: © Mimomy – Fotolia.com
Umschlagabbildung hinten: © Maximilian Jackwerth

Texte: Monika Stenzel
Leitung der Interviews: Ulrike Jackwerth

Bibliografische Information der Deutschen Nationalbibliothek
Die Deutsche Nationalbibliothek registriert diese Publikation in der Deutschen Nationalbibliografie; detaillierte bibliografische Daten im Internet unter http://d-nb.de.

2018
© mdv Mitteldeutscher Verlag GmbH, Halle (Saale)
www.mitteldeutscherverlag.de

Gesamtherstellung: Mitteldeutscher Verlag, Halle (Saale)

ISBN 978-3-96311-025-2

Printed in the EU